解構凡夫自以為的真實世界

于曉非 ——著

一切有為法，如夢幻泡影，如露亦如電，應作如是觀。

《金剛經》最後這四句偈是告訴我們，起手修行法要做兩個觀：
第一，泡露電的**生滅無常觀**；第二，夢幻影的**無生無常觀**。

前言

　　二〇一七年，我在喜馬拉雅FM音頻平臺上，推出《金剛經》和《維摩詰經》、《心經》的導讀課程。本書就是這次《金剛經》導讀音頻課程的文字整理稿，並保留口語風格。

　　對於一部佛經的準確解讀，只有把她放在佛教思想的完整體系中去理解才有可能。依照《解深密經》，佛陀教法分爲三套相對獨立的名言系統，這就是「三時判教」（初時教法、二時教法和三時教法）。《金剛經》屬於二時教法經典，因此學習《金剛經》要與佛陀二時教法的教理體系相互印證。

　　這本《金剛經》導讀不僅逐字逐句地講解了經文，而且詳細闡述了二時教法的教理體系——四重二諦（權便中觀）與究竟中觀。這是本書的特點。

　　是爲序。

于曉非

二〇一九年十二月十四日於北京

目　錄

CONTENTS

目　錄

CONTENTS

目　錄

CONTENTS

目　錄

CONTENTS

目　錄

CONTENTS

目　錄

CONTENTS

目　錄

第一章

序言

001 為什麼學和如何學《金剛經》

　　從今天開始，我們在一起共同學習佛教的一部非常重要的經典——《金剛經》。這個課程要達到兩個目的：第一，透過逐字逐句學習《金剛經》經文，來如實地傳達理解《金剛經》的法義；第二，我們不僅僅局限於《金剛經》，要借講《金剛經》的這個機會，完整系統地梳理佛教，特別是大乘佛教的思想框架，全面講解大乘佛法的理論體系和修證體系。達到這兩個目的，實現這兩個目的，在語言表達上通俗易懂是我們追求的目標。

　　佛教誕生於印度，創始人釋迦牟尼是我們人類文明史上一位當之無愧的思想偉人。近代德國有一位存在主義哲學家叫雅斯貝爾斯，這位先生是「軸心時代」這個命題的提出者，他總結過去三千年人類文明史——誰對人類文明的影響力最大？影響力最深遠？他得出的結論是有四位聖者，對人類的文明影響最深遠。哪四位呢？蘇格拉底、釋迦牟尼、孔子和耶穌。特別是到了近代，當大量的佛教典籍被翻譯成西方的語言文字之後，佛教對近代西方哲學、西方思想的演進，對一些思想大師，都產生了巨大的影響。比如，在叔本華、胡塞爾、海德格爾、沙特、維特根斯坦這些哲學大師的著作、思想當中，都會清晰地看到佛教的影響。透過維特根斯坦，佛教對上世紀後半期產生的後現代主義思潮，也產生了巨大的影響。比如，後現代主義的非本質主義，就深深地受到了大乘佛教，特別是大乘佛教中觀學派的思想影響。更應該強調的是，在當今，佛教的影響範圍還在不斷地擴大——從亞洲到歐洲到美洲，信徒的數量目前在世界範圍內，也在穩步地增加。雖然佛教誕生了兩千五百多年了，但是她依然生機勃勃。

　　佛教徒當然要對釋迦牟尼的思想有個全面完整的理解，這是必須的；即便不是佛教徒，並不信仰佛教，但是對這樣一位對人類產生巨

大影響的思想家和佛教這樣一個思想體系，也應該有所了解，這是必要的。因此，我們要透過這次學習《金剛經》的課程，與廣大佛教徒和廣大愛好佛教的朋友們結個善緣，願大家一切吉祥。

下面我們就開始進入《金剛經》的學習。

一、《金剛經》譯本

《金剛經》這個名字是老百姓的通俗說法，這部經的全名叫《金剛般若波羅蜜經》。佛教誕生於印度，在印度，佛教的思想是用印度的語言文字來記載傳承的，因此我們中國人學習佛教，第一件事就是經典的翻譯。《金剛經》是印度大乘佛教一部非常重要的經典，因此在佛教史上，《金剛經》的翻譯是有很多次的，很多佛學大師、翻譯家爭相翻譯《金剛經》。當然，大浪淘沙，譯得好的，就留下了，譯得不好的，就被時代淘汰了。到今天爲止，《大藏經》裡保存的《金剛經》的漢譯本一共有六部，按照時間順序排列：姚秦三藏法師鳩摩羅什（Kumārajīva）的譯本（《金剛般若波羅蜜經》）、元魏時期菩提流支（Bodhiruci）的譯本（《金剛般若波羅蜜經》）、陳眞諦（Paramārtha）的譯本（《金剛般若波羅蜜經》）、隋代達摩笈多（Dharmagupta）的譯本（《金剛能斷般若波羅蜜經》）、唐朝三藏法師玄奘的譯本（《能斷金剛般若波羅蜜經》）、唐朝另一位大師義淨法師的譯本（《佛說能斷金剛般若波羅蜜經》）。

在這六個漢譯本當中，鳩摩羅什的譯本、玄奘的譯本和義淨的譯本，公認譯得最好。從流傳的廣度來說，鳩摩羅什譯本獨佔鰲頭，若去寺院裡請一本《金剛經》或到書店裡買一本《金剛經》，幾乎都是鳩摩羅什譯本。爲什麼鳩摩羅什的譯本流傳這麼廣呢？首先，鳩摩羅什大師這部經典譯得好，法義譯得準確；更重要的是，鳩摩羅什大師的譯本，漢語的語言形態非常優美、流暢，這是鳩摩羅什大師翻譯的佛教經典，在中國都比較流行的重要原因。當然，相比而言，玄奘譯本在追求對原來梵本的忠實性上佔有優勢。而義淨法師的譯本是六個

漢譯本中最晚的譯本，義淨法師可以借鑒前面幾個譯本，考察得失，所以有她的優勢。這是在漢傳佛教當中《金剛經》的譯本情況。

藏傳佛教有《金剛經》的藏譯本。更可喜的是，《金剛經》的梵文原本還在！我們這次學習《金剛經》，在譯本的選擇上，首先尊重習慣，既然鳩摩羅什大師的譯本在漢地流傳最廣，我們還是以鳩摩羅什大師的譯本爲藍本。但是在對重要的詞句的理解上，要參看梵文原本和玄奘譯本以及義淨譯本。

二、經名

鳩摩羅什大師把《金剛經》的名字翻譯成《金剛般若波羅蜜經》。一部佛經的名字，大多是佛親口所說，在鳩摩羅什的《金剛經》譯本當中，第十三段有這樣的經文：

> 「爾時，須菩提白佛言：『世尊，當何名此經，我等云何奉持？』佛告須菩提：『是經名爲金剛般若波羅蜜，以是名字，汝當奉持！』」

這是鳩摩羅什翻譯的《金剛經》中的原文。也就是說，鳩摩羅什大師把《金剛經》的名字譯爲《金剛般若波羅蜜經》，這是佛說。因此我們要高度重視這個名字。更重要的是，在這部經的名字中的兩個詞，即「般若」和「波羅蜜」，是大乘佛教的幾個核心詞彙中的兩個。所謂核心詞彙，就是最能夠傳達思想精髓的詞彙。說得通俗一點，不知道「般若」，不知道「波羅蜜」是什麼，就等於不知道大乘佛法是什麼。從《金剛經》的這個名字來看，《金剛經》是講了一個非常重要的法門——般若波羅蜜。

三、五不譯

「波羅蜜」是梵文詞「pārami」的音譯。因此首先就出現一個問題，爲什麼這個詞是音譯而不是意譯？大家看《金剛經》的不同譯本，這個詞都是音譯而不是意譯，佛教裡有不少詞語都是音譯。這涉及一個非常重要的問題：爲什麼不意譯而音譯？玄奘大師後來總結，有五種情形，只音譯，不意譯：

第一，「祕密，故不譯。」也就是說是一些祕密的語言，比如說眞言、咒語，它們只是借助音聲來傳遞能量、傳遞訊息，並不需要人們了解眞實的意思，所以眞言、咒語只音譯不意譯。

第二，「多義，故不譯。」如果梵文詞有多重含義，很難選擇其中一個含義來翻譯，意譯的話會掛一漏萬。

第三，「此無，故不譯。」即梵文詞表達的事物與法義在中國沒有，沒有一個詞對應，這種詞往往是音譯不意譯。

第四，「順古，故不譯。」順古就是順從古人的翻譯。過去已然在這個詞上是音譯了，大家已經熟悉了這個詞的音譯，所以就不再意譯，而是繼續保持音譯。

第五，「生善，故不譯。」也就是出於使人們對這個詞能夠生起恭敬的心，不直接意譯而音譯。

這五種情形中，佔有一種或一種以上的時候，只音譯不意譯。「pārami」這個詞爲什麼音譯而不意譯呢？在這五種情形裡，她占了兩種情形，一種是「此無故不譯」，一種是「生善故不譯」。「此無故不譯」，也就是在漢語原本的語言系統中，沒有一個詞能夠跟印度梵語中的「pārami」相對應；印度這位偉大的思想家釋迦牟尼先生，特別熱衷於討論「pārami」這件事，而這件事在佛教傳入中國之前，在中國固有的思想文化當中——在孔子、老子、墨子、莊子、孟子、荀子、韓非子那裡——沒有這件事情，固有的中國文化裡面沒有一個現成的文化詞語，能夠對應「pārami」這個梵文詞，因此鳩摩羅什大師、玄奘大師、義淨大師都選擇音譯不意譯。這裡面就涉及一個重大

的思想方法問題。

四、差異是價值

現在國學熱，很多老師講國學。當然每個老師都有自己的長處，自己的優勢，聽每個老師的課，都會有所收穫，這都沒有問題。我也聽過很多老師講國學，但是當我聽了很多老師講國學後，我發現在一個極其重要的思想方法上，我跟很多老師有分歧。這個分歧在哪裡？很多老師在講國學的時候，一個重要的思想方法就是：總是努力尋找儒家、道家、佛教這些流傳於中國的傳統文化背後所謂的「文化共性」，去表達這三種文化。換句話說，認爲這三種文化的核心價值，應該體現於這三種文化背後的某種相通的東西，甚至是相同的東西。再換句話說，他們認爲這三種文化背後，應該有一個共同的東西。比如說，有的老師歸納爲「心」，有的老師歸納爲「中」：說儒家講修心、道家講養心、佛教講悟心，要用一個「心」字，把這三種文化統一成一種文化；儒家講中庸、道家講守中、佛教講中觀，要用一個「中」字把三種文化統一起來。在這樣的老師的思想觀念裡面，老子、孔子、釋迦牟尼這三個老頭似乎在說同一件事，只不過是說的角度、方式有點差異而已。

各位，尋找共性是千百年來人類思想中一個深深的文化心結，在中國尤爲突出。大概從唐朝後期、宋朝開始，這種思想觀念就很強烈了。大家一定聽說過一個詞，叫「三教合一」。什麼叫「三教合一」？就是把儒家、道家、佛教這三種文化講得聽著像一家。後來基督教跟伊斯蘭教傳入中國後，中國文化裡又出現了一個很嚴重的詞，叫「五教一統」。大概說「五教一統」的人，在他們的心中，老子、孔子、釋迦牟尼、耶穌、穆罕默德，這五個老頭似乎在說同一件事。現在還有一個更嚴重的詞，叫「萬教歸一」——我們人類一切的思想家，不管是老子、孔子、釋迦牟尼、蘇格拉底、柏拉圖、亞里斯多德、耶穌、穆罕默德、康得、黑格爾、牛頓、愛因斯坦……人類的一

切思想家都在說著同一件事。各位，這種尋找文化共性的思想方法非常強烈。

　　我要表個態：我認為一種文化的核心價值，往往並不應該表現於她與其他文化的共性上，而恰恰表現在她與其他文化的文化差異性上，差異是價值。比如說，我們在這裡共同學習佛教，那什麼是佛教的核心思想？我想，釋迦牟尼先生究竟講出了一個什麼道理，講出了一個什麼樣的思想，這個道理和思想，孔子沒講過，老子沒講過，古希臘的蘇格拉底、柏拉圖、亞里斯多德沒講過，耶穌和穆罕默德沒講過，康得與黑格爾沒講過，牛頓跟愛因斯坦沒講過——釋迦牟尼先生究竟講出了一個什麼樣的道理，是釋迦牟尼之外的一切思想家、哲學家、宗教家、科學家全沒講過，只有釋迦牟尼先生一個人講了的——只有把這個問題講明白，才是真正把佛教講明白。所以，差異是文化的價值，差異是一種文化的核心思想的體現，而不是共性。

002 波羅蜜與三世說的生命觀（上）

釋迦牟尼熱衷討論的「pārami」這件事，在我們中國固有的傳統文化裡沒有，這就充分說明了、證明了印度的佛教與中國固有的傳統文化，存在著文化差異性，這種差異才是佛教文化的核心價值。「pārami」是佛教的核心詞語，體現著佛陀教法的核心精神。

一、「波羅蜜」的涵義

「波羅蜜」這個詞到底是什麼意思呢？其實這個詞的基本含義很簡單，就是過河的意思，從河的這一岸過到河的那一岸去的意思，有的人把她解釋為「到彼岸」，有人譯作「渡」。釋迦牟尼說「過河」，是一個很形象的文化比喻，並不是過真有水的河，因此歷史上更傾向把「渡」的三點水刪掉，寫作「度」。其實在古漢語當中，「度」也有「渡過」的意思；《後漢書・獻帝伏皇后紀》中有這麼一句話：「帝乃潛夜度河走」，「度河」就是過河，用的就是「度」字，所以在古漢語當中，「渡」與「度」兩字相通，因此佛教界更喜歡把「pārami」譯作「度」。大乘佛教經典裡到處都是「度」字，大乘的六度：布施度、持戒度、忍辱度、精進度、禪定度、般若度。「度」就是「pārami」的意譯，「波羅蜜」是「pārami」的音譯。

波羅蜜意為過河，過什麼河？這是一個大問題，涉及佛陀教法要解決的根本問題。過什麼河？過生死之河，過生命之河。那生死裡怎麼有河可過了呢？這是基於印度人對生命的獨特的理解。我做這樣表達的時候，各位可能會想：難道不同的文化傳統裡邊，對生命還有著不同的理解嗎？有沒有？有的。其實在人類不同的文化傳統中，人們對生命、對生死有著不一樣的理解。我把人類文明體系中比較具有

代表性、而且對中華民族產生過深遠影響的不同生命觀，總結為三大類，為了記憶的方便，分別名為「一世說生命觀」、「二世說生命觀」和「三世說生命觀」。印度人就是三世說生命觀，講佛教就是要講三世說的生命觀。為了把三世說生命觀講明白，首先要說一說什麼是一世說的生命觀、什麼是二世說的生命觀。

二、一世說生命觀

什麼是一世說的生命觀呢？顧名思義，「一世」就是一輩子。所謂一世說生命觀，就是認為我們所謂的生命就是一輩子，就是從生到死這一時段的生命觀。生之前絕對沒有我，死也就意味著我作為一個生命的存在形態徹底終結了。注意是「徹底終結」。什麼叫徹底終結？就是從肉體到精神全終結了。做了這樣的介紹，各位可能會說，那我們現在中國大陸的人們，受著唯物主義教育和唯科學主義教育，我們信的不就是一世說生命觀嗎？是的。有學者統計，現在中國大陸十八歲以上的成年人，大概相信一世說生命觀的人占到80%以上的比例。

相信一世說的人有什麼特點呢？特點很多，舉幾個例子。第一，相信一世說的人怕死。有的人說我就相信一世說，我就不怕死——那是因為你還沒面臨死。一個真正面臨死亡的人，如果相信一世說，跟他說死亡有什麼可怕的，人死如燈滅呀！——他會非常恐懼，因為他怕的就是滅。第二，相信一世說的人一定緊迫感特別強；他認為人生就是短短的幾十年，一切都要在這幾十年當中努力完成，所以緊迫感一定很強，「人生百年幾今日，今日不為真可惜」。說這樣話的人一定相信的是一世說生命觀。相信一世說的人還有個特點，就是及時行樂，一旦發了財，抓緊花；從一世說的觀點看，人生很大的一個遺憾，就是人死了錢沒花完。

相信一世說的人還有一個特點：他認為既然人死如燈滅，那麼一個毫不利己一生的人，跟一個唯利是圖一生的人，當這兩個人最終都

走向死亡那一時刻的時候，他們倆平等了、歸零了、沒差別了。從一世說的觀點看，毫不利己一生的人是傻瓜，唯利是圖一生的人才是聰明人。因此，面對著千千萬萬相信一世說的人，跟他說破天，說人要無私奉獻，爲這個社會盡一份力，當然，對著大眾，他們會說：「沒錯，我們要爲這個社會盡職盡責。」可他心裡一定會想，這種吃虧上當的事，我千萬是不能幹的。從一世說的觀點看，煉地溝油的跟不煉地溝油的，在死亡那一時刻，平等、沒差別，那憑什麼你煉我不煉？錢都讓你賺了去了。爲了在最短的時間裡獲取最大利益，相信一世說的人道德無底線，爲了攫取最大利益，什麼樣的害人的事情都敢幹，心中沒有絲毫的敬畏。因此可以得出這樣一個結論：如果一個國家、一個民族百分之八十幾的老百姓，都相信一世說生命觀，這個民族的道德墮落，是無論如何都不可挽救的！一世說的生命觀就說這些。

三、二世說生命觀：基督徒與中國古人的生命觀

關於二世說的生命觀，舉兩個例子。第一，西方的基督教。基督教的生命觀可以劃歸爲二世說生命觀。因爲基督教認爲人的死亡不是生命徹底地終結，死亡只是肉體的拋棄，那個精神的因素 —— 翻譯成漢語叫「靈魂」—— 那個靈魂沒有死，沒有死怎麼樣呢？基督教說不要急，你先要等著，等啊等啊，等到有那麼一天 —— 基督教相信那一天畢竟是要來臨的，那一天基督教叫「世界的末日」，基督教相信世界是有末日的，而且認爲也只有等到世界末日來臨那一天，所有曾經來到過這世界上的人 —— 過去死去的人都算在內，這數目就大了去了，在世界的末日那一天，統統地都要再生，復活！兩世嘛！復活以後幹什麼？基督教說要接受基督教所認爲的那唯一的、至高無上的神（也譯作「上帝」）的審判。上帝有可能把你判入天堂，也有可能把你判入地獄。上帝審判我們有點依據沒有啊？基督教認爲當然是有依據的。高度濃縮一下，大概是四條依據：

第一，在活著的幾十年人生中，你相信不相信有上帝的存在？如

果你活著幾十年當中，不相信有上帝的存在，按照基督教教義，等到世界末日的時候，上帝對你一定不客氣，把你判到地獄裡去。這在基督教裡叫「信主得救」。這是一條不可更改的鐵律。

第二，基督教認為，不僅要相信上帝的存在，還要相信上帝曾經派他的兒子耶穌，到我們這個世界上替眾生贖罪來了、受難來了，就是那位被釘在十字架上的先生。如果你只相信上帝，不相信耶穌，那是以色列人信的猶太教。基督教是既要相信上帝也要相信耶穌。

第三，基督教是有戒律的，基督教對基督徒的思想和行為有種種的規範，你越界了，比如說煉了地溝油，那到世界末日的時候，上帝就對你不客氣了。

第四，基督徒不僅按照戒律去生活，還要每時每刻不斷懺悔自己往昔已經做下的種種罪惡，所以基督徒要不斷地懺悔。

這四條都做得很好了，按照基督教教義，在世界末日的時候，上帝判你去天堂享福，否則判你去地獄受苦。從基督教的教義看，上帝的這個審判是終審判決，有意見也沒地方上訴去。不僅是終審判決，從基督教教義看，上帝判你去天堂或者地獄以後，你將永遠在天堂或者地獄那裡去生存了。上帝末日審判之後的永久天堂或者地獄的生活，時間有多長？基督教裡有一個非常形象的比喻，就是把我們人間這幾十年跟未來的永久天堂或永久地獄相比，人間這幾十年短得可憐，短得就如同天上打一閃電。因此可以理解，一個真正的基督徒，心中算盤一打：在短如閃電的人生中對自己有所約束，換來的是未來永久的天堂生活——這個投資回報率相當可觀。因此，一個有基督教信仰的人跟一個沒有基督教信仰的人，現世的行為是有很大差別的。這是基督教的二世說的生命觀。

二世說第二個例子，是中國古人。中國文化喜談陰陽，中國古人看什麼都是陰陽，看生死也是陰陽。中國古人把我們生活的這個世界起名叫陽間，陽間的背面一定還存在著一個世界叫陰間。因此中國古人認為，一個人在陽間的死亡，並不是生命的徹底終結，陽間的死亡只是肉體的拋棄，精神的因素——中國古人叫「魂魄」——沒有死，

這個魂魄像搬家一樣，從陽間搬到陰間去了，這是中國古代的生命觀。因此，中國古人相信，祖宗、爺爺奶奶去世後，都在陰間裡，等我們死了以後，也要到陰間去跟祖輩團聚。這種生命觀可以劃歸爲二世說的生命觀。但是她跟基督教的二世說不一樣，基督教的二世說略顯複雜一些，她有個上帝審判，還分天堂地獄，中國古人沒有，死了就是從陽間搬到陰間去了。

相信中國古人這種二世說生命觀的人有什麼特點呢？大概有這樣幾個特點。第一，相信這種二世說生命觀的人，現世的行爲對祖宗負責。中國古人常說：你這個傢伙不幹好事，日後見不了祖宗。因爲我們中國人認爲，我們死了以後是到陰間去跟祖輩團聚。如果一個人在陽間幹了很多壞事，那到了陰間，爺爺要生氣的，爺爺要打屁股的。如果你在陽間，事情幹得太壞，十惡不赦，那恐怕到了陰間，爺爺就不是只打屁股的問題，恐怕要把你從這個大家族轟出去。這個家裡沒有你了，那你在陰間成什麼了？孤魂野鬼，在陰間流浪街頭，相當淒慘。我們爲了到陰間不被爺爺打屁股，不被爺爺轟出家門，就必須在陽間好好做人。因此在中國古代，我們中國人認爲在陽間一個巨大的成就就是光宗耀祖。這是一個特點。

還有一個特點，中國古人喜歡厚葬，特別喜歡在墳墓上花錢。我們古代很多有錢人，不僅要給自己建造很大的墳墓，還要告誡自己的兒孫，他死了以後，把他與他生前特別喜好的那些貴重物品埋葬在一起。爲什麼？因爲墳墓在中國古人的觀念裡，就是陰間的家。我們買幢大房子叫買個陽宅，買塊墓地叫買個陰宅。那麼隨死者陪葬到墳墓裡的東西，我們中國古人認爲就是到了陰間還能接著用，這就形成了中國人喜歡厚葬的習慣。我們現代的中國人都覺得自己相信一世說生命觀，而我們中國古代二世說生命觀，在我們現代中國人的行爲上有沒有表現？有的。四五清明的時候，中國人要用火燒很多東西，燒紙錢，燒金元寶，燒冥幣。爲什麼？這就是中國古人認爲我們可以透過火的力量把這些東西送到陰間去，這是中國古代二世說生命觀，在現代中國人的行爲上所烙下的印記。

003 波羅蜜與三世說的生命觀 （中）

一、三世說生命觀：印度人的生命觀

印度古人是怎樣理解生命的？像一世說那樣，認為人死如燈滅？No。像基督教那樣，認為死了以後等上帝審判上天堂、下地獄？No。像中國古人那樣，認為死亡以後去陰間跟祖輩團聚？No。印度人對生命的理解是，他們認為人的死亡不是生命的徹底終結，死亡只是肉體的拋棄，那個精神的因素，那個神識沒有死，沒有死怎麼樣？這個神識要透過投胎轉化成另一個生命體，再回到這世界上來。回來後，他認為壽命還是有限的，活一陣子還得死，死了以後肉體拋棄了，神識再透過投胎又轉化成下一個生命體，再回到這世界上來，回來以後壽命還是有限的，活一陣子還得死，死了以後肉體拋棄了，神識再透過投胎再轉化成下一個生命體，又回到這世界上來了。印度古人認為，生命就是死了再來、死了再來、死了再來，無有窮盡。這就是印度人的生命觀。

可能大家會想，這不是三世說呀，這是N世說呀！對的。印度人的生命觀實際上是多世說，我們只不過是便於記憶起名叫「三世說」，因為前面有一、有二。當然，可以認為「三世說」的「三」也是確有所指的，指的是什麼呢？指的是過去、現在、未來，前生、今生、來生。印度人認為，有現在這一輩子，那肯定就有過去一輩子，堅信後邊還有未來一輩子。死了以後到了未來一輩子，那現在一輩子變成過去一輩子，未來一輩子變成現在一輩子，印度人堅信後邊還有新的未來一輩子。我們永遠在過去、現在、未來這三世當中輪轉。

當然還要補充一段。印度人認為生命是死了再來、死了再來、死

了再來，但是承載著死了再來的生命形態可不只人這一種。通俗地講，一個人死了再來，他不一定是人。那承載著死了再來的生命狀態有幾種呢？印度人大略分為六類。從生命形態享福最多到受苦最多排個隊：第一是天道眾生；第二是阿修羅。這兩類眾生我們這一生作為人沒看見過，在哪呢？長什麼模樣？我們不知道，但印度古人堅信有。人排第三；第四是畜生，貓狗牛馬；第五是餓鬼，顯然，這地方沒飯吃；第六是地獄眾生，地獄眾生是最苦的眾生。印度人認為，所謂的生命死了再來，是在這六種生命形態當中再來。

比如說一個人死了再來，還有沒有可能是人呢？當然，還有可能是人，但也可能不是人了，去了那五種形態之一了。但不管去了哪兒，印度古人認為壽命還是有限的，還得死，死了以後，在這六種生命形態中選其一。因此這種生命觀，後來老百姓也叫作「三世的六道輪迴的生命觀」，簡稱「六道輪迴」。大家要知道，未來輪迴的生命狀態的好與壞，決定於我們現生以及過去生行為的善與惡。

這種生命觀是印度古人的生命觀，不是中國古人的生命觀。只不過後來佛教傳入，把這種生命觀帶到了中國，影響了中國人民。後來很多的中國人也相信三世的六道輪迴的生命觀了。比如中國古人相信兩世說生命觀的時候，他會說：「哎，你這個傢伙不做好事，不做好事，日後你見不了祖宗。」這種說法一聽就是二世說生命觀的表達。受了印度三世說生命觀影響以後，很多表達就變了，有人會說：「你看，那小子幹的缺德事太多了，哼哼，下輩子一定是狗。」當表達來生是狗，就已經相信了三世說的生命觀了。在中國古代，有的人在刑場上要被砍頭了，可還大義凜然，不怕死，說：「殺吧！十八年以後又是一條好漢！」說這種話的人，其實是相信了三世說的生命觀，因為在這三大類生命觀中，只有在三世說生命觀中，一個人死了，還可能再是好漢，如果是一世說，人死如燈滅了，二世說，到陰間找爺爺了，與未來的好漢建立不起聯繫啊！只有三世說，一個人死了，跟好漢才能建立聯繫。中國人相信三世說是受印度文化影響的。

二、古埃及與古希臘的三世生命觀

　　那麼在古代社會，是不是只有印度人才相信三世說呢？其實也不盡然。西元前五世紀，古希臘有一位歷史學家叫希羅多德，他有一部非常著名的著作叫《歷史》，在這部著作的第二卷第一百二十三條當中，記載著古埃及人其實也是相信靈魂不朽說的。古埃及人認為，當一個人的肉體死亡的時候，他的靈魂沒有死，會進入一個正在此時降生的另一個生命體之中。所以古埃及人早期是相信生命輪迴的。古希臘人受古埃及人影響，也有相信生命輪迴的。古羅馬時代的希臘哲學家第歐根尼‧拉爾修（Diogenēs Laertius）的《名哲言行錄》，這部重要著作的第八卷第三十六節當中，記載著一個故事。這個故事說，古希臘著名哲學家畢達哥拉斯有一天出門走在大街上，看見一個人正在鞭打著一隻狗，這隻狗哀嚎著；畢德哥拉斯聽見這隻狗的哀嚎，就走上去說：「你住手吧！不要打了！為什麼呢？因為我從狗的哀鳴當中，已經聽出來，這裡面集聚著的，是我死去的一個朋友的靈魂。」從第歐根尼的這個記載可以知道，畢達哥拉斯其實是相信生命輪迴的。只不過古埃及人、古希臘人後來普遍對生命的理解不是三世說，他們認同了很多其他的生命觀，而印度人對三世說的理解是普遍的，深入到千千萬萬的民眾當中。因此印度文化，是基於對三世生命的理解而建立的。

三、生命觀與當下行為

　　相信三世說的人，他的現世的行為對誰負責？對輪迴負責，對自己負責。相信三世說的人，如果還去煉地溝油，那自己承擔果報。從三世說的生命觀看，一個煉過地溝油的人，來生是人的可能性就沒有了，那就往餓鬼、地獄裡跑了。相信二世說的人，現世的行為對誰負責？中國古人是對祖宗負責，基督徒是對上帝負責；也就是相信三世說的人和相信二世說的人，現世的行為總有一個負責的地方。可是大

家想一下，相信一世說的人，現世的行為對誰負責？有人說對自己負責，No！相信三世說的人，現世的行為是對自己負責，相信一世說的人，現世行為對自己都不負責。為什麼呢？幾十年以後，肉體跟精神全都滅了，負那責幹嘛！所以相信一世說的人，現世行為對誰都不負責。如前所述，如果一個國家、一個民族，相信一世說的人的比例過高，那麼這個國家、這個民族的道德一定會出現問題。人如果沒有敬畏，是要瘋狂的。

前面對一世說、二世說和三世說做了全面的介紹，其實這三大類生命觀分為四種，因為二世說舉了兩個例子。那麼當表達這四種生命觀的時候，作為一個中國人，你聽哪種生命觀似乎都耳熟，因為這四種生命觀是在過去年代，對我們中華民族產生過影響的生命觀，只不過這三大類、四大種生命觀在中國人的腦袋裡產生了混亂，現在不過把這個體系捋清晰了。把這些生命觀捋清晰的目的是什麼？目的是請大家要認真思考一下，在這三大類、四大種生命觀當中，你認同哪一種？有人說，關於生命的問題，關於生死的問題，不急不急，等到八十歲的時候再思考這個問題。可以嗎？不可以。因為我們活在這世界上，沒有什麼比對生命的理解更重要的了。我們對生命的不同理解，決定了當下現實的行為抉擇；對生命的不同理解，決定了對當下現實生命狀態的感受。比如在決定一件事情做還是不做的時候，也許相信一世說的人就選擇做了，相信二世說的人就選擇不做。面對著一種生活境遇，可能相信一世說的人會感到很快樂，而相信三世說的人可能會感到很痛苦。因此對生命的理解，影響著當下現實的行為抉擇，影響著我們對生命的感受。對生命的理解，不能等到八十歲，即便是三十歲、二十歲，也應該開始來思考不同生命觀對生命的理解。

有人說在這四種生命觀中做抉擇很困難，因此這四種生命觀都信。可以不可以？不可以。這四種生命觀還是有點排他的。比如相信了人死如燈滅，怎麼還能相信死了以後到陰間去找爺爺呢？不可以的！但是我們很多中國人，其實就是什麼生命觀都信，是個徹底的實用主義者。比如說，當要求別人的時候，會說：「哎，這事你也敢

幹？你不怕下輩子落地獄嗎？」好像聽起來像三世說。可是自己要決定幹點骯髒齷齪的事情的時候，會為自己開脫：「反正人死如燈滅，幹吧！」噢，好像又相信一世說了。所以，什麼生命觀都信的人，其實是個徹底的實用主義者，這樣不可以。

有的人說這三大類、四大種生命觀全不信，其實不可能！當說全不信的時候，其實潛意識裡邊是有信的。我只不過希望，你把潛意識裡邊對生命的那種抉擇明瞭化。因為對生命的理解，是我們人生當中最重要的事情。我們很多中國人以為這件事情不需要思考，其實這件事才是人生的大事！這算給大家留個作業，大家慢慢思考。

四、厭世主義

印度人普遍相信三世說生命觀，印度文化就是基於三世說生命觀而有的。印度人相信生命是死了再來的生生死死的輪迴不已。而除了這一點之外，印度人還有第二個文化情結，就是厭世主義的文化情結。比較中國古代文化、西方古代文化和印度古代文化，會發現印度人的厭世主義情結是最強烈的。厭世，就是討厭這個世界，覺得活著沒勁，覺得生命裡充滿了痛苦。那印度人為什麼厭世呢？學者們試圖做出理論上的解釋。有的人說因為印度天氣熱，熱得很，這種人就容易厭世——這種理論太粗糙了。有的學者認為是因為印度人相信生命的三世說，相信生命是死了再來、死了再來、死了再來，那麼相信死了再來的人，他覺得這個世界來過無數回了，活著沒勁，容易產生厭世主義情結。當然這都是理論家們研究的結果，不重要；重要的是印度古人這種厭世主義情結很強烈，這是事實。可是大家要知道，印度人是相信三世說生命觀的，而相信三世說生命觀的人如果極端地厭世，問題就嚴重了，事情就糟糕了！

004 波羅蜜與三世說的生命觀（下）

一、印度最高宗教話題

當相信死了再來的印度人厭世的時候，問題就嚴重了，為什麼呢？如果一個人相信的是一世說生命觀，相信人死如燈滅，如果這樣的人厭世，問題不大，不過就是在這裡忍上幾十年，人生一晃就過去，幾十年以後，到某一天，這個人死了，那麼他會認為，人死如燈滅，我滅了，這個世界再討厭，反正跟我沒有瓜葛了、解脫了。如果一個人相信二世說生命觀，比如說基督徒，他厭世，問題也不大，也不過在這裡忍上幾十年，幾十年很快就過去了，死了之後他認為，他要等待上帝的審判去天堂了，跟這個討厭的世界也沒有關係了。如果是中國古人，同樣的，也僅僅需要在這裡忍上幾十年，幾十年以後一死，他認為他就到陰間去找爺爺去了，與這個討厭的世界沒有瓜葛了、解脫了。

可是印度人相信的是三世說的生命觀，當一個相信死了再來、死了再來、死了再來的印度人極端厭世，他跟這兒熬啊等啊、熬啊等啊，好不容易把這幾十年熬完了、等完了，直到有一天，「嘭」一死，他認為怎麼樣？他認為自己投胎又回到這個世界上來了，回來了，沒走了；又跟這兒熬啊等啊，好不容易把這一生等完了，「嘭」一死，怎麼樣？又投胎回到這世界上來了，還是沒走了。因此當相信三世說的印度人極端厭世的時候，他就會很糾結，他認為這個世界的討厭，還不在於這個世界的討厭本身，而更在於這樣一個討厭的世界還離不開、走不了，死了又回來了，死了又回來了，死了又回來了。這個問題，我們很多中國人聽起來就像個笑話，可是要知道，這個問

題在印度的古代，把印度人給糾結了。因此在印度的古代，就出現一個獨有的宗教話題，是其他民族都不可能出現的宗教話題，什麼呢？就是在印度，要想當思想家、宗教家，就必須面臨著老百姓要提出的一個宗教話題：我現在太討厭這個世界了，請您告訴我，有沒有什麼辦法，讓我死了以後可以不回來了？怎麼能死了不回來，就成為了印度宗教的最高宗教話題。

有的印度學者是這樣回答的：你想死了以後不回來是嗎？我告訴你，不可能！印度就有學者持這樣的觀點，他認為生命死了再來、死了再來、死了再來的輪迴，這個鏈條是剪不斷的，你永遠必須跟這裡輪迴。只能死了再來，不能死了不來，那我們現世的努力、修行、積德、行善還有意義嗎？那麼這些思想家回答說，也還有意義。意義在哪裡？意義就是確保著下回再來的時候，生命狀態不要比這回差。比如說這一生，好歹是兩條腿，不要來生變成四條腿嘛！但是想死了不來，不可能！印度就有思想家持這樣的思想觀點。但是持這種思想觀點的印度思想家，在印度思想家裡邊是極少數。

印度絕大多數思想家，對老百姓提出來的這個宗教話題——能不能死了不來——的回答都是肯定的：可以。只要一回答「可以」，馬上老百姓就會問下一個問題：方法？怎麼做就能死了不來？印度古代思想家、宗教家著作裡邊，大量的篇幅就是在討論這個話題：怎麼做就能死了不來？

印度宗教家把一個人不修行而只能死了再來、死了再來、死了再來的這個「死」，叫「死」；那麼如果經過某種方法修行之後，能夠做到死了不來，這個「死了不來」的「死」，印度古人就不叫「死」了，給了它一個新的名字叫「nirvāṇa」。「nirvāṇa」這個詞最基本的含義就是「熄滅」。把什麼滅了？把死了再來、死了再來、死了再來的生生死死的輪迴滅了，那「nirvāṇa」這個詞對應著漢語是哪個詞呢？在印度的這些梵文詞，往往都有俗語形態。所謂俗語，就是老百姓把這個詞念俗了，把不好發的音吞掉了，「nirvāṇa」這個梵文詞在印度民間的俗語形態是「nibbāna」。漢傳佛教把「nibbāna」這個詞

音譯成漢語，就是「涅槃」。印度宗教追求的最高境界就是涅槃。

講到這裡，就可以對佛教下一個最初步的定義了。什麼是佛教？佛教就是創始人釋迦牟尼先生給出的、他老人家認為最有效的、能夠引領著眾生趨向涅槃的那套解決方案。

講到這兒，就可以回過頭來。這麼長的一個討論，是從哪個詞講出來的？是從《金剛經》名字中的「波羅蜜」講出來的。「波羅蜜」是梵文詞「pārami」這個詞的音譯，「pārami」這個詞的意思是什麼？是過河。過什麼河？過生命之河，過生死之河。這是印度一個非常形象的比喻。古代印度把不修行而只能死了再來、死了再來、死了再來這個生生死死、輪迴不已的生命的狀態，比喻成河的此岸；當經過某種修行能夠涅槃了，死了不來了，這個涅槃的境界，印度古人就叫作河的彼岸。因此什麼是「波羅蜜」？過河。就是怎麼能從死了再來、死了再來、死了再來的生生死死的輪迴的此岸，度到涅槃的彼岸。從這個意義上講，釋迦牟尼老人家一生其實只講了一件事，就是過河，「pārami」，波羅蜜。因此也就可以理解為什麼佛教典籍中，「波羅蜜」和「度」出現的頻率這麼高。其實，只要把兩件事講明白，就是把佛教講明白了，哪兩件事？就是「過什麼河」和「怎麼過這條河」。把過什麼河和釋迦牟尼給出的過這條河的解決方案講明白，佛教就講明白了。

二、佛教信仰的思想基礎

現在正在討論第一個話題，過什麼河的問題。講到這兒，可以總結一下，一個要對佛教真正生起信仰的人，必須要解決幾個基本思想問題，要邁過幾道坎。第一個問題，第一道坎，就是要認同印度古人的三世說生命觀；在一世說、二世說、三世說這幾種不同的生命觀當中，能不能認同印度古人的生命輪迴的三世說生命觀，是能不能建立起對佛教信仰的第一個思想基礎、第一道坎。有人經過認真思考，覺得無論如何都認同不了印度古人三世說生命觀，那麼對佛教生起信

仰，確實就是沒有了思想基礎，但不是不可以來學習佛教。認同不了三世說生命觀的朋友，可以把佛教當作一種知識文化來學習，而且可以告訴你，佛陀的教法是我們人類文明體系中，極具震撼性和顛覆性的思想。因此，即便不能認同三世說生命觀，不能對佛教生起真實的信仰，但是來聽聽佛教的課，了解印度這樣一位偉大的思想巨人提出來的，對這個世界的看法，也是十分有益的。當然，作為一名佛教徒，首先就應該認真思考一下，你對印度古人三世說的生命輪迴的思想觀念，是否從心底裡真正認同？認同三世說生命觀，是理解佛陀教法的基礎。

第二，如果認同了印度古人三世說的生命觀，邁過了第一道坎，那面臨的第二個問題是什麼？面臨的第二個問題是，對生命輪迴充滿了苦這件事，是不是能夠理解。釋迦牟尼老人家三十幾歲坐菩提樹下證道，之後講學四十幾年，在人間第一堂課講的是什麼？講的就是生命的苦。講生命充滿了苦難，貫穿於他老人家後來四十幾年的教學生涯，他老人家喋喋不休地講生命充滿了苦，從不同角度、不同層次總結了生命的種種的苦，比如說總結了八苦：生、老、病、死、愛別離、怨憎會、求不得、五蘊熾盛苦。

為什麼他老人家要講生命的苦？因為只有認同了生命的苦，才會有一種厭離的心。哇！生命太苦了，我要解脫，我要涅槃！如果生起了希求涅槃的心，那釋迦牟尼老人家太高興了。噢，想涅槃，來來來，我教給你怎麼涅槃嘛！如果所有的人都不想涅槃，那釋迦牟尼老人家就失業了。所以，學習理解佛陀教法的第二件事，就是是不是能生起對現世生命的厭離、對苦的認同。

三、人天乘的法

有人說，我無論如何生不起這種厭離的心，我覺得生命很快樂呀！你看我每天，哇！吃喝玩樂，享受生活。哇！大街上這麼多美女、這麼多帥哥。這生命多麼快樂呀！我可是不想死了不來，我還想

再來。對認同了三世說生命觀、但又生不起厭離心的眾生，佛陀說那好吧，我給你講一部法；這部法在佛教裡就叫作人天乘的法。「人天乘」的「乘」，其實古時候念ㄕㄥ丶，「人天ㄕㄥ丶」，現在大家約定俗成都念ㄔㄥˊ。人天乘的法，是說給認同三世說生命觀、但又生不起厭離心、不想趨向於涅槃的眾生的。

大家想一想，你之所以生不起厭離的心，之所以還想死了再來，原因就是對現在此時此刻的生命狀態極度地認可。覺得做個今天這樣的、有一定經濟實力、生命很充實的人，很快樂。你是對此時此刻這個生命狀態的認可，所以才想死了再來，不想死了不來。可問題是，從印度文化的觀點看，當死了以後再來的時候，能夠確保來生還能有今天這樣的生命狀態嗎？那萬一來生變了流浪狗，怎麼辦？來生入了餓鬼道，怎麼辦？來生下了地獄，可怎麼辦？所以，人天乘的法就是告訴我們，即便想再來，不想不來，也是需要修行的。修行的目的就是確保下回再來的時候，別比這回差。當然人天乘的法一方面要解決的，就是確保著下回來的時候，生命狀態不比這回差，但它另一個作用就是跟眾生結緣。其實，最終的目的，還是要引領著眾生走向解脫，走向涅槃。

005 佛教是消極的，卻又是大積極的

　　畢竟會有一些人，不僅認同了三世說的生命觀，而又能夠從心底裡生起對現實生命的一種苦的理解，有一種厭離的心：哇！我不想輪迴了，我要涅槃！認同三世說的生命觀，同時又能夠生起對生命輪迴的苦的理解，希求涅槃，這樣的心在佛教裡邊，給了它一個專有的名詞，就叫「出離心」。一個對佛教能生起真實信仰的人，首先要建立的就是出離心。講佛教課程，首先要講的就是出離心。離開了出離心討論佛法，是沒有根基的。對於一個人，生不起出離心，或出離心生起的不夠堅固，那麼，佛陀是有法的，所以生起出離心是有修行的方法的。我們後邊的課程會討論這個話題。

　　講到這裡就可以理解了，印度文化包括佛陀的教法，與中國固有的傳統文化，有沒有文化差異性？這就印證了我們前面的觀點：佛教是基於印度三世說生命觀和印度人厭世主義情結，而建立的一種趨向解脫、尋求涅槃的文化，孔子的著作、老子的著作、墨子的著作裡面有嗎？在儒家、道家、法家那裡有嗎？根本沒有。學習一種文化，就是要學習這種文化區別於其他文化的文化差異性，差異是價值。

　　有的朋友會驚歎：哇！我今天才知道，原來真正要信仰佛教，必須要有一種對生命的苦的認同──這佛教的理論太消極了。佛教理論消極不消極？這要看怎麼理解這個話題。最近這麼多年來，我講佛教課，從一個特定的角度說，佛教消極，就是消極。有人說：哇！你說她消極，你還弘揚佛法，還要在社會當中弘揚一個消極的東西？我說佛教「消極」，這個詞沒有貶義，在這裡是個中性詞。有人說不好理解，都說佛教消極了，難道還沒有貶義嗎？我是要表達這樣一種文化情結。

一、刹車喻

舉個例子。一輛車子能夠安全地行駛在道路上，必須具備兩個基本的條件。第一，這部車子上要有動力系統，老百姓俗稱「發動機」。一部車子的好壞，首先決定於發動機的好壞、發動機的動力性能——啊，我這個車是八個缸的，排氣量5.0的。可是如果一部車子上只有發動機，再沒有別的了，這部車子能開嗎？敢開嗎？一部車子之所以能夠安全地行駛，一方面它有發動機，同時還必須有另外一套系統——制動裝置，俗稱「刹車」。發動機跟刹車還得匹配，也就是發動機越好的車子，制動裝置同時性能必須越好，這樣的車子才是安全可開的。在這部車子上，發動機是讓車子跑的越快越好，而刹車是讓這部車子停下來的越快越好，這兩套裝置在這部車子上所起的作用正好相反。因此，說刹車對發動機是消極的，這應該沒有問題。但說刹車對發動機是消極的，有貶義嗎？沒有。因為在這部車子上，刹車對發動機的消極性，恰恰是刹車存在的價值——刹車對發動機不消極，我們還不會要它呢！腳底下踩一個快了，踩另一個更快了，兩個油門要它幹啥？一定是踩一個快了，踩一個慢了，這部車子才是安全可開的。這個道理大家都可以理解。

其實人類社會就如同一部車子，在人類社會的這部車子上，有些文化扮演的是發動機的角色。什麼文化扮演發動機的角色呢？就是可以最大限度地、甚至無限度地滿足人類種種欲望的文化。因為推動生產力發展的最原始動力就是人的欲望，我們發展生產力的目的，就是滿足人的欲望。人類文化體系當中，確實有一些文化，是不斷地、努力地滿足人種種欲望的文化，比如說技術這樣的文化，在人類文化體系當中所扮演的角色就是發動機。

但是如果人類文化體系當中，只有發動機，沒有刹車，後果是什麼？我們人類幾千年來走到今天，雖然歷史坎坷，人類歷史上經過種種的磨難，但是人類畢竟走到了今天，沒有翻車，因此不能想像在我們人類文明體系當中，只有發動機角色的文化而沒有刹車角色的文

化。其實在人類文明體系當中，有一些文化扮演的就是剎車角色。在這類文化當中，最有效的剎車之一，就是宗教。不僅僅是佛教，其實其他的宗教也是扮演剎車角色的。因此可以理解，就像在一部車子上剎車對發動機是消極的，在人類社會這部車子上，扮演剎車角色的宗教，對扮演發動機角色的主流文化，作用是消極的，沒有貶義。而且正是由於對主流文化的剎車作用，宗教文化在人類文明體系當中的存在才是必要的；宗教文化的剎車制動作用，是理解宗教文化的一個基點。不能理解這一點，就理解不了在如今科學技術如此發達的時代，為什麼還要講宗教。大家一定要知道，科學技術這類文化是發動機的文化，而發動機的文化越發達，並不意味著可以不要剎車了，而恰恰意味著必須得有更好的剎車了。就像一輛牛車，剎車不靈，馬馬虎虎可以走，但一輛跑車，沒有一副好的剎車，這部車是不能上路的。

中國改革開放三十年，經濟取得了長足的進展，我們從過去的貧窮苦難狀態，到了一部分人相對經濟富有的狀態。經濟發展取得的成就，我們必須承認。但是我們今天中國，伴隨著經濟的高速發展，又出現了很多新的社會問題，這些社會問題還很尖銳。其實仔細想一想，今天中國大陸存在的社會問題，其實就是當發動機變得越來越靈的時候，剎車制動裝置沒有跟上。今天我們這個社會，沒有真正有效的剎車，這是今天中國存在很多現實問題的一個重要原因。因此在今天的中國大陸，我們應該理直氣壯地講宗教，因為宗教是剎車。人類社會如果只有發動機沒有剎車，後果是不堪設想的。

有的人說佛教在現在世界上流傳的地區，往往都是經濟落後的地區，因此大家對佛教持批評的態度。其實做這種表達的人，他就是不理解宗教。宗教不是對現實生產力的推波助瀾，而恰恰是對人的欲望的制約，是剎車，不是發動機。當然，佛教在歷史上，也不是沒有出現在經濟發達時期，比如說在唐宋時期，那個時候中國的經濟總量占世界的比例，比現在美國的經濟總量占世界的比例還高，可那個時候中國的佛教是很發達的。

這裡想表達的意思是，判斷一種宗教的合理性與有效性，不能夠

只是從某一個時段來看它，是不是存在於經濟發達地區或者不發達地區。比如有人說藏傳佛教阻礙了西藏地區的經濟發展，其實西藏的問題是發動機不靈的問題，解決西藏的問題，當然，要努力地把發動機搞好，滿足藏族地區各民族人民的現實生活。但是當把發動機搞好的同時，千萬不能把剎車又搞不靈了。在把發動機搞好的同時，把剎車又搞不靈了，就是我們現在中國漢族地區所出現的情形，其實是非常可怕的、非常可悲的。從這個意義上講，宗教是剎車，是對主流文化的消極，我們要理直氣壯地講，但是這種消極沒有貶義。正是宗教的剎車作用，與社會的主流文化相配合，才會建立一個和諧的社會。從這意義上講，宗教 ── 佛教又是積極的，大積極的。

講到這裡，我們是在講佛教的第一個問題，就是過什麼河的問題。前面講過，其實只需要把兩件事情講明白了，佛教就講明白了，這兩件事就是過什麼河和怎麼過這條河，就是過什麼河與釋迦牟尼老人家給出的過河的解決方案。現在講過什麼河的問題，這是本次佛教課的序言。那麼這兩件事重頭戲是第二件事，就是怎麼過這條河。當一個人認同了三世說生命觀，認同了生命的生死輪迴，同時又生起了對現實生命輪迴的苦的理解，也就是生起了出離心，這是對佛教生起信仰的思想基礎。

二、兩種出離心

那麼一旦生起出離心之後，生起出離心的人又分成了兩種人。一種人就是因對現實生命的苦的感受而極端地厭離，他覺得生命太苦了──我一天都不想在這裡生存，說得通俗點，能今天晚上涅槃都不想明天早晨。對於這種對生命的極度厭離，想儘早斷除自我的煩惱、走向涅槃的眾生，佛陀講了一部法，這部法就是小乘佛教的法。

還有第二類眾生，雖然生起了出離心，對現世生命輪迴的苦極其認同，但並不急於自己個人走向涅槃，而是當他個人認同了生命的苦，同時又看到天底下千千萬萬眾生依然也是苦，認識到所謂我個人

的生命的苦的解脫，離不開眾生的苦的解脫，眾生的生命的苦的解脫，才最終能讓我個人得到解脫，因此他並不急於尋求個人的斷除煩惱、走向涅槃，而是要在這個世界上，透過不斷地生命輪迴的過程修行自己，而且是以幫助其他的眾生走向涅槃、擺脫苦難作爲自己修行的解脫道路；那麼對這樣心境的眾生，佛陀講了一部法，就是大乘佛教的法。

006 遠離顛倒夢想

能夠生起出離心的眾生分兩種情形，一種情形是具有強烈的出離心，對自己現世生命的苦難極度認同，有一種強烈的要斷除內心煩惱、走向清淨涅槃的心，佛陀給這些眾生講了小乘佛教的法。第二類眾生，他們並不以自己的苦難爲苦難，而是觀天下的眾生的苦難爲苦難，他們並不僅僅希求自我的解脫，而是希求眾生的解脫，而且把一切眾生的解脫當作自己的解脫，把度化一切眾生走向解脫，當作自己修行解脫的路徑 —— 這樣的思想境界，這樣心境的生起，佛教給了一個專有名詞，叫作「菩提心」。菩提心是一個非常大的問題，後續課程將從不同角度、不同層次來解讀菩提心。那麼，一個人不僅生起了出離心，而且還能夠生起菩提心，佛陀給這樣眾生說的是大乘佛法。這次課程要學習的《金剛經》，就屬於大乘佛法中一部非常重要的經典。

一、學佛四層次

講到這裡，我們做一下總結。佛陀的教法分爲四個層次：第一，不能夠認同三世說生命觀的人，可以把佛陀教法當作知識文化去學習；第二，認同了三世說生命觀但生不起出離心的人，學習佛陀的人天乘的法；第三，認同了三世說生命觀又能夠生起出離心，但生不起菩提心的人，學習佛陀的小乘教法；第四，能夠認同三世說生命觀，能夠生得起出離心，同時還能生得起菩提心，佛陀爲這樣的眾生講了大乘佛教的法。

修行人天乘的法所獲得的果報，就是保證來生能得人天善果，不會墮到畜生、餓鬼、地獄道。修行小乘佛法所獲得的最後的果，是斷

除了自我內心的煩惱、證得了自我的清淨的解脫涅槃境界的那個果，叫作阿羅漢。大乘佛教修行的結果，就是把眾生的苦難當作自己的苦難、透過度化一切眾生而實現自我解脫的修行，所獲得的最終的果報，就是佛陀，就是成佛。

面對著佛陀教法的這幾個層次，每一個學習佛法的人，都該對照自己現在的精神狀態自問，能夠承受佛陀哪個層次的法？當然，佛陀最終希望眾生都能夠修行大乘佛法，走向成佛的歷程。

二、輪迴的原因

下面進入這個課程的核心內容，也就是我們怎麼過這條河，特別在大乘佛法當中，佛陀給出的成佛的道路是什麼，這是講佛教的核心。首先我們要解決一個問題：為什麼釋迦牟尼老人家成佛了，而我們還在生死當中輪轉？也就是造成我們生死輪轉的原因是什麼？這一點非常重要，如果找到了造成我們生死輪轉的原因，把這個原因一解決，不就走向解脫、走向成佛了嘛！這是學習佛法的第一個要點。佛陀證道了，佛陀成佛了，佛陀老人家給我們指明了一條成佛的道路，那麼在佛陀看來，我們這些凡夫輪迴於生死，不能涅槃，原因是什麼？原因是糊塗！

佛陀他老人家成道了，他老人家自稱是「Buddha」。「Buddha」這個梵文詞在漢傳佛教的歷史上，翻譯成「佛」或者「佛陀」，漢傳佛教經典中的「佛」這個字或者「佛陀」這個詞，對應的梵文都是「Buddha」。當然「Buddha」為什麼被翻譯成「佛」或者「佛陀」，這是目前還有爭議的學術話題，我們姑且不討論。「Buddha」什麼意思呢？如果用現代漢語解讀一下，「Buddha」就是「覺者」，通俗地講，明白人。釋迦牟尼三十幾歲坐到菩提樹下證道，宣稱自己是覺悟的人，是覺者，言外之意，在他老人家眼裡邊，我們這些輪迴於生死的凡夫，都是糊塗的，而正是因為我們糊塗，所以我們才輪迴於生死。

重要的是，當佛陀老人家說自己是覺者，他認爲我們這些輪迴於生死的凡夫糊塗，大家要知道，在佛陀的眼裡，我們凡夫的糊塗可不是一般的糊塗，而是相當的糊塗。糊塗到什麼程度啊？作爲一名佛教徒，或者愛好佛教的人，大概都讀過佛教的一部經，這部經篇幅很小，翻譯成漢語只有兩百六十多個字，就是《心經》。《心經》裡有六個字，叫作「遠離顛倒夢想」。很多佛教徒天天在家裡念《心經》，念到「遠離顛倒夢想」，就念過去了，沒有認眞思考一下什麼是遠離顛倒夢想。其實佛陀老人家講學四十幾年，目的就是讓我們這些凡夫遠離顛倒、遠離夢想。那他老人家讓我們遠離顛倒、遠離夢想這句話的潛臺詞就是，在佛陀老人家眼中，我們這些凡夫此時正在顛倒著，正在夢想著。所以大家要理解，我們這些凡夫糊塗不是一般的糊塗，是顛倒性的糊塗，是夢想性的糊塗。

三、顛倒

先說「顛倒」，這個詞譯得非常好。什麼叫顛倒？把事搞反了叫顛倒。因此大家應該理解，佛陀老人家證道了、成佛了，聲稱自己是覺者，那也就是，佛陀這位覺者，跟我們這些凡夫對世界的理解正好顛倒了、反了。學佛難，難在何處啊？難首先就體現在一名佛教徒，敢不敢認同我們凡夫對世界的理解，跟佛陀他老人家對世界的理解顛倒了、反了？這件事敢不敢承當？很多佛教徒學佛很多年，在這件事情上不敢承當。舉個例子，比如說眼前這張桌子存在嗎？對於我們凡夫，眼前的這張桌子，我看到它了、摸到它了，當然是存在。這個問題還用討論嗎？可是佛陀他老人家講學四十幾年，要給我們講很多重要的道理，其中最重要的道理之一，就是這張桌子根本不存在！有人說：這張桌子不存在，那什麼是存在的？在今天我們這個表述的層次上可以這樣說：這張桌子根本不存在，但非要誤以爲它存在的誤以爲的心，暫時馬馬虎虎算存在，但這張桌子絕對不存在！敢不敢承當？這是學佛最難的地方之一。

西元七世紀，中國有一位著名的僧人叫惠能，他老人家去世後，弟子們把他老人家一生的行跡、講學編了本書，叫作《六祖法寶壇經》。據這部書記載，惠能大師祖籍范陽。范陽在哪裡？在河北，在北京西南郊房山區外邊一點，河北省的涿州市，涿州古稱范陽。惠能祖上是河北人，但父親犯錯了，被皇上一頭貶於嶺南，就是現在廣東雲浮市的新興縣。惠能的父親到了廣東，娶了他媽，生了惠能，所以惠能生在廣東。父親在他三歲的時候去世了，母子相依為命。二十四歲的時候，惠能離開廣東到了湖北的黃梅縣，見到了他的師父，也就是中國禪宗的第五代祖師弘忍。當時弘忍大師七十多歲，惠能二十四歲，惠能在弘忍大師的寺院裡住了八個多月。

有一天，弘忍大師把弟子學生們都召集來開會，說生死事大呀！這句話是雙關語，一方面講佛陀的教法解決的是生死問題，這才是大事；另一方面也是表達了：我七十多歲了，哪一天我就要走了，因此師父要選接班人了，要選這個法脈下一代的掌門人了，也就是遴選第六代祖師。所以師父說，你們這些弟子追隨我學習了這麼久，回去每個人寫一個心得報告，當然不能長篇大論，寫四句話就夠，四句偈，把你們追隨我修行後，此時此刻所證悟的境界告訴我，師父說我看誰悟的最深、誰悟的最透，我就把法傳誰，誰就是我們這個法脈的第六代祖師。那麼來到這個寺院八個多月的惠能因此說了四句話，這四句話在中國其實是家喻戶曉的，哪四句呢？就是「菩提本無樹，明鏡亦非台，本來無一物，何處惹塵埃」。這四句話的核心是第三句「本來無一物」，另外三句是這句話的陪襯，所以講這四句偈的時候，應該把重點落到這第三句上。

什麼是「本來無一物」？先撇開宗教不講，就從語言上講，什麼是「本來無一物」？就是壓根兒什麼東西都沒有。惠能那一時刻所證悟的境界，就是什麼都不存在，而且他這個表達非常準確，他說的是本來無一「物」──說的是「物」沒有，沒說「心」沒有；而且說本來無「一」物──「一個」都沒有，不是桌子沒有椅子有，都沒有，這話相當徹底啊！而且是「本來」無一物──什麼意思？原本就沒

有，壓根兒就沒有，從來就沒有過。不是這張桌子原來有，後來一修行把這桌子給修沒了，它原本就沒有！你現在認為它有就是你顛倒、你糊塗，你是凡夫。

正是因為這四句偈，惠能的境界得到了師父的賞識，後來師父把法傳給他，惠能就是禪宗的第六代祖師。惠能得法以後從湖北跑回了廣東，在民間隱居了十五年。這個時候出來弘法了，他最初出來弘法的地方，就是現在廣州市的光孝寺。《六祖壇經》記載，當時這個寺院叫法性寺，惠能走進這個寺院的時候，有兩個小僧人正在辯論著一個話題。什麼話題？就是寺院的旗子 —— 佛教叫「幡子」 —— 迎風招展，啪啦啦，啪啦啦，在那飄著；一個小僧人說這是風在動（風動），一個小僧人說這是幡子在動（幡動）；倆人爭論不休，誰也說服不了誰。這個時候，隱居十五年出來的惠能走過去，說了一句令當場的人們感到非常驚訝的話，惠能說：二位，不是風動，不是幡動，是你倆心在動啊！這句話，惠能要表達什麼法義啊？惠能想表達的法義就是：一切的外在物的存在，不過都是心的顯現，心外無物。

第二章

佛教橫向教理體系
和縱向教理體系

007 佛教橫向教理體系：破增益與補損減

　　佛陀說造成我們這些凡夫輪迴於生死、不能成佛的原因是糊塗，我們這些凡夫，用《心經》的話講，「顛倒」、「夢想」。上一節我們講顛倒，真的不大好理解。

一、夢想

　　下邊講「夢想」。佛教經常用夢做比喻，夢就好理解一些。大家都做過夢，做過美夢、做過噩夢。比如說老王做了個夢，夢裡來了一隻大老虎。老王夢見一隻老虎來了，會採取什麼措施？他會在夢裡撒腿就跑，但夢裡有個特點：跑不快──夢裡的特點是越想幹什麼事越幹不成。老王在夢裡跑，但跑不快，而老王夢裡的老虎可跑得快，「蹭蹭」幾下追上來，「嗷」一聲撲上來了，後果是什麼？後果是老王「啊」一聲從夢中驚醒。老王從夢中醒來後，你摸他的心臟，「咕咚」、「咕咚」在跳，你摸摸他的背心、他的睡衣，都濕了，很害怕；但是當老王從夢中醒來之後，他發現剛才令他萬分恐懼的老虎有嗎？根本沒有，從來沒有，壓根兒就沒有過。這老虎沒有，但是剛才，老王做了一個有老虎的夢，這個夢暫時還不能說沒有，但老王夢中的老虎絕對沒有，是不是？然而一個絕對沒有的老虎，剛才為什麼令老王萬分恐懼呢？原因是老王不知道那是夢。比如他在夢中跑，我進入他的夢，對他說：老王別跑，這個老虎是假的，不會傷害你──他信嗎？他肯定不信，他會說這姓于的太可惡了，老虎來了不讓我跑？但是，等到老王從夢中醒來之後，他確實發現這隻老虎沒有，從來沒有過。這個例子都能理解。

　　佛陀他老人家三十幾歲坐到菩提樹下證道了，他老人家宣稱自

己是「Buddha」，覺者。「Buddha」是個名詞，來源於動詞詞根「Budh」，「Budh」是什麼意思？就是「醒」的意思。從「Budh」這個「醒」的動詞，衍生出名詞「Buddha」，因此「Buddha」最基本的含義就是「醒了的人」。什麼意思？釋迦牟尼先生三十幾歲坐在菩提樹下，宣稱自己醒了，言外之意，他認為我們此時此刻還在夢中。你認同嗎？有人說：我不認同！我晚上躺在床上做的那才是夢，我現在不是夢。而釋迦牟尼老人家想告訴我們的是，晚上躺床上做的那個是夢中之夢，你此時此刻還是夢！釋迦牟尼老人家說，我從人生的這種大夢當中醒來了，而你還在夢中。如果你跟著我修行，直到有一天，你能像我一樣，從此時此刻我認為的這個人生的大夢中醒來之後，你才會發現，你今天所認為的一切的真實的存在，比如說桌椅板凳，比如說山河大地，比如說日月星辰，其實都像剛才老王夢中的老虎一樣，等夢醒來後，才發現它們從來沒有，壓根兒沒有，根本就沒有過。

現在佛陀說這張桌子沒有，我們不認同，原因就是不認同我們此時此刻是在夢中。有人會說：佛陀認為我們此時此刻是夢，這是佛陀的真實教誨嗎？這次課學習的《金剛經》，最後快要結束的時候，佛陀說了四句偈。鳩摩羅什是這樣翻譯的：

> 「一切有為法，如夢幻泡影，如露亦如電，應作如是觀。」

「有為法」是佛教的專有名詞，後邊的課程會具體講授，現在先通俗地說一下。在佛教裡邊，什麼是有為法？在《金剛經》裡邊，有為法指的是我們凡夫境界上，我們凡夫自以為的、真實存在的種種事物。佛陀用《金剛經》的最後這個偈子告訴我們，要把我們凡夫境界上的這一切的、我們自以為的真實，你要能把它觀成「夢幻泡影」、「如露」、「如電」——要這樣地來看待我們凡夫境界上、我們自以為的真實的世界。他的第一個比喻就是夢。

佛陀告誡我們，要把眼前的、我們自以爲的眞實的世界，要能夠領受：它其實如夢境一般，一點都不眞實。學佛難，難於何處？其實對我們凡夫而言，理解佛陀的教法，修行佛法，遇到的第一個最大的障礙，就是我們對凡夫境界上的一切的存在，生不起這個夢觀。可是，我們學習佛法、修證佛法，特別是學習大乘佛法，必須要邁過這個非常關鍵的坎兒。

二、橫向教理體系：破增益與補損減

　　我們可以提綱挈領地把佛陀的教理，特別是大乘佛法的教理做一個概括。其實大乘佛法非常明顯，教理體系可以分成前後兩部分。

　　第一部分，佛陀他老人家想盡一切辦法，掰開了，揉碎了，從不同角度、不同層次，安立不同的名言系統，要幹一件事，就是要告訴我們這些凡夫：我們凡夫自以爲的、凡夫境界上的眞實世界，其實一點都不眞實。可以用三個詞來形容佛陀的這段教法：第一，「破除」，這一段教理佛陀在幹什麼？佛陀老人家想盡一切辦法，破除我們凡夫對凡夫自以爲的眞實世界的理解。第二個詞，「顚覆」，佛陀老人家在這一段教法裡在幹什麼？就是在顚覆我們凡夫對凡夫境界上的眞實的理解。第三個詞，「解構」，這是借用了後現代主義的一個詞，佛陀老人家在這段教法裡邊幹什麼呢？就是在解構我們凡夫自以爲的眞實世界。佛陀告訴我們，你們凡夫自以爲的眞實世界，一丁點都不眞實。這是佛陀教理的第一部分。

　　第二部分，就是佛陀給那些透過佛陀教理第一部分的學習，已經認同了佛陀關於我們凡夫境界上、我們過去自以爲眞實的世界，其實都是不眞實的道理的人，講第二件事：什麼才是佛陀證悟的眞正的眞實。對一位凡夫，當學習佛陀教法的第一部分，漸漸地能夠認同了佛陀關於我們凡夫境界上的存在，都是不眞實的這個道理，但是注意，此時此刻還是凡夫，只不過這位凡夫跟其他的凡夫有點不一樣了：其他的凡夫執著著凡夫境界的存在爲眞實，而這位凡夫透過佛陀教理

的第一部分的學習，已經能夠認同佛陀關於我們凡夫境界上的一切的存在，都是不真實的道理，但此時此刻還是個凡夫。既然是凡夫，這時候心中一定會生起一個新的問題，會問佛陀老人家：老師啊，過去我以為的真實，都讓您老人家給解構了、給顛覆了、給破除了，那我這心中空落落的；老人家，那您告訴我，什麼才是您老人家證悟的真實？所以佛陀教法的第二部分，就是給透過第一部分教理的學習、認同了釋迦牟尼關於凡夫境界上的一切的存在，都是不真實的道理的那些凡夫，講第二件事：什麼才是佛陀認為的真正的真實。

第一部分告訴我們，凡夫境界的存在都是不真實的，第二部分告訴我們，什麼才是佛陀認為的真正的真實。而對我們凡夫而言，佛陀的這前後兩部分教理，哪部分更重要呢？其實第一個問題、第一部分教理是重頭戲。因為我們凡夫最難解決的，就是不能認同我們凡夫境界上的存在是不真實的。這個坎兒我們邁不過去，其實如果真正邁過去了這個坎兒，那麼見證佛陀證悟的真實，對於邁過這個坎兒的那些眾生來講，其實是水到渠成、瓜熟蒂落的事兒。所以學習佛陀教法，難就難在第一個問題。

對於我們凡夫而言，學習佛陀教法，首先應該努力著意的是第一個問題；也就是要從我們這些凡夫從對凡夫境界上這種真實的理解，漸漸能夠導向到我們發現：我們過去以為的真實，其實都是不真實的。《金剛經》的重點就是講這個問題，即：讓我們在教理上、在切實的修行的實證上，從我們對凡夫境界的那種真實的執著，引導著我們一步步地能夠觀我們凡夫境界上的一切的存在，「如夢幻泡影」、「如露亦如電」。講《金剛經》或者說講佛法，特別是大乘佛法，重點就是要講佛陀究竟是用了什麼樣的一個善巧，佛陀用了怎樣的理論與實踐，把我們凡夫對凡夫境界的那種實有見一步步地解構了。後邊的重點，就是講佛陀在「般若波羅蜜」這個法門當中，是怎樣一步步地把我們的凡夫見解解構的。不學不知道，等把般若法門當中，佛陀解構我們凡夫自以為的真實世界的整套解構模式、及其理論體系與修證模式了解了之後，才能真正地了解佛陀的偉大、佛法的微妙與殊

勝。

　　總結一下。佛陀認為我們這些凡夫之所以輪迴於生死、不能成佛的原因是糊塗，這個糊塗體現在哪兒？體現在兩個方面：第一，我們凡夫死死抓住了一個在佛陀老人家看來、根本不真實的凡夫境界以為真實；第二，正是因為我們死死抓住了一個在佛陀老人家看來、根本不真實的世界誤以為真實，而導致了一個嚴重的後果，就是：我們見不到佛陀老人家證悟的真正的真實。

　　對於這兩個錯誤，佛教有兩個專有名詞來表達。第一個錯誤，就是我們凡夫死死抓住了一個在佛陀看來、根本不真實的世界把它當成真實，這種真實性是凡夫強加上去的，是錯誤認識造成的，這個錯誤在佛教裡邊叫作「增益」（samāropa）。正是因為有了增益的錯誤，我們死死地抓住了一個在佛陀看來、根本不真實的世界當真實，因此佛陀認為，我們就再也見不到真正的真實了。見不到真正的真實的錯誤，佛教裡給了一個專有名詞，叫「損減」（apavāda）。在佛陀眼裡，我們這些凡夫犯了兩個錯誤：增益和損減。因此我們學習佛法、修證佛法，就是解決這兩個問題，就是要把我們凡夫過去自以為的真實世界的真實性打破，解決增益的問題——破增益。進而，佛陀證悟的真正的真實才會顯現，解決損減的問題——補損減。也就是整個學佛的歷程，就是要把我們這些犯著增益與損減兩個錯誤的凡夫，一步步地把我們引向佛陀的「不增不減」的解脫境界。

008　打破無明見真實

　　佛陀認為我們這些凡夫之所以輪迴於生死、不能涅槃、不能成佛，原因是我們糊塗，把不真實的當成真實，見不到真正的真實，犯了增益與損減的錯誤。這個糊塗，佛教有個專有名詞來表達，梵文是「avidyā」，翻譯成漢語就是「無明」。

一、無明所障

　　佛陀看我們這些凡夫，叫「無明所障」的凡夫，似乎我們這些凡夫心中有一片烏雲，心中有一片黑暗。這片烏雲、這片黑暗，障礙我們對真實的理解，障礙我們對真相的認識。在佛陀看來，我們這些凡夫由於無明所障，見不到真相、見不到真實，這是我們輪迴的根本原因。為什麼這麼說？因為當我們無明所障、見不到真相、見不到真實的時候，我們當下的一切行為就是背離真相、背離真實的。這裡說的行為包括三個方面，就是我們的所做、所說和所想，佛教叫作「身口意」。

　　由於無明所障，我們見不到真相、見不到真實，因此我們的行為，就一定是背離真相、背離真實的。而佛陀告訴我們，我們這些背離真相、背離真實的行為，可以很快結束，但是這個行為會產生一股強大的、無形的力量，這種無形的力量，梵文叫「karma」，翻譯成漢語叫「業力」。我們會在這股無形的業力的驅使下，在背離真相、背離真實的道路上前行，前行的後果，是在未來又會產生一個新的行為，而因為無明所障，這個新的行為依然還是背離真相、背離真實的。而這個新的背離真相、背離真實的行為，可以很快結束，但是這個行為又會產生一股巨大的無形的力量，驅使著我們在背離真相、背

離眞實的道路上再繼續前行，前行的後果是再產生背離眞相、背離眞實的行爲，而這個行爲可以很快結束，這個行爲又產生一股新的力量，「karma」，業力，驅使著在繼續背離眞相、背離眞實的道路上前行。前行了，又造業；造業，又前行；前行，又造業；造業，又前行。更重要的是往昔所造的業力，不隨著未來某一時刻的生命死亡而消失，而恰恰就是在業力的驅使下「感生後有」——感得來生一期新的生命形態。

佛陀說我是智者，我看到了，這就是眾生的生生死死、輪迴不已。所以可以理解的是，佛陀認爲造成我們這些凡夫輪迴於生死、不能涅槃、不能成佛的最根本的原因是什麼？最根本的原因就是無明，就是由於無明而見不到眞實。既然佛陀認爲我們輪迴於生死的原因是無明，而無明的後果是見不到眞實，那麼就可以理解了，佛陀給出的解脫的解決方案是什麼？這個解決方案，綱領性地用一句話概括就是：打破無明見眞實。佛陀認爲，只要能夠打破無明見眞實，就會趨向解脫、趨向涅槃、趨向成佛；所以，打破無明見眞實，是佛陀教法的一句綱領性的表達。

接下來就出現兩個問題。既然要打破無明見眞實，那無明打得破嗎？打破無明的可能性存在嗎？拿什麼來打破這個無明？這是第一個問題。第二個問題，如果打破無明的可能性是具備的，那怎麼打？打的方法、過程、次第是什麼？

二、般若破無明

先說第一個問題，無明打得破嗎？打破無明的可能性存在嗎？佛陀告訴我們，我們這些凡夫打破無明見眞實的可能性是存在的。爲什麼？佛陀說，我證道了，我是智者，我告訴你們，你們這些凡夫實際上是具有兩面性的。一面就是無明所障，見不到眞實，造業，所以輪迴。但佛陀說，凡夫也不要妄自菲薄，凡夫還具有另一面，也就是無明所障的凡夫，其實普遍地內心又具有著可以打破無明見眞實的能

力。

　　佛陀認爲，無明所障的凡夫，普遍地具有可以打破無明見眞實的能力，這個能力，在梵文裡有一個詞表達它，叫作「prajñā」，它的俗語形態就是「paññā」，對應著漢傳佛教譯的是哪個詞？就是《金剛經》名字中的「般若」這個詞。現在我們念作「ㄅㄛ ㄖㄜˇ」的這個詞，在佛教裡邊，實際上是「paññā」的音譯。漢唐時期長安洛陽一帶，「般若」的發音一定是最接近「paññā」的。爲什麼它是音譯？前面討論「波羅蜜」爲什麼是音譯的時候已經討論過了，原因是一樣的，不再重複。漢語的發音千百年來變化很大，現在按照普通話的標準這個詞發音是「ㄅㄢ ㄖㄨㄛˋ」，但是現在漢傳佛教約定成俗念「ㄅㄛ ㄖㄜˇ」，所以我們隨順大家，這個詞繼續念「ㄅㄛ ㄖㄜˇ」。

　　「般若」這個詞的法義很深。首先，「般若」這個詞要表達的就是，釋迦牟尼認爲我們凡夫具有兩面性，一面是無明所障，另一面是雖然無明所障，但又具備著可以打破無明見眞實的能力——般若。所以，般若重要不重要？非常重要！「般若」這個詞在漢傳佛教，有的時候勉強意譯爲「智慧」，但是譯成「智慧」後，容易造成誤解。比如說，我們說某某先生是北京大學物理系教授、博士生導師、中國科學院院士，那是不是這位先生很「般若」？很「智慧」？這樣的聰明智慧，不是佛教所說的般若，不是佛教所說的智慧。佛教裡有一個詞是對這樣的聰明進行表達，叫「世智辯聰」，不是佛教要說的智慧。佛教要說的智慧，是我們凡夫內心普遍具有的、可以打破無明、見到佛陀證悟的眞實性的那種能力，叫「般若」，姑且翻譯成「智慧」。翻譯成「智慧」容易造成誤解，有的時候爲了減少誤解，往往在智慧前面加個定語，叫「大智慧」，以區別於世間的聰明。但總而言之，佛教的智慧不是一般的聰明，是凡夫內心具有著的打破無明見佛陀所說的眞實的能力。

　　打破無明的可能性有沒有？佛陀回答說「有」。這種可能性就建築在我們凡夫內心普遍具有的、可以打破無明的能力——般若——之上。那麼，拿什麼打破無明？拿般若。所以，佛陀給出來的打破無明

見眞實的方案，其實就是把我們凡夫內心本來普遍具有的、可以打破無明的能力——般若——調動起來，由這個般若去打破無明。一旦用我們內心本身具有的、可以打破無明的這個般若、這個智慧，打破了無明，我們就趨向解脫，就「pārami」——波羅蜜，過河。這就是般若波羅蜜，這就是《金剛經》名字裡邊兩個非常關鍵性的詞語。講到這裡，《金剛經》名字裡邊兩個表達著佛教核心思想的重要詞語，我們做了基本的表述。第一個問題解決了，打破無明的可能性這個問題解決了，拿什麼打、打的工具這個問題也解決了。

三、破無明的次第

下面的問題就是怎麼打？打破無明的過程、次第是什麼？這是佛教最最關鍵的問題。無明所障的凡夫，爲什麼見不到眞實？造成凡夫見不到眞實的最大障礙是什麼？什麼才是妨礙著我們凡夫見眞實的最大障礙？這個問題非常重要，涉及我們學習佛法、修行佛法的過程與次第。

因爲我們要見眞實，因此首先得知道，什麼是妨礙著我們見到眞實的最大障礙？只有把這個障礙消除了，才有可能見到眞實。那什麼是妨礙著我們凡夫見眞實的最大障礙呢？其實這個問題在前面已經討論過了，佛陀說我們犯了兩個錯誤。第一個錯誤是什麼？增益。什麼是增益？增益就是我們這些凡夫無明所障，糊塗，誤把我們凡夫境界上的、在佛陀看來根本不眞實的世界當作眞實。我們把凡夫境界上我們誤以爲眞實的世界，死死地抓在手裡，增益！而佛陀說，這就是妨礙著我們見到眞實的最大障礙。我們這些凡夫，死死抓住著在佛陀看來根本不眞實的凡夫境界當眞實，因此，我們就再也見不到眞正的眞實了。把不眞實當眞實，這是我們見不到眞正眞實的最大障礙。

因此，要想見到眞實，首先要剷除這個障礙，所以，打破無明見眞實的次第分兩步。第一步，破除我們凡夫自以爲的眞實世界，要顚覆我們凡夫對我們凡夫境界的自以爲眞實的理解，要解構我們凡夫對

凡夫以爲的眞實世界的理解，就是破增益。只有破了增益，我們才可能見眞實。增益跟損減，我們凡夫犯的這兩個嚴重錯誤，是連帶性錯誤。什麼是連帶性錯誤？就是這兩個錯誤是關聯的，是因爲我們增益，所以我們損減。也就是我們死死抓住了在佛陀看來不眞實的凡夫境界以爲眞實，這件事障礙我們見到眞正的眞實。我們之所以見不到佛陀所說的眞正的眞實，就是因爲死死抓住了我們凡夫境界、在佛陀看來根本就不眞實的世界而把它誤以爲眞實。所以兩步走，第一步剷除障礙，破增益，要知道凡夫境界上的一切的存在是不眞實的。第二步，補損減，能夠破了增益，就是能夠徹底地領受了佛陀關於凡夫境界上的一切的存在都是不眞實的道理，能夠領受這一點，就爲見眞實打好了基礎，剷除了障礙。

所以，佛陀教法的修行，特別是大乘佛法修行的次第，即怎麼打破無明見眞實，分兩步。第一步，先要消除我們凡夫見眞實的障礙，這個障礙就是我們凡夫死死抓住的、並誤以爲眞實的，而在佛陀看來根本不眞實的凡夫境界，也就是一定要做到如《金剛經》所說，「一切有爲法，如夢幻泡影，如露亦如電，應作如是觀」。要這樣來看待我們凡夫境界上的存在，要能夠領受這一點，這是佛陀教法修行次第的第一步。第二步，如果果眞經過第一步的修行，能夠證悟到凡夫境界的一切的存在，不過都是夢幻泡影、如露如電，能夠認同這一點了，那麼佛陀證悟的眞正的眞實性，那一片「光明」，其實就快顯現了。

009 ▶ 佛教縱向教理體系（上）

　　佛陀的橫向教理體系的安排和修證的次第，可以分成兩步。第一步，佛陀想盡辦法解構我們凡夫自以為的真實世界，因為妨礙著我們見真實的最大障礙，就是凡夫執著的自以為的真實世界，所以必須先要解構它，這叫破增益；第二步，一旦凡夫所執著的自以為的真實世界被佛陀解構了，那麼諸法的真實性才會顯現，這叫補損減。我們凡夫學佛難就難在放不下對凡夫境界的諸法的執著，所以解構（破增益）是重頭戲。

一、人我與法我

　　當佛陀解構我們自以為的真實的時候，為了解構的方便，佛陀首先要把我們凡夫所執著的、自以為的真實的世界要分分類，也就是解構的時候要有明確的物件，要把我們凡夫執著的、自以為的真實世界分成幾塊，先解構什麼，後解構什麼？這樣思路才清晰，修證才有次第。在佛法體系裡，對凡夫所執著的、自以為的真實世界的劃分有很多種方法，其中最簡潔的一種方法就是把它分為兩類，分別起名叫「人我」和「法我」。

　　什麼是人我？我們此時此刻作為一個凡夫，在我們凡夫心中，那個真實的世界是什麼？作為一個凡夫，你會認為，自己內在的主觀的精神世界，是一個真實存在，而且是不變的、獨立的。也就是我從一生下來，我是個嬰兒，後來是個少年，到青年，到壯年，到老年，以至死去，在這幾十年人生當中，我的肉體可以變，我什麼都可以變，但是內在的主觀精神的世界總沒有變——上幼稚園的是我，上中學的是我，讀大學的是我，現在工作賺錢的是我，有一天死了，還是我死

了。我們死死地執著的這個內在主觀精神的世界的真實的存在，佛教稱為「人我」。我們對人我的執著，佛教就叫作「人我執」。

當一個凡夫執著了內在主觀精神的我的存在的時候，即人我存在的時候，就一定會攀緣著主觀內在精神世界之外的一個世界。內在主觀精神的世界，一定要依託著主觀內在精神世界之外的、一個外在客觀的物質世界而存在。比如說，對人而言，內在主觀精神的我，人我，要依託著一個肉體而存在，而這個肉體要依託於這個世界、這個地球而存在。所以當我們凡夫執著於有一個內在主觀精神的我——人我——的存在的時候，就一定會產生第二個執著，就會認為在內在主觀精神的我之外，一定有一個外在客觀物質世界作為它攀緣和生存的依託物件。這個外在客觀物質的世界，佛教就稱為「法我」；對這個世界的執著，就叫「法我執」。

從這樣的角度來分析，佛陀要破除我們凡夫自以為的真實的世界，可以講，就是破我們的人我執和法我執，把人我執跟法我執破掉了，把我們死死執著的內在主觀精神世界的我和外在客觀物質世界的我，這兩個東西破掉了，就把我們凡夫執著的、我們自以為的真實的世界破掉了。

二、破執有差異

佛陀怎樣破我們的人我執跟法我執呢？大家知道，生活在這世界上的眾生千差萬別，眾生的習性、眾生的根性是有差別的。那佛陀在解構我們凡夫自以為的真實世界的時候，解構的模式跟方法就應該有所差別。佛教把佛陀叫作「大醫王」，就是把他看作大醫生。確實，佛陀度眾生，就像醫生給患者看病，患者生了什麼病，醫生就要開什麼藥，要對症下藥；由於眾生的病的千差萬別，因此醫生的藥也有種種的不同。佛陀給凡夫說法的時候，體系上也有不同，這一點非常重要。我們不理解佛陀說法的差異性，會造成很多不好的後果。比如有的佛教徒說，讀一本佛經好像讀懂了，但是讀第二本的時候，發現亂

了，讀第三本的時候，更亂了。爲什麼呢？因爲好像佛陀在這三部經典裡，講法不一樣，甚至在很多凡夫心中，他認爲這些說法似乎還有矛盾，這是第一種情形。

還有第二種情形，很多佛教的教派，是依據某一部經或者某一部論而建立自己的思想體系的，但是不同的教派體系依據不同的經、不同的論而構造的思想體系，有的時候看起來是有矛盾的，因此引起了很多教派的紛爭。大家都自以爲自己是有經典依據的，都以爲自己的教法體系是唯一正確的而批評對方。這種現象，在千百年來的佛教傳承當中，是經常出現的。爲什麼會出現這些問題呢？就是不理解佛陀教法的內部差異性，也就是佛陀針對不同的眾生在說法的時候有所差別。

這個差別體現在兩個方面。第一，由於眾生根性不同，佛陀在解構我們凡夫自以爲的真實世界的時候，解構模式跟方法就不同；第二，爲了保持教理體系的完整性，由於解構的差異，導致了佛陀教法的第二個部分，即詮釋佛陀所要表達的諸法真實性的時候，在真實性的表達上同樣是有著差異。也就是前面討論的，佛陀教法分前後兩部分：第一，解構凡夫自以爲的真實（破增益）；第二，告訴我們什麼才是真正的真實（補損減）。由於眾生的差別，佛陀說法在這兩個方面都會表現出差異。如果不理解這些差異，學佛的時候就會造成思想混亂。

三、《解深密經》三時判教

其實這個問題，早被佛陀以及歷代的佛教大德們發現了。因此在佛教裡，有一項非常重要的工作，就叫「判教」。什麼是判教呢？就是把佛陀一生的教法歸歸類、分分角度、分分層次，看佛陀是用了哪些不同的模式、不同的名言系統來解構我們凡夫的，來詮釋佛陀證悟的真實的。判教是非常重要的，印度有很多大的佛教學者，依據自己的理解，對佛陀的教法判過教。佛法傳到中國以後，形成了很多中國

化的佛教教派，比如說華嚴宗、天臺宗、禪宗等。在這些不同教派當中，歷代祖師也依據自己對佛陀教法的理解做了自己的判教。當然，這些不同的判教都有自己合理的因素，但是我想問，經中有沒有判教？佛陀自己有沒有判教？如果佛陀自己有判教，那麼佛陀的判教應該是最權威的。經中有沒有判教啊？有的。

佛教有一部很重要的經，叫《解深密經》。這部經很多佛教徒不讀，爲什麼呢？因爲這部經略顯深奧，像部哲學著作，不夠通俗。但是這部經很重要，因爲這部經中有佛陀的判教。《解深密經》中把佛陀一生的教法，分成了三個層次、三個角度、三套不同的名言系統：初時教法、二時教法和三時教法。

四、初時教法

首先說初時教法，初時教法講什麼？可以概括爲八個字：「四諦無我、涅槃寂靜」。初時教法，佛陀首先講四條道理，叫四諦。哪四條道理？苦、集、滅、道。苦，講生命充滿著苦。集，講造成生命苦的原因。佛陀用了一個特定的模式——十二緣起，也叫作「十二因緣」。在佛陀的初時教法中，佛陀就是用十二緣起作爲特定的解構模式，在解構我們凡夫自以爲的眞實世界。但是佛陀在初時教法中用十二緣起的模式，主要解構的是人我執。初時教法講四諦、講無我，這個「無我」，只指人無我，講人我空——佛教的「空」字，梵文是「śūnya」，不要把「空」字想得過於玄妙，空就是沒有。人我空就是佛陀在初時教法中，把我們凡夫對人我的這個執著解構掉了。初時教法中，佛陀主要解構的是人我，法我空不空？對於法我的問題是懸置的。初時教法只討論人我，沒討論法我，因此初時教法就沒有很明確的對諸法眞實性的表達，她只是表達了：我們透過初時教法的修行，能夠解決內在的自我煩惱，而獲得一種自我的清淨的狀態，叫作「涅槃寂靜」；這就是苦集滅道的滅。初時教法告訴我們，生命的苦怎麼消滅？只有走向涅槃。四諦的第四條道理就是道。怎麼來解除

自己內心的煩惱而獲得清淨涅槃的解脫境界呢？要修道。修什麼呢？三十七道品。這就是佛陀的初時教法。佛陀初時教法的代表性經典，在漢傳佛教裡邊是《阿含經》。

五、二時教法

二時教法可以概括為八個字：「二諦無生，實相離言」。二時教法中，佛陀在解構我們凡夫自以為的真實的時候，解構模式是二諦（緣生緣起），用講世俗諦與勝義諦兩條道理，來解構我們凡夫自以為的真實世界。這與初時教法是不一樣的，初時教法解構的模式是十二緣起，二時教法解構的模式是二諦（緣生緣起）；初時教法只重在解構人我而懸置了法我的問題，二時教法用二諦的模式，不僅解構了人我，同時解構了法我；初時教法講人我空，二時教法講人法皆空。而且佛陀在二時教法中進而還要講「一切法無生」。二時教法的「無生」，遠遠超越了初時教法的理論體系。

二時教法在佛陀表達佛法的真實性上，是用一種離言的模式，這是為了保持教法的前後一致性。因為佛陀二時教法在解構我們凡夫自以為的真實世界的時候，把名言解構得相當徹底，因此佛陀在二時教法中、在表達諸法真實性上，是用了一種「遮詮」的模式，就是用「不是什麼」的表達模式來表達諸法的真實性，這是二時教法的特點。二時教法代表性經典是般若經——般若經不是一部經，是一類經，其中代表性的是《大般若經》。這部《大般若經》在我們漢傳佛教被完整地翻譯成漢語，這項工作是玄奘完成的。漢傳佛教的這部《大般若經》分成了十六個部分，叫作「十六會」，也就是十六章或者十六篇。這次課程要學習的《金剛般若波羅蜜經》，就是《大般若經》十六個部分的第九部分，《金剛般若經》是《大般若經》的第九章。

010 ▶ 佛教縱向教理體系（下）

　　由於眾生根性的差別，佛陀在度化眾生的時候，說法是有差別的，對佛陀教法內部差異性的判斷，叫作判教。我們畢竟是凡夫，因此判教這件事情是不可不知的。如果不理解判教，那麼我們學習佛陀教法，就會造成思想混亂，甚至讀的經典越多，反而思想越混亂，因為佛陀在不同的名言系統裡，佛陀在不同層次、不同角度去說法的時候，往往相同的名言，卻表達著不同的法義。比如說初時教法、二時教法、三時教法都講緣起，初時教法講十二緣起，二時教法講緣生緣起，三時教法講藏識緣起，雖然都用了「緣起」，但是在這三時不同教法中，它的法義是不一樣的，不能混淆。如果讀初時教法的時候去聯想二時教法，去混同三時教法，那一定造成思想混亂。所以再次強調判教的重要性。

一、三時教法

　　三時教法可以總結為八個字：「萬法唯識，直陳真實」。佛陀在三時教法中，在解構我們凡夫自以為的真實的世界的時候，跟初時教法的解構模式不一樣，跟二時教法的二諦的解構模式也不一樣。佛陀在三時教法中解構我們凡夫自以為的真實的時候，用了一個特定的模式，叫作「八識」，也就是藏識緣起的模式。解構的結果就是前四個字：「萬法唯識。」

　　佛陀講萬法唯識在幹什麼呢？在解構。那麼佛陀的萬法唯識這個三時教法的解構，要做兩件事。第一，要首先解構外在的物的世界，他說我們凡夫所感知的、在我們凡夫心識之外的物的世界 —— 三時教法叫「外境」，這個外境是根本不存在的，它不過是我們內在心識的

顯現（注意：並不是心識真的顯現出了外境，只是顯現出了誤以為有外境的錯覺——虛妄分別），這就是「識外無境」；這是萬法唯識的第一條道理。第二條道理，外境是沒有的，但是能顯現一個似有外境的，並且執著於這個似有的外境為實有的心識，是凡夫往昔執著心外有境的錯誤認識所積澱的，從這個意義上講，它是不真實的（日後的修行是要把它轉掉的——轉識成智），也就是「外境無所有，心識不真實」。這兩條合起來就是佛陀三時教法的第一部分，叫作「萬法唯識」，目的就是解構。解構之後，佛陀要告訴我們什麼是真實性。佛陀在二時教法當中說「實相離言」，這個真實性是不能夠用凡夫語言表達的；而三時教法在對真實性的表述上，是直陳，直截了當地告訴凡夫，是有真實性的，以及什麼是真實性，這就是與二時教法的區別。

但是三時教法直陳真實有兩個前提。第一，如方才所說，一定要透過萬法唯識的學習，徹底了知凡夫所攀緣的一切的外在的物的世界是不存在的，這一條必須堅定。第二，佛陀所講的真實性，確確實實是不能夠用凡夫的語言所表達的。這是兩個前提。在這兩個前提基礎之上，佛陀說我為了度化眾生的方便，要告訴你什麼是真正的真實，所以三時教法的第二點就叫作「直陳真實」。

佛陀三時教法的代表性經典是《解深密經》，還有一部很重要的經典叫作《楞伽經》。

我們對《解深密經》的三時判教做了一個簡單的介紹。《解深密經》中佛陀判為初時教法的法，其實就是小乘佛教的法，判為二時教法和三時教法的法，其實就是大乘佛教的法。按照《解深密經》的判教，佛陀的整個教法的體系是非常清晰的。

二、三乘體系總結

下面做個總結。一個人學佛，能不能入佛門，第一個坎兒是對六道輪迴的三世說的生命觀能不能認同；如果認同了三世說生命觀，可

以邁入佛門。但是認同了三世說的生命觀的人，有的生不起出離心，喜歡輪迴、喜歡生死，佛陀給這樣的眾生講的法叫作人天乘的法。對人天乘的法，也可以做八個字的概括：「五戒十善，人天果報」。一個認同了三世說同時又能夠生起出離心、但發不起菩提心的人，就修小乘佛法，也就是《解深密經》裡的初時教法，概括爲八個字：「四諦無我，涅槃寂靜」。如果一個人能認同三世說的生命觀，又生起了出離心，同時還能發起菩提心，那麼這樣的人，就可以修佛陀的大乘教法。

佛陀在大乘教法中，又給我們指引了兩條路徑，就是《解深密經》裡佛陀的二時教法和三時教法。二時教法講「二諦無生，實相離言」，三時教法講「萬法唯識，直陳眞實」。所以佛陀的完整教法分成三乘：人天乘、小乘跟大乘；而大乘裡邊又分了兩個路徑。這個體系是非常清晰的。一個眞正修行佛法的人，一定要對佛陀的這個教法體系有一個完整的理解。只有有了完整的理解，才不會造成思想混亂。讀某一部佛經的時候，其實首先就應該判斷一下，這部佛經在佛陀教法裡邊，是人天乘的法，是初時的小乘的法，還是大乘法？如果是大乘法，是屬於二時教法的法，還是三時教法的法？一定要首先做個判斷，因爲有了這個判斷，才能如實地理解佛陀的教法。

三、三乘佛法的關係

三乘佛法的關係是什麼呢？大家要理解，人天乘的法、小乘的法、大乘的法，佛陀說這些法是對治，是因爲眾生有那樣的病，所以佛陀說這樣的法，是由於眾生的根性的差別，所以佛陀說了有差別的法，這是爲不同的眾生說法，這是第一點，必須要明確的。第二，如果一個人面對著三乘佛法，認爲現在只能承當人天乘的法，那就修五戒十善；但也許修著修著，突然間出離心生起了，雖然還發不起菩提心，那麼就可以從人天乘的法進而修小乘的法，這叫作「迴俗向聖」，也就是擺脫了我們世俗凡夫那種只渴望輪迴、不希求涅槃的狀

態而尋求解脫，這是完全有可能的。也有的人，現在能承當的佛法只是小乘法，因為他只能認同三世說的生命觀，只能生起出離心，但還發不起菩提心，他修小乘的法，那在修小乘法的過程當中，也許什麼機緣，引發他生起了菩提心，那麼他改修大乘的法，這叫「回小向大」。有沒有這種可能？完全有這種可能。當然，佛陀最終的願望，當然是希望大家都修大乘法，成佛。

　　要特別強調的是，佛陀這三乘佛法，不是每一個學佛者在這一生當中的修行次第，比如說，一個已然能夠發起大乘心的人、發起菩提心的人，是不是需要先修人天乘的法，再修小乘的法，修圓滿了進而再修大乘的法？不是的。一個能夠發起菩提心的人，直截了當修大乘法。一個現在只能生起出離心、修小乘法的人，是不是先要去修人天乘的法，進而才能修小乘法呢？不是的。既然已然生起出離心，直截了當地修行小乘法。這一點一定要注意。大乘佛法的兩個路徑，也就是《解深密經》中指出的佛陀二時教法和三時教法，二者之間也不存在著次第關係。這只是針對不同根性的眾生佛陀說的不同的法，沒有說要先修二時的法進而再修三時的法，或者要先修三時的法，修成就了再去修行二時的法，二者沒有這樣的次第關係。佛陀二時教法與三時教法，是兩個獨立的修行路徑。

第三章

權便中觀・上

011 世俗諦與勝義諦

　　前面依據《解深密經》構建了佛陀教法的完整體系。佛陀教法分三乘：人天乘、小乘和大乘；大乘有兩個相對獨立的路徑——二時教法和三時教法。讀每一部佛經的時候，首先都應判斷，她是屬於佛陀教法體系的哪一個部分，這樣學習才不會混亂。

一、法安法位

　　很多佛教教派，往往都是依據佛陀的一個教法而建立的，或者說是在某一個教法上進行了大量的發揮，而構建教派的思想體系。理解了這樣一個完整的佛教體系後，我們就不會攪入教派之爭。比如在藏傳佛教裡，格魯派——也就是我們漢地老百姓俗稱的黃教——宗喀巴大師在構建黃教修持的理論體系時，是依據佛陀二時教法做了發揮而建立了他的體系；藏傳佛教還有一個教派叫覺囊，覺囊教派的祖師，是依據佛陀三時教法而建立了他的教法體系。這些不同的教派是依據佛陀不同的教法，來建立自己的教派體系的，其實沒有必要爭論，「法安法位」。

　　《金剛經》是般若經的一部分，而般若經屬於大乘佛法的二時教法。所以我們這一次課程，人天乘的法不討論，小乘法也就是初時教法，不討論，大乘法中的三時教法，也不討論，專注討論大乘佛教的二時教法。我們要依據《金剛經》來討論：二時教法中，佛陀是怎樣解構我們自以為的真實世界的；當佛陀把我們凡夫自以為的真實世界解構完後，在二時教法中，佛陀是怎麼指引我們去親證真實的。下邊的內容，就是依據這兩條而展開的。這兩條中重頭戲是第一條，也就是我們學習《金剛經》，重點學習佛陀二時教法是怎樣在理論跟修

證上，解構我們凡夫自以爲的眞實世界的，讓我們透過《金剛經》的學習與修證，能夠達到觀「一切有爲法，如夢幻泡影」，「如露」、「如電」。

現在開始討論二時教法中，佛陀是怎樣解構我們凡夫自以爲的眞實世界的。二時教法佛陀所建立的解構模式，打開這個模式的鑰匙在哪裡？我們不得不討論、不得不提到印度一位偉大的佛學大師，叫龍樹，他的梵文名字叫「Nāgārjuna」。這位龍樹先生是在佛陀涅槃後六七百年，降生在印度的一位佛學大師，佛教史公認他是對佛陀二時教法、對般若經最權威的解讀者，這一點沒有爭議。龍樹先生最重要的代表性著作是《中論頌》，當然還有《六十如理頌》、《七十空性論》等。龍樹的著作很多，這些著作就是在指導著我們，如實地理解般若經、如實地理解般若法門當中，佛陀是怎麼解構我們凡夫自以爲的眞實的。打開般若經的鑰匙，可以到龍樹的著作裡去找。

二、龍樹與二諦

龍樹最具代表性的著作是《中論》，由鳩摩羅什大師翻譯成漢語。《中論》第二十四品，也叫《觀四諦品》，有兩個非常重要的頌子，就是這一品的第八頌和第九頌。先看第八頌，鳩摩羅什大師是這樣翻譯的：

> 「諸佛依二諦，爲眾生説法，一以世俗諦，二第一義諦。」

龍樹說佛陀爲眾生說法，是依據二諦的模式而宣說的。二諦就是兩條道理，那這兩條道理是什麼呢？一個叫作「世俗諦」，另一個，鳩摩羅什大師翻譯成「第一義諦」，更多時候被稱爲「勝義諦」。

看第九頌，鳩摩羅什是這樣翻譯的：

「若人不能知，分別於二諦，則於深佛法，不知眞實義。」

這第九頌的意思是什麼？就是如果一個人不能善於了知二諦，那麼就不可能了知甚深佛法中的眞實，二諦是引領著我們趨向佛法甚深眞實的一個階梯、一把鑰匙。

這是龍樹論師在《中論頌》裡做出的很重要的指點。二諦是理解般若法門、修行般若法門入手之處。

三、二諦是遞進模式

但是一定要理解，二諦是個模式。很多人、很多佛教學者爭論具體的世俗諦到底是什麼內容、勝義諦是什麼內容。我們看佛經，看印度的論師在論述二諦的時候，沒有一個確定的結果。其實二諦僅僅是個模式。什麼是世俗諦？世俗諦是佛陀爲了度化我們世俗的凡夫，他老人家往往迫不得已、向我們凡夫有所妥協而建立的道理。爲什麼是「世俗」？就是佛陀老人家爲了度化世俗的凡夫，向我們世俗的凡夫做妥協了。但同時又是個「諦」，它是個道理，也就是基於佛陀對凡夫所做的遷就而建立的道理。

佛陀度眾生，不妥協可以嗎？不可以。因爲佛陀老人家是智者，而我們是徹頭徹尾的顛倒夢想的凡夫。智者與凡夫之間的距離是巨大的，佛陀老人家度化我們這些凡夫的時候，一定要有方便、要有手段，而二諦就是他老人家在二時教法中所表現出來的，度化我們凡夫的一個非常有效的方便和手段。首先就體現在他要建立世俗諦，建立世俗諦的目的，就是跟我們這些凡夫勾上，能夠跟我們有接口，搭上手了。一旦建立了一個世俗諦、搭上手了，佛陀一定要依據這個世俗諦，引申出來他老人家作爲智者、在這個世俗諦之上的一個更殊勝的理解，這個就叫作勝義諦。形象地講，佛陀建立一個世俗諦，目的是跟我們勾上；勝義諦是勾上之後拉著我們向他老人家那個方向行走一

步。

再做個比喻。佛陀今天說法，什麼是今天的世俗諦？那佛陀老人家一定要觀我們今天的凡夫，此時此刻這個聽法的凡夫，他的思想境界、他的水準、他的層次。假如說今天聽法的凡夫，思想境界是一層樓的水準，那佛陀老人家今天說法的時候，就會把世俗諦建立在一層樓上，那二層樓就是今天的勝義諦。如果今天聽法的弟子已然是二層樓的水準了，佛陀今天說法，就會把世俗諦建立在二層樓上，三層樓就是今天的勝義諦。如果今天聽法的學生的水準境界已然是三層樓的水準了，那佛陀今天說法的時候，就會把世俗諦建立在三層樓上，四層樓就是勝義諦。佛陀就是透過這樣一個遞進的模式，把我們一步步地從凡夫的境界解構到趨向智者的境界。

四、兩種隨順

二諦其實表徵著佛陀說法具有兩種隨順。首先，佛陀說法要隨順眾生，也就是佛陀說法要觀眾生的根機，要觀眾生的水準。不隨順眾生，佛陀的說法高高在上，跟我們凡夫沒有接口，那麼就無法度眾生。第二個隨順，就是隨順真實，在隨順凡夫的基礎上構建了世俗諦，但佛陀不是為了妥協而妥協，不是為了隨順我們凡夫而隨順，他老人家隨順眾生的目的，是要跟我們有接口，要拽著我們走向聖者的境界，所以他一定要依據世俗諦，建立起依據這個世俗諦而有的一個勝義諦，而勝義諦的建立就是隨順真實。所以世俗諦的建立是隨順眾生，勝義諦的建立是隨順真實。

這兩個隨順缺一不可，如果有偏廢，都不是真實的佛法。比如說只一味地隨順眾生而不隨順真實，也就是一味地迎合凡夫，向凡夫妥協，而不具有引領著凡夫、從凡夫境界走向智者境界的功能；只隨順眾生不隨順真實，這樣的佛法不是真實的佛法，是相似佛法，甚至是心靈雞湯。其實當今時代的佛教書籍的市場上，充斥著的都是相似佛法、心靈雞湯。也就是這些法讓凡夫聽起來歡欣鼓舞，特別契合凡

夫的心性，說穿了其實是與凡夫的無明相應了，根本不具備接引凡夫走向真實的功能，因為它只有隨順眾生，沒有隨順真實，這是相似佛法，不是真實的佛法。

如果反過來，只一味地追求隨順真實，而忘記了眾生的現實水準，缺少了隨順眾生的一面，那麼這樣所說的法：第一，高高在上，無法度眾生；第二，還會引起眾生的誤解，眾生誤解了，就要懷疑，甚至要誹謗。如果說的法一味地隨順真實而不隨順眾生，脫離了現世眾生的水準，讓眾生對所說的法產生懷疑甚至產生誹謗，那麼說法者是有過失的。所以佛陀教法是兩個隨順，隨順眾生與隨順真實，哪一面都不能偏廢。

佛陀在二時教法中建立的二諦模式，就是隨順眾生與隨順真實一個非常巧妙完美的體現。二諦模式，實際上是一個遞進模式，是一個環環相扣的模式，也就是經過一對一對的幾重二諦，把我們從凡夫境界，一步步地解構，讓我們趨向聖者的智慧。具體地講，建立起第一重二諦，就是有一個第一重的世俗諦和勝義諦，那麼在建立第二重二諦的時候會發現，第一重二諦的勝義諦，就會成為第二重二諦的世俗諦，在構建第三重二諦的時候，第二重二諦的勝義諦，就會成為第三重二諦的世俗諦。重重二諦是環環相扣，就是這樣一步一步地，把我們從凡夫的境界引向智者的境界。

五、四重二諦

二諦是一個模式，是一步步地遞進解構我們凡夫的模式。那麼構建幾重二諦是相對合理的呢？佛教有一部非常重要的論典，叫《瑜伽師地論》，《瑜伽師地論》第六十四卷裡有「四俗一真」；玄奘大師糅譯的一部非常重要的論典叫《成唯識論》，《成唯識論》第九卷有「四重勝義」。所以在印度的這些論師，在構建解構凡夫自以為的真實的模式時，解構模式往往是建立四重模式。佛教傳到中國，中國佛教裡有個三論宗 —— 三論宗是依據三部論典建立的宗派，這三部論典

就是龍樹的《中論》、《十二門論》和龍樹的弟子提婆的《百論》，三論宗是漢傳佛教中，最試圖來傳達般若經真實法義的宗派。在三論宗中有一個大祖師，叫吉藏，吉藏大師講二諦的時候，把二諦構建成四重二諦。所以大家看印度的祖師跟中國的佛教祖師，都試圖建立四重二諦。那麼我們效仿這些古德，也把二諦構建成四重二諦。也就是經過四重二諦，佛陀把我們凡夫的見解，解構到趨向智者的境界。

012 四重二諦之第一重：實有緣生與無常

　　我們效仿古德、效仿印度的論師跟中國三論宗的論師，建立四重二諦，就是四組世俗諦與勝義諦。用四重二諦的模式，來解構凡夫自以爲的真實世界。下面看佛陀是怎麼樣解構的。

一、第一重二諦：實有緣生

　　我們建立第一重二諦，那麼第一重二諦的世俗諦是什麼？第一重二諦的世俗諦，應該是佛陀向我們這些凡夫做了最徹底的妥協而建立的道理。那麼這個最徹底的妥協是什麼？莫過於我們凡夫境界、我們自以爲的這個世界是不是真實的。比如說眼前的這張桌子，這張木頭桌子，是不是一個真實的存在？佛陀老人家最後要想告訴我們的是，這張桌子雖然你感受到了它的存在，但是它其實是如夢境一般，並不真實；然而佛陀老人家度化我們的時候，這樣的道理不能直說，因爲我們這些凡夫不接受。所以在第一重二諦的世俗諦，佛陀老人家向我們徹底地妥協了，佛陀爲了度化我們，他老人家姑且、暫時承認了我們凡夫境界上的所謂存在的真實性。

　　比如說這張桌子存在嗎？他老人家爲了度化我們，姑且承認了這張桌子的存在。承認這張桌子存在的見解，佛教表達爲「實有」，就是真實的存在。由於我們凡夫認爲這張桌子是存在的，佛陀爲了度化我們，他老人家姑且承認了這張桌子的存在，向我們徹底妥協了，這就是第一重二諦的世俗諦，實有。那麼如果世俗諦是實有，勝義諦是什麼？佛陀是向我們妥協了，承認了這張桌子的存在，但是佛陀說我畢竟是智者，我爲了度化你們，姑且承認了這張桌子的存在，但是在我智者的心中，我所理解的這張桌子的存在，恐怕跟你凡夫所理解的

這張桌子的存在，還得有點差別。那麼佛陀說，我可以在世俗諦上承認這張桌子的存在，實有，但是在勝義諦上我想要告訴你們凡夫，其實在我智者的心中，這張桌子所謂的存在，不過是個緣生性的存在。如果世俗諦是實有，那麼勝義諦就是緣生。也就是佛陀說，我在世俗諦上承認了這張桌子的存在，但是在勝義諦上我要告訴你，這張桌子的存在是緣生。

　　什麼是緣生？如果非要在現代漢語中再找一個詞來解釋緣，那莫過於「條件」這個詞。所謂緣生，就是事物所謂的存在，不過是種種條件的聚合而產生的臨時的、鬆散性的存在。也就是佛陀在世俗諦上承認了這張桌子的存在，但是在勝義諦上佛陀要告訴我們，這張所謂的桌子的存在，不過是種種條件 —— 緣 —— 的臨時的聚合而生起的一個鬆散性的存在，這就叫緣生性的存在。說得通俗點就是，佛陀認為這張桌子的存在，是因種種條件的聚合而存在的，也就是桌子的存在需要條件。

　　這一點可不可以接受？好不好理解？可以接受。比如說這張桌子此時此刻在面前存在著，難道不需要條件嗎？需要條件的。需要什麼條件？可以分析一下。這張桌子是一張典型的木頭桌子 —— 如果這個世界上壓根兒就沒有過植物這種東西，會有木頭桌子嗎？不會的。那麼植物的存在與生長是有木頭桌子的條件，緣啊！植物在這世界上是不是不需要條件、平白無故就可以在這兒存在呢？不是的。植物的存在還需要很多條件。哪些條件？比如說最基本的條件，我們過去上生物課都學到的，需要種子、土壤、水分、陽光。那麼種子、土壤、水分、陽光是植物存在與生長的條件，其實也就是有這張木頭桌子的條件，緣。

　　那是不是有了種子、土壤、水分、陽光，有了植物的生長，這兒就有桌子了？不是的，中間還差很多條件呢！比如說得有伐木工人，得有伐木工具，得有伐木工人拿著伐木工具，在山裡面伐木這件事 —— 伐木工人的存在，伐木工具的存在，跟伐木工人拿著伐木工具到山裡去伐木頭這件事的存在，也是有這張木頭桌子的條件，緣。

那是不是伐木工人在山裡一伐了木頭，這裡馬上就有桌子了呢？不是的，中間還差很多條件，比如說還得有運輸工人，還得有運輸工具，還得有運輸工人開著運輸工具把木頭從山裡運出來，這些都是條件，緣。沒有這些條件，不會有這張桌子。

那是不是把木頭從山裡運出來後，馬上就會有這張桌子呢？不是的。還差好多條件呢！比如說人得需要桌子，需要也是條件，緣。正是因為人有了需要，才會有人去設計桌子——依據人的需要，設計也是條件，緣。那麼是不是設計了桌子就有桌子了呢？不是，還得有木工師傅依據設計師的設計，把山裡運出的木材製作成這張桌子，製作也是條件，也是緣。那是不是一製作桌子，書房裡馬上就會有桌子呢？不是的，還得有錢，花錢買來這張桌子，還得有工人把這張桌子運到家裡，擺到書房。

所以，從種子、土壤、水分、陽光到植物的生長，到伐木工人、伐木工具、運輸工人、運輸工具，到人的需要、到設計、到製作、到花錢買、到搬運，缺了哪個條件，這張桌子會此時此刻在書房裡存在著嗎？不會的。剛才我們只是舉了幾個非常明顯的條件——緣，這張桌子此時此刻在這裡存在著，需要的條件還多不多？還很多，恐怕坐在這裡說上三天三夜都說不完。佛陀想告訴我們的就是，這張桌子此時此刻在眼前存在著，其實是我們坐在這裡說上三天三夜都說不完的那些種種條件、那些緣的臨時的聚合而生起的存在。沒了這些條件，沒這些緣，不會有這張桌子的存在，這張桌子的存在，就是這些條件的組合的存在。所以佛陀說這張桌子是緣生的。

這張桌子在佛陀看來是緣生的，那這把椅子呢？緣生的。這幢房子呢？緣生的。北京市呢？緣生的。中國呢？緣生的。地球呢？緣生的。太陽系？緣生的。只要在我們凡夫境界上，非要讓佛陀承認有什麼物質的存在的話，佛陀說我姑且可以在世俗諦上，承認這個物質的存在，但是在勝義諦上佛陀說，在我這個智者的心中，這一切物質的存在，都不過是種種條件的臨時的聚合而生起的存在，只是緣生的存在。

物質的存在是緣生的，那精神的存在呢？比如說一個人的一個想法、一段感情、一個眼神，這些精神活動在佛陀看來如何？佛陀說依然是緣生的。那人類精神活動的產物呢？比如說人類所構建的一切的理論、思想、主義、學說、文化，佛陀說依然還是緣生的。

　　在我們凡夫境界上，非要讓佛陀承認有什麼是存在的話，這個存在不管是物質的、精神的還是理論的，佛陀可以姑且承認它的存在，但佛陀說這一切的存在，在我這個智者看來，不過都是種種條件的臨時的組合的存在，緣生的存在。有人說任何事物的存在都需要條件、需要緣，那那些條件、那些緣又如何？佛陀說那些緣依然還是緣生的。所以從這意義上講，佛陀是個徹底的「緣生主義者」。

　　這就是第一重二諦。

　　佛陀在第一重二諦中，他想幹什麼？其實已然開始了解構，緣生就是解構。為什麼？因為當我們凡夫認定一個事物是存在的時候，在我們凡夫的心中，這個存在是個堅固性的存在。什麼叫堅固性的存在？表現在兩方面：

　　第一是時間上的不變性，第二是空間上的獨立性。比如說，我說這張桌子是存在的，其實就是在我的心中，我認為這張桌子具有不變性。我現在看它是這張桌子，我閉上眼再睜眼看，在我心中我認為就是前一眼所看到的桌子，沒變。我今天看到這張桌子在房間裡，明天再走進這個房間，依然看到了一張桌子，我認定就是昨天那張桌子，沒變。這種不變性才使得我們認定這張桌子是存在的。

　　第二，獨立性，也就是我之所以認定這張桌子是存在的，一定是在我的心中可以認定這張桌子不是那張桌子，這張桌子不是那把椅子，它一定有獨立於其他存在的相對獨立性。如果在我的心中無法分辨這兩張桌子，無法分辨出這張桌子與這把椅子的獨立存在性，就不好認定這張桌子是存在的。所以，當我們凡夫認定一個事物是存在的時候，其實我們心中就是默認了這個事物的不變性跟獨立性。第一重二諦就是在解構這個不變性。

二、無常

　　緣生，勝義諦的緣生，可以產生一個推論，就是無常。「常」在佛教裡是「不變」的意思，無常就是沒有不變的，總是在變化著的。佛陀說，在世俗諦上，我可以承認這張桌子的存在、實有，但是在勝義諦上，在我這個智者的心中，這張所謂的桌子不過是緣生性的，不過是種種條件的臨時聚合而生起的鬆散性存在。那就意味著緣生這張桌子的種種條件，哪怕其中有一個條件發生一丁丁點的變化，都意味著這張桌子變了，因此緣生性的一個重要的推論就是無常。

　　佛陀認為這張桌子是緣生的，因此佛陀認為這張桌子其實刹那都是變化著的，它不可能不變。在凡夫心中，認為這張桌子沒變，就是糊塗，無明所障。在大乘佛法中，對於無常有個非常精彩的解釋，八個字：「當生即滅，滅不待因」。「當生即滅」，佛陀說緣生的事物——當然，如果你認為它是存在，它要產生，但它是緣生，它要等待種種條件的聚合，一旦條件聚合了，這個事物產生了，但是緣生事物的特點是「當生即滅」，就在種種條件聚合那一刹那它產生了，就在產生的同時，其實這個事物的存在的狀態已然滅了。「滅不待因」，滅是不需要等待原因的。這個事物的存在需要種種條件的聚合，條件一聚合它產生了，但是它說：「哎，我滅的條件還不成熟，我待一會兒再滅」——「我待一會兒再滅」，你待這一會兒就是不變——佛陀說NO，我是智者我看到了，你們凡夫境界上的一切的存在，是沒有這個不變性的，刹那都是變化著的，所以緣生的推論是無常。無常就是在解構著我們凡夫對凡夫境界上的存在的那種時間不變性。

013 四重二諦之第二重：緣生性空與無我

一、第二重二諦：緣生性空

第一重二諦的世俗諦是實有，勝義諦是緣生，緣生一個重要的推論就是無常，「當生即滅，滅不待因」。下面開始構建第二重二諦，那麼第一重二諦的勝義諦就成為了第二重二諦的世俗諦。在第二重二諦裡邊，世俗諦就是緣生；如果世俗諦是緣生，那勝義諦是什麼呢？勝義諦就是性空。

什麼意思？也就是既然佛陀說這張桌子是種種條件臨時的聚合而生起，那麼，如果有一種辦法，可以把坐在這裡說上三天三夜都說不完的緣生這張桌子的種種條件、種種緣，一個個都剔除掉的話，佛陀問我們，剔除到最後，是不是能剩下一個不依這些條件、這些緣，而獨立存在著的這張桌子所謂的本性呢？也就是不依這些條件、這些緣而獨立存在的所謂這張桌子的本性，在佛陀看來有還是沒有？佛陀老人家的回答是：沒有。為什麼？佛陀老人家說，既然我說這張桌子是緣生的，這張桌子是種種條件臨時聚合而生起的，那就意味著，這張桌子僅僅是這些條件聚合而生起的，當把這些條件都剔除乾淨後，也就意味著這個事物蕩然無存了。如果把條件都剔除乾淨了，把緣都剔除乾淨了，還能夠剩下孤零零的、不依這些條件這些緣而獨立存在的一個本性的話，如果這個本性存在，就不能說這個事物是徹底的緣生。既然佛陀說凡夫境界上的存在——比如說這張桌子——是徹底的緣生，也就意味著把緣、把條件剔除乾淨了，這個事物就蕩然無存了。

所以世俗諦上是緣生，那勝義諦上就可以總結為：緣生的事物肯

定不存在著一個獨立於條件、獨立於緣的獨立存在性，這個獨立存在性肯定是不存在的。這個獨立存在性可以用一個「性」字表達，對應的梵文就是「svabhāva」，「bhāva」是存在，「sva」指與其他沒有關係的、獨立的、自我的。「svabhāva」即獨立的存在性、自我的存在性，也譯作「自性」，簡譯為「性」。那麼世俗諦是緣生，勝義諦就是這個獨立存在性、這個「svabhāva」沒有，就表達為性空，空就是沒有。佛教是個講空的宗教，如果一個人出家做比丘，我們說他遁入空門了。佛教是擅長講空的宗教，佛教講空是在不同層次上講空。那麼在現在討論的這個話語層次上，我們討論的空是性空。什麼沒有？那個獨立存在性沒有，「svabhāva」沒有，梵文叫作「niḥsvabhāva」，是對「svabhāva」的否定，沒有，性空。佛教有時候也把性空翻譯成「無自性」，無自性 —— 沒有那個自我的獨立存在性。這就是第二重二諦的勝義諦。

　　大家一定要理解，第二重二諦所討論的性空，僅僅指的是獨立存在性沒有。比如說，一隻杯子裡裝了滿滿的水，我們說那當然它不空，當把水倒掉了說「這個杯子空了」——「性空」的「空」不是指這個「空」，性空指的是這只杯子現在裝著滿滿水的這個狀態，不要等一會兒把水喝掉，也不要等一會兒把水倒掉，就是這個杯子裝著滿滿水的這個狀態，佛陀說這個狀態是緣生的，這個狀態不過僅僅是種種條件的臨時聚合而生起的，這個狀態此時此刻它的獨立存在性就沒有，性空、無自性，這是你們凡夫境界上存在的一個重要特點。佛陀說，你是凡夫，你不了知，我是智者我告訴你，這是性空的法義。

　　第二重二諦，世俗諦是緣生，勝義諦是性空。第二重二諦中，佛陀在幹什麼？依然是解構我們，解構我們什麼？解構我們對凡夫境界上存在的那個獨立存在性。前面說過，我們凡夫當認定一個事物是存在的時候，其實在我們的凡夫心中，這個存在是有某種堅固性的，這個堅固性就體現為時間上的不變性，我們叫「常一不變」，空間上的存在性，那個獨立存在性。常一不變性和獨立存在性是我們凡夫認定一個事物是存在的默認前提。

前面討論過了，之所以說這張桌子是存在的，是因爲它在我心中的感受是：前一時刻是這張桌子，後一時刻我發現它沒變，還是這一張桌子。今天看到是這一張桌子，明天看它還是這一張桌子。我現在看這是老李，明天看還是老李，後天看依然是老李，雖然過了二十年，老李滿臉皺紋老去了，但是在我心中，他是老李，他的內在的精神的那個東西沒有變。正是因爲我們對凡夫境界存在的這個不變性的默認，我們才能說這張桌子、這個老李是存在的。至於空間上的獨立性，我們之所以能認定這張桌子是存在的，實際上我們就是認定了這張桌子不是那張桌子，這張桌子肯定不是那把椅子，它是一個獨立的存在。我們認定老李是存在的，因爲在我們的心中，完全可以確認老李不是老王，老李不是老趙，老李不是小劉，老李有他的獨立存在性。所以當凡夫認定一個事物是存在的時候，其實我們心中就是默認了這個常一不變性跟獨立存在性。

二、無我

前面討論的第一重二諦，實有緣生，是在解構我們的常一不變性，緣生的一個重要推論是無常。那第二重二諦呢？緣生性空，其實是在解構這種獨立存在性：我們凡夫境界上的一切的存在，是沒有那個獨立存在性的，是緣生，是依賴於這個事物之外的種種條件的臨時聚合。任何凡夫境界上的存在，佛陀說不可能是獨立存在的，沒有那個獨立存在性，所以叫無自性，叫性空。性空的另外一種近似的表達方式叫「無我」，無什麼「我」？此時說的「我」，梵文是「ātman」，這個「我」就是表示「獨立存在性的存在」的那種特徵，所以性空的一種近似的表達方式就是無我。第一重二諦，佛陀要告訴我們「無常」，沒有常一不變性，在時間上的不變性沒有。第二重二諦，告訴我們「無我」，無我就是沒有空間上的獨立存在性。所以這兩重二諦，佛陀是把常一不變性跟獨立存在性解構掉了。

如果把無我的概念擴大一點，涵蓋了無常——也就是無我，無的

什麼我？無的那個常一不變的獨立存在性。那麼可以講，佛陀這兩重二諦告訴了我們一個重要的事情：凡夫境界上的一切存在，都是沒有常一不變的獨立存在性的存在，是無我的存在。無我是佛陀告訴我們的一個非常重要的道理。理解佛陀教法的第一道門檻就是無我。佛陀說我們是顛倒夢想的凡夫，佛陀在這個理論層次上告訴我們，凡夫境界上一切的存在，一個最基本特徵是沒有常一不變的獨立存在性的存在，是無我的存在。我們作為凡夫，對我們凡夫境界上的理解，在這個層次上跟佛陀是不是相悖？確實是相悖。我們認定一個事物的存在，就是認定了這個事物的常一不變性跟獨立存在性；而佛陀透過這兩重二諦，解構的就是我們對凡夫境界存在的常一不變性跟獨立存在性，佛陀告訴我們「無我」。

我們認為外在的物的世界有沒有我？桌椅板凳、山河大地都有獨立存在性，都有常一不變性，有我。那作為我們內在主觀的心靈世界，我們認為有沒有我？大家想一想，沒了什麼也不能沒我呀！生出來是我，上幼稚園的是我，上學要得好成績的是我，畢了業要找到好工作的是我，要賺到很多錢的還是我，要出人頭地的是我，最後有一天死了，還是我死了。也就是我們幾十年這漫漫的人生，你會發現，我們的相貌變了，我們的思想變了，甚至我們的財富變了、地位變了、社會關係變了，什麼都變了，但是我們總覺得這一切的變的背後，得有一個沒變的吧？那個「我」總是沒變吧？是不是？很多人都點頭稱是。佛陀說，要不我說你是凡夫呢！佛陀想告訴我們的一個重要道理就是，凡夫境界上的存在，不管是外在的物的世界的存在，還是內在的主觀的心靈的存在，恰恰就是沒有這個「我」；沒有這個「我」，是佛陀要告訴我們的第一個重要的道理。因此從這一重教理上已經可以品味出，佛陀引領著我們趨向涅槃、走向解脫的那種味道。

從這一重教理上可以理解，佛陀怎麼樣引領著我們走向解脫？比如說，一個人，這老張，說：「哇！我要修行，我要涅槃。」那佛陀說：「好吧，跟我來，跟我修行。」佛陀把老張帶走了，教他修行。

老張修著修著，突然有一天開悟了——學習佛法悟的第一個道理是什麼？就是悟無我。老張突然有一天開悟了：「哇！真的沒有這個我呀！」大家想一想，突然有一天這個「我」沒了，因此「我死了再來、我怎麼能死了不來」的問題，在這個理論層次上就被佛陀化解了。佛陀在這個理論層次上告訴我們「無我」。

我們凡夫不知道無我，非誤以為有個我，比如說非誤以為我們內在心靈有一個內在世界的常一不變、獨立存在的我，死死抓住這個在佛陀看來根本沒有的我不撒手：「哇！我死了再來、我死了再來、我死了再來。」——在我死了再來的過程當中，我感到很痛苦，我想死了不來。這一切問題的前提都是認為有個我，死死抓住這個在佛陀看來根本沒有的我而造成的，包括「我怎麼能死了不來呢」，包括這個問題的提出本身，都是因為認為有個我。而佛陀在這一重教理上恰恰解構的就是這個「我」。佛陀說你跟我修行，修到某一天突然你開悟了，悟的第一個道理就是：「哇，無我呀！」突然有一天這「我」沒了，因此「我死了再來、我死了不來」的問題在這一重境界上，其實就被佛陀化解了。

所以，怎麼都沒有想到，佛陀在這一重教理當中，最後是把「我」給搞沒了——嚴格講不是把「我」搞沒了，是佛陀首先要讓我們去證得我們凡夫境界上一切的存在，一個最基本的特徵，就是從來就沒有常一不變的、獨立存在的「我」。

014 ▸ 不常不斷與相似相續

　　第一重二諦和第二重二諦構成了一組二諦，日後討論的第三重二諦跟第四重二諦是第二組，也就是我們把四重二諦分成了兩組。

　　在第一組二諦即第一重二諦跟第二重二諦中，佛陀告訴我們一件非常重要的事情就是：你們凡夫境界上的一切的存在，都是緣生而性空的，凡夫境界上的一切的存在，都是沒有常一不變和獨立存在這兩個特徵的存在。沒有常一不變性，也就是我們凡夫對凡夫境界上存在的時間上的堅固性被佛陀解構了；沒有獨立存在性，就是佛陀把我們凡夫對凡夫境界上存在的事物，在空間上的獨立存在性的這種堅固性解構掉了。佛陀想告訴我們的是，沒有常一不變的獨立存在性，是凡夫境界上存在的基本特徵。那麼這個基本特徵，可以概括為一個詞就叫作「無我」——無什麼「我」？無那個常一不變的、獨立存在的「我」。無我是佛陀告訴我們的第一個重要道理。

一、第一組二諦的補充：邊見

　　這重教理討論到這兒圓滿嗎？不圓滿，必須得有下面一段非常重要的補充。為什麼？因為作為凡夫，當初次聽到凡夫境界上的存在是沒有常一不變的獨立存在性的存在——就是無我的存在，那麼作為凡夫，第一反應是什麼？很多凡夫的第一反應是：「哇！我今天才知道我們凡夫境界上的存在沒有常一不變性，沒有獨立存在性，這個理論太好了！為什麼好？比如說，我今天晚上就可以去搶銀行，搶完銀行明天早晨員警抓我的時候，我可以理直氣壯地告訴員警，釋迦牟尼教導我們說沒有常一不變的獨立存在性，一切的事物都是剎那變化著的，有本事抓昨天晚上正搶銀行的那個人吶！都過了一夜了，七八個

小時了，早不是那個人了，你憑什麼抓我？」聽起來這個無我的理論好不好？很多人都說：「好！」嘿嘿！說「好」的都是想搶銀行的。可是，釋迦牟尼老人家會同意我們搶銀行嗎？好像不應該同意我們搶銀行。那麼既然無常無我，我們為什麼不能搶銀行？既然無常無我，那麼明天員警抓我們的時候，抓我們的依據在哪裡？這就是下邊要做的重要補充。

要知道，佛陀說法是對治，就像醫生看病，有什麼病，醫生開什麼藥。因此要理解，佛陀今天說什麼法，是因為你凡夫有那樣的病；佛陀今天用什麼形式來說法，也是因為凡夫有那樣一種特定的病。佛陀說什麼法和以什麼形式來說法是對治，是因為我們有那樣的病，佛陀才說這樣的法，是因為我們有這樣的病，佛陀才用這種形式來給我們來說法。那麼大家思考過這樣一個問題嗎：佛陀為什麼要用二諦來說法，佛陀為什麼不用三諦、五諦、八諦、十諦，為什麼要用二諦來說法？佛陀在這樣一個教理體系當中，他用二諦這種模式、這樣一種說法的形式來說法，他是對治，一定是針對著我們凡夫某一種特別嚴重的病症。

佛陀用二諦說法對治的是我們凡夫什麼病呢？這個病在佛教裡邊就叫「邊見」。佛陀認為，我們凡夫既然是凡夫，肯定要犯一個嚴重的錯誤，就是邊見。舉個形象的例子：有的人開車在高速路上壓著左線跑，你告訴他說壓左線跑不對，他一轉臉又改成壓右線跑；你跟他說壓右線跑不對，他一轉臉又改壓左線跑——壓左線跑不對，壓右線跑同樣還是不對，他怎麼就走不到中間？這是個比喻。佛陀看我們這些凡夫在思想上犯的一個嚴重錯誤，就是這種邊見——我們不是偏了左就是偏了右，偏左、偏右都不對。

在佛陀看來，我們凡夫最容易犯的一對邊見是什麼？佛陀看我們這些凡夫最容易犯的一對邊見就叫作「常見」和「斷見」。常見相當於壓左線跑，斷見相當於壓右線跑。

什麼是常見？佛陀說我們這些凡夫首先犯了一個錯誤，就是我們非認為我們凡夫境界上的一切存在，不管是外在的物的存在還是內在

的心的存在，總有一個常一不變的、獨立存在的存在主體——就是「我」，人我、法我，那個常一不變性、那個獨立存在性。認爲有常一不變性、獨立存在性，這就叫常見。所以佛陀用二諦說法，在勝義諦上佛陀說無自性、性空，對治的就是我們這個常見。佛陀說凡夫境界上的存在的最大特點就是不常——沒有這個常，沒有常一不變的獨立存在性。

　　但是凡夫難度啊！你破了他的常見，他馬上倒到常見的對立面——斷見。跟他說壓左線跑不對，他一轉身就變成壓右線跑，還是不對。常見的對立面是斷見。什麼叫斷見？就是因果的關係斷了。比如有人聽了無常的道理，會想：一切都是刹那變化的，沒有常，那我今天一早出來上班，出來一天工作，刹那都是變化的，那我到了晚上回家，推門一進屋，後果應該是什麼？後果是我老婆說：「哎，你是誰啊？」——應該不認得我了。可是，是這個結果嗎？不是的。老王出去上班一天，或者出差幾日，等回到家的時候，不僅老婆沒有不認得老王，老婆還說：「哎呀，走了這麼多天，想死我了。」老婆還在家思念著老王，沒有不認得老王。那麼沒有常，爲什麼老王出差幾天回來，老婆還認得他？

　　從釋迦牟尼的觀點來看，此一時刻的老王，絕不是前一時刻的老王，沒有常，沒有常一不變的獨立存在性，沒有問題。但是，佛陀爲什麼用二諦說法？在勝義諦上說性空、說無自性，對治的是我們的常見，告訴我們不常，此一時刻的老王，絕不是前一時刻的老王；但是二諦說法，此時的世俗諦的緣生性我們不能丟，也就是從世俗諦的緣生性上講，雖然此一時刻的老王絕不是前一時刻的老王，但是此一時刻的老王是依前一時刻的老王而有的。換句話說，前一時刻的老王是此一時刻的老王的緣。因此這種緣生性就確保著，雖然此一時刻的老王跟前一時刻的老王相比，絕不相同，但相似。

　　再表述一遍。下一時刻的老王跟此一時刻的老王相比，絕不相同，因爲佛陀在勝義諦上講，凡夫境界的存在是無自性、是性空、是沒有常一不變的獨立存在性的，刹那都是變化著的，所以下一時刻的

老王跟此一時刻的老王相比，絕不相同。但是佛陀二諦說法，勝義諦上說無我，但是在凡夫境界上，此時此刻世俗諦的緣生性暫時不能丟棄。從緣生性上講，下一時刻的老王跟此一時刻的老王相比，雖然絕不相同，但是下一時刻的老王是依此一時刻的老王而有的，此一時刻的老王是下一時刻的老王的緣。那導致的結果就是：下一時刻的老王跟此一時刻的老王相比，雖然絕不相同，但相似。

這樣就可以理解了，老王出差幾日回到家裡，從佛陀的觀點看，老王這幾日剎那都是變化的，那麼他回到家裡，為什麼他的老婆還認得老王？從釋迦牟尼的觀點看，絕不是一個相同的老王回來了，而是一個相似的老王回來了。這個相似性確保著老王的老婆還認得老王。當然了，老王出差幾日回到家裡之所以還認得他老婆，從釋迦牟尼的觀點看，絕不是一個相同的老婆在家等著老王呢，而是個相似的老婆在家等著老王呢，這個相似性確保老王回到家裡還認得他老婆。

佛陀用二諦說法，勝義諦上告訴我們，沒有常一不變的獨立存在性。但是對於凡夫而言，此時此刻世俗諦緣生性不能丟，所謂世俗諦緣生性不能丟的道理就是：沒有常一不變的獨立存在性，但是此時在凡夫境界上因果的相似相續性不能破壞。那麼在凡夫境界上，破壞了或者不承認了因果的相似相續性，在今天討論的這個話語層次上，叫作落斷見。

所以世俗諦緣生性對治的是斷見，不斷。那麼說到這兒，銀行能搶嗎？不能搶。也就是我們今天晚上搶了銀行，明天早晨員警抓我們的時候，從佛陀的觀點看，抓的確實不是昨天搶銀行的那個人，但是抓的是昨天搶銀行那個人的因果的相似相續的結果。這個因果的相似相續性，確保了明天早晨員警抓我們的時候，具有合理性。所以佛陀用二諦說法，在這個層次上想告訴我們的是：我們凡夫境界上的存在的特點，是既不常也不斷。

二、寧常毋斷

但是有的人聽了不常不斷的道理後，覺得太深奧，接受不了，非要在釋迦牟尼認為都不正確的常跟斷當中選一個。不常不斷接受不了，此時只能在佛陀認為都不正確的常或斷當中選一個的話，那佛陀建議選什麼呢？佛陀建議選常也不要選斷。佛經裡有一句話：「寧可入常見如須彌山，不可落斷見如芥子許。」雖然常跟斷在佛陀看來都不正確，但實在接受不了不常不斷的話，那勉強先接受個常，因為有個常，你還覺得做好事得善報，做惡事得惡報，還會有道德底線；如果落斷見就可以搶銀行，就可以殺人放火，就沒有道德底線了。所以佛陀更怕我們落斷見。

從這個不常不斷的道理，我們來回顧一下前面討論的一世說生命觀。從佛陀的見解講，一世說生命觀犯了什麼過失？斷見 —— 在死那一時刻，斷了。所以大家理解嗎？我們不要把我們生命的每一時刻都理解為斷，只要在我們生命前頭有個斷等著我們，我們當下道德無底線。佛陀告訴我們的是：不常還得不斷，既不常也不斷；這是佛陀在這個層次上告訴我們的凡夫境界存在的基本特徵。

015 大乘佛法修行綱領

　　佛陀用二諦說法，勝義諦上說性空對治常見，但佛陀早就留了後手，因為佛陀知道，作為凡夫，當你最初聽說不常——沒有常，一定會走到常的對立面，佛教叫「斷見」，就是不承認因果的相似相續性了，認為只要沒有了常一不變、獨立存在性，那就可以道德無底線，可以殺人放火搶銀行。佛陀說，我用二諦說法，要告訴你，在凡夫境界上，此時此刻世俗諦的緣生性不能破壞。緣生性就確保著我們凡夫境界上的存在，雖然是沒有常一不變的獨立存在性的存在，但是在凡夫境界上的存在，因果的相似相續性必須保持，所以以緣生性確保了因果的相似相續性，這叫「不落斷見」——不斷。佛陀告訴我們不常不斷，既不常也不斷，這叫「不落二邊」。既不常也不斷就叫「不二」；因此佛陀的教法是中道，不落兩邊的中道。

　　在印度，龍樹論師是對佛陀二時教法、對《般若經》做了最權威的闡揚。他的這個傳承的見地就叫作「中觀見」，是不落兩邊的、不二的、中道的見解。但是一定要注意，不落兩邊、不常不斷，這是對治，是解構。是因為我們凡夫有常見，所以佛陀說不常；是因為我們凡夫落斷見，所以佛陀說不斷。所以不常不斷只是對治，是解構我們凡夫的常見與斷見。在這裡，佛陀絲毫沒有在常跟斷之外似乎又建立起來一個叫作「不常不斷」的第三種見解——No！不是的。這裡沒有絲毫的建構的法義，只是對治，只是解構。

　　討論到這兒，四重二諦的前兩重二諦討論完了，要提示的是，其實後兩重二諦——也就是第三重二諦跟第四重二諦，法義更精彩！其實真正體現大乘佛法精神的是後兩重二諦。因為學習必須有一個漸進的過程，所以四重二諦先討論前兩重二諦，後兩重二諦放到後邊；隨著《金剛經》經文逐字逐句的學習討論，到了適當的時候再引申出後

兩重二諦。

前兩重二諦，緣生性空，可以用一個詞來表達，佛陀想告訴我們的就是「無我」，就是我們凡夫境界上的一切的存在，沒有常一不變的獨立存在性——無我。無我是佛陀要告訴我們的第一個重要道理，也是前兩重二諦表達出來的法義。接下來討論一個新的問題：怎麼修行？

一、修行的一般定義

佛法不僅僅是說的，更是做的；她不僅僅是理論，更重要的是修持。怎麼修？大乘佛法怎麼修？什麼是大乘佛法的修行？念佛是不是修行？當然是修行。參禪打坐是不是修行？當然是修行。磕大頭是不是修行？當然是修行。但是我想我們先撇開這些具體的修行方式，能不能從一個最一般的意義上，給大乘佛法的修行下個定義？至少在今天我們討論的這個法義的層次上，這個無我的法義的層次上，我們給大乘佛法的修行下個最一般意義上的定義：什麼是修行？

佛陀說凡夫的特點是執我為實有，而走向解脫第一步，得要證得我們凡夫境界的存在是無我的，所以什麼是大乘佛法的修行啊？如果做一個最一般意義上的定義，那便是：在當下現實生活中的每時每刻，只要當下的行為導致的結果，是能夠淡化我們心中對「我」的執著，就算是修行。如果當下的行為不能夠淡化我們心中對「我」的執著，甚至強化了對「我」的執著，即便形式上看似是一種佛教的修行，嚴格意義上講，都不是真正的大乘佛法的修行，至多只是方便行，不是究竟行。因為佛陀說要想走向涅槃，走向解脫，必須從「有我」的凡夫走向「無我」的智者，所以打破心中的我執，一步步地淡化我們心中對我的執著，這就是大乘佛法的修行。這是對大乘佛法修行在綱領上做了一個最一般意義上的定義。

二、六波羅蜜

有人說修行有沒有具體的措施、具體的方法？有沒有？其實佛陀老人家在經中非常清楚地告訴我們，大乘佛法的修行是什麼。大乘佛法的修行，根本的重要的修行，就是六度，就是六個波羅蜜，形象地說就是六條船，過河的船。修行六個根本的法門，哪六個法門？就是布施度、持戒度、忍辱度、精進度、禪定度和般若度。這六個修行法門不平等，第六個般若度——般若波羅蜜——是綱領，是統帥，也就是前五度要在第六度般若度的統攝下去修持。佛經裡說般若是眼目，是光明，沒有了第六個般若波羅蜜，沒有了般若度，前五度為「盲」。般若是光明，沒有了般若，前五度像瞎子一樣。什麼是大乘佛法的修行？其實就是在般若的統攝下去修布施，在般若的統攝下去修持戒，在般若的統攝下去修忍辱、精進、禪定，這就是大乘佛法的修行。離開這個，沒有修行。

如果出一道考題，說大乘佛法修行的六大根本法門是什麼，六波羅蜜是什麼？布施、持戒、忍辱、精進、禪定、般若六項內容都答對了，但是次序沒答對，這道題不給滿分，為什麼？因為大乘六度的這個順序就是修行的次第。作為凡夫，是我們入門修行的次第，日後作為見道之後的登地菩薩，這六度的順序依然是修行的次序。這六度，佛陀把哪一度擺在第一位了？把布施擺在第一位了。所以經常有朋友來問我，說：「我皈依了，我是佛教徒了，我該怎麼修行？」我說如果你是在大乘佛法這裡受皈依，那麼大乘佛法的修行你看一看，六個波羅蜜中哪個波羅蜜排第一？布施排第一。所以大乘佛法修行首先修什麼？修布施。

三、四布施

那麼什麼是佛法所說的布施呢？佛教所說的布施，比我們老百姓所理解的布施，內容要寬泛些。一般老百姓理解的布施，是在別人生

活遇到困難的時候，給別人施以錢財。這是一種布施，佛教管這種布施叫作「財布施」。

佛教還有別的布施，比如說無畏布施。布施也不一定非要拿錢，當別人生活遇到極端困難，心理上有著巨大的恐懼，去安慰他、消除他內心的恐懼，這也是一種布施。比如說有人炒股票加槓桿爆倉了，有人玩期貨爆倉了，而且是借錢炒期貨爆倉了，生活很困苦，他到樓頂上準備自殺，這時候把他拉回來，給他做思想工作，給他生活的勇氣，他不自殺了，重新開始生活了，這是布施，無畏布施。比如說有個姑娘晚上回家走夜路害怕，你送她回去，給她走夜路的一種勇氣，也是無畏布施。這是第二種布施。

還有第三種布施叫作身命布施，用自己的身體、生命去做布施。佛經裡記載，釋迦牟尼在過去做菩薩時，往昔的多生累劫的相似相續的生命歷程中──注意是相似相續，沒有常一不變──佛陀在過去相似相續的某一生中，看到老虎媽媽帶著老虎兒子，大雪封山，沒有飯吃要餓死了，在那一生，佛陀很勇敢地走上懸崖，縱身一跳摔到虎群裡：「虎們吃吧！」捨身飼虎。這是布施，這是修行。大家想一想，從懸崖跳下去捨身飼虎，心中如果還有我，跳得下去嗎？也許跳之前心中還殘留著一絲絲的我，這麼縱身一跳，估計心中這點我也蕩滌了。捨身飼虎，這是修行。有人說，這個目前我做不到；那無償獻血，也是身命布施。比如說立個遺囑，死了以後獻器官，能用的都拿去用，用不了的送醫學院，讓學生解剖研究，提高醫術、救死扶傷，也是身命布施。這是第三種布施。

第四種布施叫法布施，就是給別人、給眾生講佛法，傳揚佛陀的教法。在佛經中，佛陀極度地讚歎法布施，為什麼呢？因為前三種布施只是解決被布施人現世的肉身生命問題，而法布施解決的是被布施人的法身慧命問題。前三種布施只能讓人在生命的輪迴過程中，輪迴得更好些，而法布施是令眾生跳出輪迴、走向解脫。所以法布施與前三種布施是有質的差別，不是量的差別。所以佛陀在很多經典裡，包括在《金剛經》裡，都極度地讚歎法布施。

大乘六度，佛陀把布施放到了第一位，有沒有點道理啊？佛陀為什麼把布施放到了修行的第一位？其實原因很簡單，一個人為什麼不願意布施？不就是心中有我執嘛！「這個錢是我賺的，得我享受，得給我的妻兒老小享受，給你，不可能！」也就是一個人不願意布施，是因為心中的我執很重，而佛陀把布施放到了大乘佛法修行的第一位，其實就是直截了當地對治我們心中的我執。因此你在現實生活中可以發現，一個願意布施的人，往往就比那些不願意布施的人，心中的我似乎是淡泊些吧！所以佛陀把布施放到大乘佛法修行的第一位，其實就是對治我們心中的我，就是讓我們從一個有著很強我執的凡夫，漸漸走向無我的智者境界。

016 菩提心：大乘佛法修行的根本

大乘佛法的修行，佛陀告訴我們的第一個重要道理就是無我。凡夫與智者之間的區別，首先就在於我們凡夫心中執著著常一不變的獨立存在的我，因此佛陀告訴我們的修行法門，首要目的就是對治我們凡夫心中的我，打破我們凡夫心中的我執。因此什麼是修行？修行就是在我們生活中的每時每刻，只要當下的行爲能夠淡化、消融我們心中對「我」的執著，那就算是佛教的修行。如果當下的行爲不能淡化、消融我們心中對我的執著，甚至強化了心中對我的執著，雖然行爲本身也許在別人看來似乎像是一種修行，但嚴格意義上講都不是佛教的修行，至多只是方便行，不是究竟行。

一、三輪體空

大乘佛法修行的具體法門是什麼呢？其實佛陀在經中非常明確地告訴我們，大乘佛法修行的核心就是六度——六波羅蜜，六波羅蜜排到第一位的是布施；佛陀首先就是用布施來對治我們心中的我——因爲一個人之所以不願意布施，就是因爲心中有我，要透過布施一步步地消融我們心中的我。因此我們會看到，在現實生活當中，往往一個願意布施的人，總比那些不願意布施的人，似乎心中的我會淡泊些。

但是大家要注意，我的這句話的表達，語氣是很弱的，我說的是「往往」有些願意布施的人，總比那些不願意布施的人「似乎」心中的我淡泊些，沒有說「一定」，爲什麼？我們社會生活當中，有沒有人有這樣的行爲表現：他捐了一筆錢，但是他逢人便說：「啊！昨天我捐了一筆錢，去蓋了希望小學，我捐了一筆錢給貧困的人買了很多衣服，你看我得了獎狀，我得了獎章。」——他要把自己獲得的獎

章、獎狀都掛起來，然後站在前面還要照張相，把這照片發到網上去，唯恐天下有一個人不知道他做了這樣的好事。這樣的情形有沒有？多不多？其實在我們生活當中，這種情形很多。那麼以這樣的精神狀態做了布施，算不算布施？當然，得算布施。但這種布施不是佛教所宣導的布施，這種布施，佛教把它稱為世間法的布施，也叫作有漏的布施。為什麼？因為他以這樣的精神狀態去行布施的時候，淡化了心中的我了嗎？沒有，甚至還強化了心中的我。這種布施不能淡化心中的我，就不能夠引領著我們走向解脫，而這種布施所獲得的果報，至多就是讓行布施的人，在未來的生生死死的輪迴的過程中得個善報，因此這種布施，佛教叫世間法的布施。它雖然是布施，但不是佛教——特別不是大乘佛教——所宣導的布施。

那什麼是大乘佛法所宣導的布施呢？不要忘了前面所討論的二諦。佛陀的教理，每一段教理的理論本身，都不只是理論，重要的在於指導修行。二諦是指導修行的，二諦是要落實到修行當中的。我們討論了兩重二諦，第二重二諦世俗諦是緣生，勝義諦是性空。那什麼是大乘佛法所宣導的布施呢？就是在布施那一當口，心是什麼狀態？首先，在勝義諦上要觀這個能布施的人，在勝義諦上有常一不變的獨立存在性嗎？沒有，無我、空；被布施的人，在勝義諦上要觀，有常一不變的獨立存在性嗎？沒有，性空、無自性、無我；布施的這件事，布施的物品本身，在勝義諦上要觀，有常一不變的獨立存在性嗎？沒有，無我、空。因此大乘佛法所宣導的布施，就是在布施那一當口，要在勝義諦上觀能布施的是空，被布施的是空，布施的過程、布施的物品本身依然還是空。要在這三樣東西都是空上行布施，布施了就布施了嘛！心中沒絲毫一丁點的執著，這是大乘佛法所宣導的布施。

剛才反覆強調三樣東西，能布施者、被布施者和布施的過程與物品，這三樣東西就是能、所和過程。佛教給這三樣東西起了一個特殊的名字，叫作「三輪」。那什麼是大乘佛法所宣導的布施呢？就是在布施那一當口，要觀這三輪的本體是空，在空上行布施，布施了就布

施了，不能夠有能布施、所布施之想，佛教管這個叫「三輪體空」的布施。這樣的布施叫出世間法的布施，也叫無漏的布施。為什麼叫出世間法的布施呢？因為只有在這樣的精神狀態下的布施，布施的行為才能夠淡化我們心中對我的執著。這種布施，形象地講，就是布施了還得當沒布施——這個表達就是從《金剛經》的一段語言中引申出來的。布施了還得當沒布施，不能有能布施、被布施之想，這是大乘佛法所宣導的布施。

二、福德與智慧

有人會想，佛教所宣導的布施是布施了還得當沒布施，那我壓根兒不布施不就完了嗎？可以嗎？不可以。不要忘了二諦。佛陀給我們凡夫說法為什麼用二諦的模式？剛才我們講布施了還得當沒布施，也就是要在布施那一當口，我們要觀能布施的、被布施的跟布施的過程是空，在空上行布施，因此布施了還得當沒布施，這是勝義諦性空的要求。但是要注意，在凡夫境界上，此時此刻世俗諦不能丟，世俗諦的緣生性不能丟。什麼叫世俗諦的緣生性不能丟呢？就是在布施那一當口，在世俗諦上，有沒有能布施的？其實是有，但是這個能布施者不是常一不變的，而是相似相續的有。在世俗諦上，有沒有一個被布施者？有，但在世俗諦上講，是相似相續的有，不是常一不變的有。

一個修行大乘佛法的人，首先在世俗諦上，當他見到一個生活遇到困難的人，一定會在心中生起一股悲心。在悲心的驅使下，世俗諦的要求是他必須得去布施，必須得去幫助那個生活遇到困難的人。為什麼？大乘佛法修行的根本是智慧，沒有問題。佛陀認為我們凡夫之所以輪迴於生死不能解脫，就在於無明、糊塗，因此佛陀給出的引領著我們趨向涅槃的解決方案，根本就是打破無明見真實，所以佛法的根本修行是智慧，這一點沒有問題。因此在大乘佛法當中，有一個非常重要的詞叫「bodhi」，音譯為「菩提」，意譯為「覺」。大乘佛法修行的根本是智慧，大乘佛法修行的過程，就是從糊塗的凡夫走向

智者的境界。因此大乘佛法修行的過程，就是一個不斷地覺的過程，就是覺的心不斷地生起與修爲的過程。這個覺的心，在大乘佛法裡就叫「菩提心」，大乘佛法的修行的根本就是菩提心。

菩提心的法義很深，可以從不同角度、不同層次上去解讀菩提心。從目前所討論的教理層次上，可以把菩提心分成兩個方面，哪兩個方面？首先在世俗諦上，一個修行大乘佛法的人，看到有眾生生活遇到困苦的時候，世俗諦要求必須得布施，因爲只有在這個切實的布施行爲底下，才會增長福德。大乘佛法修行的根本是智慧，但是佛教裡有一個非常形象的比喻，就是把智慧比喻成一條魚，而這條魚如果要不死，養育它的是水，魚不能離開水；而大乘佛法認爲，什麼是養育智慧的魚的水呢？這個水就是福德。一個修行大乘佛法的人，每當見到眾生有苦難的時候，世俗諦要求他，在他內在的悲心的驅使下，必須有個切實的布施行爲，因爲只有在這個切實的布施行爲底下，才能增長福德，而福德是養育智慧的魚的水。沒有福德的水，智慧的魚會乾枯死的，這是世俗諦的要求。那麼在勝義諦上，性空、無我。作爲一個修行大乘佛法的人，在切實的布施行爲發生的那一當口，他在勝義諦上要觀：哇！能布施的是空，被布施的是空，布施的過程依然是空——在空上行布施，因此布施了還得當沒布施。

三、世俗諦菩提心和勝義諦菩提心

大乘佛法所宣導的布施是在勝義諦上、在空上行布施的時候，布施了還得當沒布施，但能不能因此不布施？不可以，世俗諦要求我們必須得布施。因爲只有在切實的布施行爲底下增長著福德，而福德是養育智慧魚的水。因此大家注意，世俗諦的要求是，一個修行大乘佛法的人，凡見眾生有苦難，要不要幫？必須得幫。這個必須得幫的心，就叫作世俗諦菩提心。但一個修行大乘佛法的人，在出手幫助一個苦難眾生的時候，他在勝義諦上一定要觀：能幫的是空，被幫的是空，幫的過程依然還是空——因此在空上幫，幫了還得當沒幫；這個

幫了還得當沒幫的心，就叫作勝義諦菩提心。那麼幫了還得當沒幫，能不能因此不幫？不可以，世俗諦要求我們必須得幫，這叫世俗諦菩提心。因此大乘佛法修行，對於我們凡夫來講，就是世俗諦菩提心與勝義諦菩提心的不二。一個修行大乘佛法的人，凡見眾生有苦難，他必須生起幫的心，這個心是悲心的驅使，幫的過程增長著福德。在勝義諦上，在空上幫，幫了還得當沒幫，增長著智慧。因此佛陀給我們指引的修行法門，就是「悲智雙運，福慧雙修」。悲和福是世俗諦的要求，世俗諦菩提心，智慧是勝義諦菩提心的要求。

有人說這重境界太高了，我做得到嗎？佛陀說你做得到。為什麼？不要忘了前面的討論。佛陀說我們這些凡夫其實具有兩面性。一方面無明所障，見不到真實，因此造業，輪迴。但是佛陀說我們是有可能走向解脫的，為什麼？因為我們每個無明所障的凡夫，其實普遍地又具有著可以打破無明、去親證真實的能力，即般若。因此我們能不能做到在世俗諦上，凡見眾生有苦難就生起悲心去幫助眾生，而在勝義諦上幫了還可以當沒幫，這重境界我們凡夫做得到嗎？佛陀說你一定能做到。為什麼？我們把心中的般若、把我們眾生內心本具的那種能夠打破無明、親證真實的能力調動起來，當把般若調動起來以後，我們就能夠做到幫了眾生還可以當沒幫，在空上幫眾生，淡化、消融我們心中的我，佛陀說你一定能做到。當做到這一點的時候，這就是大乘佛法給我們指引的修行法門，即在般若的統攝下去布施；這就是出世間法的布施，無漏的布施，大乘佛法所宣導的布施。

017 釋題：「金剛」和「經」

佛陀的教理，佛教的每一段理論，一定都對應著修行，一定要落實到修行上，這一點非常重要。大乘佛法告訴我們，凡夫入手修行，就是悲智雙運、福慧雙修。

這樣修行的目的是什麼呢？目的只有一個，就是淡化、消融我們心中對常一不變的獨立存在的我的執著。無我，是佛陀給我們凡夫講的法的第一個要點，我們修行佛法的第一要務就是要證無我。證無我需要的工具是什麼？工具就是般若，即我們凡夫雖然無明所障，但內心又普遍具有可以打破無明見眞實的能力。在般若的統攝下去布施，就是出世間法的布施，就是無漏的布施，就是大乘佛法所宣導的布施。因此從這一意義上講，般若是大乘佛教的根本。

講到這裡，我們對《金剛經》名字裡非常重要的兩個關鍵字——即「般若」和「波羅蜜」，做了一個基本的表達。鳩摩羅什把《金剛經》的名字翻譯成「金剛般若波羅蜜」，講過「般若」和「波羅蜜」後，還要講一下另外兩個詞，一個是「金剛」，一個是「經」。

「金剛」，梵文是「vajra」，比喻堅硬無比。從鳩摩羅什翻譯的《金剛經》名字來看，我們可以把金剛認爲是修飾般若的，就是般若堅硬無比，能夠斷除眾生的無明和煩惱，能夠引領眾生走向解脫，所以這部經名字，以金剛喻般若。

一、經律論

名字的最後一個字是「經」。一部佛教典籍能夠稱爲是「經」，意味著什麼？佛教的文獻數量是巨大的，典籍是浩瀚的，因此一個學習佛法、修行佛法的人，面對著浩瀚的佛教典籍，會感到很困惑：從

何下手？因此在佛教的歷史上，對浩瀚的佛教典籍的分類，就是一項非常重要的工作——要把佛典分分類，哪些重要？哪些次重要？先讀什麼？後讀什麼？佛教史上，對佛教典籍的分類方法有很多種，其中最簡潔的分類方法，就是把所有的佛教典籍分成三類，分別起名叫「經」、「律」、「論」。怎麼劃分的呢？

首先，經跟律具有一個共同的特點。一部佛教典籍能夠被稱為是佛經或者佛律，佛教徒認為，那一定是佛教的創始人釋迦牟尼先生親口所講的，叫「佛說」，經跟律是佛說。《金剛經》是一部經，這就意味著《金剛經》是佛說。經就是佛陀所講的道理，律就是佛陀為後世的弟子們所建立的行為規範，戒律。經跟律既然是佛說，佛是證道者，佛是現證了真實的人，所以佛陀從他老人家最清淨的法界中流淌出來的經跟律，應該是我們學習佛陀教法要依止的根本。現在我們中國佛教有個誤區，就是我們總是說某某人說什麼，張三怎麼說，李四怎麼說，可是我們總是不用心去體會佛陀怎麼說；我們在很多的時候，忘卻了佛陀。其實我們最根本要依止的是佛說。而在經律論在這三部分典籍當中，經跟律是佛說，因此讀經、讀律是非常重要的。

第三部分叫論，論就不是佛陀他老人家親口所說。佛陀老人家涅槃之後，在印度，各歷史時期都會出現一些論師，雖然不會很多，但總會出現一些對佛陀的經跟律，有著精深研究的佛教的學者、修行者，我們稱為論師，他們透過學習經和律，進而寫出一部部他們對佛陀教法的理解的著作，稱為論。論不是佛說，因此在這三部分典籍當中，經跟律的地位高於論，這個沒有問題。但是這不能意味著論就不重要。其實論對於我們末法眾生學習佛陀教法又是相當重要的，因為這些著論的大論師，有很多都是見道以上的菩薩，他們對佛陀的聖教量，做了非常系統化的闡釋，這些系統化的闡釋很對機我們末法眾生。因此論是末法時期眾生學習佛陀的經跟律的橋樑和工具。

二、隨信行與隨法行

　　還有一點非常重要，就是在佛弟子中，有兩類人，一類聽了佛經後，對佛陀的教言深信不疑，沒有絲毫的懷疑。比如說，佛陀說「一切有爲法，如夢幻泡影，如露亦如電，應作如是觀」，即佛陀說你們凡夫境界上、你現在自以爲的所謂的眞實的存在都是不眞實的，如夢境一般——就有一類眾生聽了佛陀這樣的教言後，會深信不疑，他摸摸這張桌子：「哎，在我的感覺上怎麼如此地堅實？如此地眞實？哇！我眞是一個顚倒夢想的凡夫呀！」——堅定不移地認爲佛陀是對的，自己是錯的，要以佛陀的教言如法地修行，去證得我們凡夫境界的如夢如幻。這種眾生就叫作隨信行的眾生。這樣的眾生有沒有？在我們的現實生活當中是有的。

　　還有一類眾生，被稱爲隨法行的眾生，這類眾生聽了佛陀經中的教言，不能馬上生起信心，有懷疑。比如佛陀說我們凡夫是顚倒夢想，我們的見解顚倒，很多凡夫會想：「不會吧？我怎麼會是顚倒呢？你說這張桌子不存在，可是在我的感覺上，我清清楚楚地感受到了這張桌子眞實的存在嘛！」——對佛陀的教言會有懷疑。佛陀說我們是虛妄分別，我們凡夫沒有見到眞實，可是我們並不覺得我們凡夫的這種見解是虛妄的，很多眾生都是執著於我們這些凡夫的這些見解爲眞實。那麼論師們所寫的這些論典，對這一類凡夫是極其重要的，因爲論師所著的論，往往是首先站在凡夫的立場上，利用凡夫的顚倒見，進而一步步地推理，證明凡夫此時此刻是在顚倒的。他站在凡夫的立場上，首先利用凡夫的虛妄分別而一步步地推理證明，凡夫確實此時此刻是虛妄分別。論典當中這樣的推理，對於我們末法的很多眾生，不能對佛陀的教言立即生起信心的眾生，是很有益處的。因爲很多眾生是需要透過對佛陀教理的分析學習，才能建立信心，這類眾生叫作隨法行的眾生。

　　佛陀是證道的智者，經中所記載的，都是佛陀作爲智者——他現證了眞實、從他最清淨的法界當中流淌出來的教言，這樣的教言叫

「聖言量」。所以佛陀教言當中，主要都是聖言量，適度地運用了比量。比量立足於凡夫，利用凡夫所能接受的推理模式表達佛陀的教法。經中主要是聖言量，適度地運用比量。而菩薩們、論師們所寫的論典是充分地運用比量，運用我們凡夫可接受的種種推理模式，進而一步步地證明我們凡夫是虛妄分別、是顛倒夢想。所以在末法時期，論的重要性越來越凸顯出來了。

這是對經律論做的最通俗、最簡單的解釋。

經律論這三部分典籍合到一起被稱爲「三藏」。我們經常聽說某位法師是三藏法師──能夠被稱爲是三藏法師的人，一定是對佛教典籍的經律論這三部分典籍，都有著精深的學習跟研究的法師，因此能做到三藏法師是相當的不容易。鳩摩羅什當之無愧是三藏法師，玄奘、義淨是三藏法師。

講到這裡就可以理解，這次課程所學習的《金剛般若波羅蜜經》是一部經，是一部佛陀親口所說的教典，是聖言量。《金剛經》就是佛陀與他的重要弟子須菩提兩個人之間的對話。

對於什麼是經，還有兩點補充。第一，剛才說經都是佛說，有人會問：《道德經》是佛說嗎？《易經》是佛說嗎？《聖經》是佛說嗎？《黃帝內經》是佛說嗎？真的有人來抬槓。注意剛才的語言表達是非常嚴謹的，說的是在佛教典籍裡邊佛說的叫經，現在所討論的範圍是佛教典籍，《道德經》、《易經》、《聖經》、《黃帝內經》壓根兒不屬於佛教典籍，因此不在我們討論之列。第二，在佛教典籍裡，我們說稱爲「經」的都是佛說，但是在漢傳佛教裡有唯一的一個例外，這個例外是記述著七世紀中國著名僧人惠能禪師、他老人家一生行跡的那本書，即《六祖大師法寶壇經》，簡稱《壇經》。這部書屬於佛教典籍而且又稱爲是經，但它是個例外，這部書不是直接記載著佛陀老人家的親口教誨，而記載的是中國的惠能大師老人家，一生對佛陀教法的理解，這是唯一的例外。

018 如是我聞

現在開始逐字逐句學習《金剛經》經文。現存《金剛經》六個漢譯本，以鳩摩羅什大師翻譯的譯本流通最廣，所以我們尊重習慣，以鳩摩羅什大師的譯本為基礎，重要的段落、詞句，參看梵文原本和玄奘大師、義淨大師的譯本。

一、三十二部分

現在社會上流通的鳩摩羅什《金剛經》譯本，把整部《金剛經》分成了三十二個部分，三十二個「分」，每一分還都有個名字，比如說「法會因由分第一」、「善現祈請分第二」。但是要知道，在原本的鳩摩羅什《金剛經》譯本當中，是沒有這些名字的，這是梁武帝的兒子昭明太子後來所加的內容。自打昭明太子加上了這三十二個名字後，佛教界始終有不同看法。有人認為加的好，能夠幫助我們學習領會《金剛經》的法義；有的人說不好，佛陀的經不能隨便往上面加東西。這個爭論一直持續到今天。

對照一下梵文原本，我發現把《金剛經》分成三十二個部分，這件事不是昭明太子做的，現存《金剛經》的梵文原本，就是把《金剛經》分成了三十二段，而昭明太子的三十二段，與現存梵本三十二段的劃分基本吻合。所以把《金剛經》分成三十二段，這不是昭明太子的發明，昭明太子應該是看到過《金剛經》的梵文原本的。但是《金剛經》梵文原本只是把《金剛經》分成了三十二段，每一段並沒有名字，「法會因由分」、「善現祈請分」這些名字，確實是昭明太子後加的。我個人的看法是昭明太子加的這些名字，也許對學習《金剛經》會有所幫助、有所提示，但經中畢竟原本沒有這些名字，所以只

能作爲參考。佛教徒誦持《金剛經》的時候，這些名字是不應該誦持的，它們確實不屬於經的內容。所以這一次我們共同學習《金剛經》，這些名字都是略過去的。

二、如是我聞

1. 如是我聞：一時，佛在舍衛國祇樹給孤獨園，與大比丘眾千二百五十人俱。爾時，世尊食時，著衣持鉢，入舍衛大城乞食。於其城中，次第乞已，還至本處，飯食訖，收衣鉢，洗足已，敷座而坐。

下邊開始看《金剛經》的第一句話：

「如是我聞：」

要知道，一部完整的佛經都是這句話開頭，當然這部經得完整，比如大家經常念誦的《般若波羅蜜多心經》，就不是「如是我聞」開頭，一上來就是「觀自在菩薩行深般若波羅蜜多時」，爲什麼？因爲現在經常念誦的《心經》這個譯本，是節本不是全本，全本依然還是「如是我聞」開始。爲什麼？這是佛陀的教誨。

當年佛陀的弟子阿難問佛陀說：老師啊，您涅槃以後，我們這些追隨著您、親耳聆聽您教誨的弟子，將坐到一起，把您老人家一生的教誨，共同地回憶一下，共同地唱誦一下 ── 叫「saṃgīti」，就是坐在一起共同唱誦。這個詞後來漢傳佛教譯爲「結集」 ── 我們將把您老人家一生的教誨結集一下，那麼您老人家的每一次課，就算作一部經；阿難問老師：我們結集的時候，每一部經開頭，這話可怎麼說呢？老師就阿難的這個問題做了回答，釋迦牟尼老師回答的話用梵文來表達就是「evaṃmayāśrutam」。三個片語成，「evaṃ」的意思是「如此這般的」、「就是這個樣子的」，「mayā」是「被我如何如

何的」，「śrutam」的動詞詞根是「śru」，「śru」就是「聽」的意思，「śrutam」，「被曾經聽」。把這三個詞串起來，如果用我們現代漢語做個翻譯，就是「被我如此這般地聽說過的」，古人翻的很雅：「如是我聞」。多數都是譯成這四個字，譯的非常好。

重要的是「如是我聞」這句話表達了什麼法義呢？傳達著一種什麼樣的文化精神呢？大家要設想一下這個場景，是學生阿難問老師說：老師啊，您涅槃以後，我們這些弟子們將把您老人家的教誨結集一下，每部經開頭，這話怎麼說呢？這是阿難提的問題。老師是針對阿難的這個問題告訴阿難說：你們以後結集我的經的時候，先說「evaṃmayāśrutam」──「被我如此這般地聽說過的」。一定要認真設想這個場景，大家想一想，什麼意思？其實是釋迦牟尼老師為阿難這些弟子們，在日後結集他教誨的時候，制定了一個結集的基本原則，也就是你們日後結集我經典的時候，要遵照著「被我如此這般地聽說過的」這樣一個原則去結集。什麼意思？怎麼聽的，就給我怎麼結集，千萬不要在結集我的教誨的時候，肆意地、自作主張地給我補充補充、修改修改、發展發展、提高提高、刪減刪減，不可以，怎麼聽的就怎麼結集。可以講，釋迦牟尼老師沒有授權阿難這些弟子們，在日後結集他的教誨的時候，對他的教誨進行修改、刪減，必須如實地結集。

這一點非常重要。為什麼老師不授權阿難他們，在結集的時候可以修改老師的教誨呢？原因其實很簡單：佛陀是個圓滿的覺者，形象地講，佛陀是徹底從夢中醒來的人，而阿難這些弟子們，醒來了嗎？還沒有。沒有從夢中醒來的人，對一個徹底地從夢中醒來的人的教誨，就沒有能力去發展、補充、提高、修改、刪減，因此老師不授權。老師對阿難這些親近的弟子都不授權，那我們這些後世的、末法時期的學習佛法的眾生，就更應該遵照老師的教誨，去如實理解佛陀的教誨。我們沒有資格、沒有能力對老師的教誨去發展、補充、提高，甚至可以說，佛陀的教誨，作為這樣一個圓滿的智者的教誨，他老人家的教誨，自誕生那天起就是圓滿自足的，沒有給我們後人留下

絲毫地去發展、補充、修改的必要性和可能性。這就是「如是我聞」這句話的第一個最重要的法義。

後世的佛教徒、佛弟子、學習佛法的人，當打開每一部佛經的時候，當看到「如是我聞」的時候，就會聯想到這是阿難這些弟子們，當年如實地記載的老師的教誨，這些教誨都是出於佛陀他老人家的親口所說，因此如果你是一個佛教徒，你對下邊的教誨要如實地信受。這就是我對「如是我聞」這句話的理解。

繼續往下看：

「一時，」

就是有那麼一個時候。

三、舍衛國

「佛在舍衛國」

「佛」，是鳩摩羅什《金剛經》譯本中出現的對釋迦牟尼的第一個稱呼。「佛」這個詞，前面討論過了，對應的梵文就是「buddha」，覺者。「在舍衛國」，舍衛其實不是國名，是城名，「śrāvastī」。那麼為什麼鳩摩羅什在這裡把它譯成「國」呢？印度這個國家，在過去兩千多年的歷史上，跟中國有點不一樣，中國歷史上大一統的帝國時期比較長，分裂成小國的時間比較短，而印度相反，更多的時間是小國林立，少數的時間是大一統帝國。釋迦牟尼的時代，是一個小國林立的時代，當時有十六個大國，其中有一個國家叫作「Kauśala」，古譯成「拘薩羅國」，這個國家後來分裂成兩個國，叫作北拘薩羅國和南拘薩羅國，舍衛城位於北拘薩羅國。舍衛城是當時北拘薩羅國非常重要的城市，經濟繁榮、文化昌明，也是佛陀

經常講法的地方。而在印度有個習慣，有時候稱呼一個國家的時候，並不直接稱呼這個國家的名字，而是用這個國家比較代表性的城市來稱這個國家的名字，所以拘薩羅國，有的時候也就稱它爲舍衛國。

四、祇樹給孤獨園

「祇樹給孤獨園，」

其實這是舍衛國一座花園的名字。這座花園爲什麼叫「祇樹給孤獨園」呢？它是用兩個人的名字命名的，「給孤獨」是個人名，其實這個人原本也不叫「給孤獨」，叫「Sudatta」，是釋迦牟尼時代舍衛國一個非常有錢的長老。這位先生很有錢，但不是守財奴，他樂善好施，經常拿出自己的錢財去賑濟無家可歸、孤獨無助的人，因此落了個美名「給孤獨」。這座花園的地皮是給孤獨的。另外一個人叫「祇陀」，「Jeta」。祇陀是舍衛國國王波斯匿的兒子，是個太子。這座花園裡的樹是祇陀的，因此花園裡的樹叫「祇樹」。所以花園得名叫「祇樹給孤獨園」。其實這座花園原本是祇陀的，給孤獨是釋迦佛的弟子，他認爲這個地方很適合佛陀說法，因此他就說：哎，祇陀，你把這花園賣給我吧。祇陀呢，實際不想賣，就難爲給孤獨，說你要能夠把我這花園的地上鋪上一層金子，這花園就送給你了。他想這樣一難爲給孤獨，給孤獨就打退堂鼓了。但是給孤獨太想要這座花園了，因此他就給鋪上了黃金，那麼祇陀不能食言，就送給給孤獨了，因此花園的地皮是給孤獨的。但是祇陀說：你鋪上金子的地方是你的了，那樹根底下你沒鋪上，這樹還得是我的呀！所以這座花園就屬於這兩個人的，他們把這座花園供養給了釋迦牟尼老師。釋迦牟尼後來經常在祇樹給孤獨園講課，這是釋迦牟尼一個重要的講學地點，很多經中記載釋迦牟尼在這裡講課。祇樹給孤獨園，在有些經典裡邊也譯作「祇園精舍」。

繼續看下一句：

「與大比丘眾千二百五十人俱。」

「比丘」是梵文詞「bhikṣu」的音譯，「bhikṣu」什麼意思呢？
是要飯的人，古譯「乞士」。這一天釋迦牟尼與一千二百五十個要飯
的人在一起。難道釋迦佛是跟乞丐幫在一起？爲什麼？

019 ▶ 比丘與乞食

　　「比丘」是梵文詞「bhikṣu」的音譯，意譯就是「乞士」——要飯的人，其實指的是釋迦牟尼的出家弟子。在印度，像佛陀以及佛陀的這些出家弟子，他們來到恒河邊、來到樹林裡出家修行了，從出家修行那一天開始，就不再開火做飯了，要靠乞食為生，所以他們得到一個名字：「乞士」，「bhikṣu」，「比丘」。他們每天要到城市村莊沿街乞食，那有個問題，天天來乞食，印度人給嗎？一天乞，給，兩天乞，給，天天都來乞食，印度人給嗎？給的。不僅給，而且爭先恐後地給，還要把這頓飯中的精華部分給比丘。為什麼？這涉及印度的一個文化傳統。

一、印度的乞食文化

　　印度人認為，當去供養一個人的時候，這個人往昔多生累劫的、相似相續的過程中所積攢的福德中，等值供養物品的福德，在供養的那一當口，會流淌到供養者身上。所以在印度，一個人想得到誰的福德，就去供養誰。而在印度人的心中，誰的福德最大最好？出家修行人的福德最大最好。因此在印度，老百姓都爭先恐後地去供養修行者。老百姓願意供養修行者，而修行者每天來乞食，心中就沒有什麼歉疚？很坦蕩嗎？很坦蕩。修行者坦坦蕩蕩地接受老百姓的供養。為什麼？因為修行者是眾生的福田。修行者的修行不是為自己，是為眾生，不能把修行的功德貪為己有，要透過接受眾生的供養，把福德施與眾生；所以修行者接受眾生的供養是坦坦蕩蕩的。因此在印度，百姓願意供養修行者，而修行者又坦坦蕩蕩地接受眾生的供養，那麼在印度，修行者就可以以乞食為生。

後來佛教傳到中國，出現很多障礙，這是其中的一個。在中國漢族地區，出家修行人繼續托缽乞食，效仿印度的修行者，就有問題了。第一，中國人不給；第二，再去乞食，有人就要批評了，比如說儒家，有的學者就開始寫文章，批評佛教徒是社會的寄生蟲，出家佛教徒乞食是不勞而獲。因此後來中國的佛教寺院自己開火做飯了。中國的寺院裡都有齋堂，以至於到了唐朝，有一位禪師叫百丈，他給中國的僧人在釋迦牟尼所制定的戒律之外，又制定了一些新的規矩，叫《百丈清規》。《百丈清規》當中有一條，「一日不作，一日不食」。他要求比丘一天不參加社會生產勞動，就一天不要吃飯，這就形成了漢傳佛教一個很重要的特點。當然，這一點其實我們中國人是應該反省的。說僧人乞食是不勞而獲，問題的關鍵就在於承認不承認僧人在寺院裡參禪、念佛、修行、講法這些活動是勞動？如果不承認這是勞動，那拿一分錢都是不勞而獲。如果能夠理解這不僅是勞動，而且是非常崇高的精神勞動，那麼供養就是應該的。特別是一個在家的佛教徒，供養僧眾就應該是自己的職責。

　　「比丘」這個詞講完了，「比丘」這個詞前面還有個定語，「大」比丘，是指一千二百五十個比丘是佛陀弟子當中比較重要的弟子。其實，這一千二百五十個比丘，在佛教裡被稱為釋迦牟尼的「常隨眾」，他們總是跟隨著老師，老師走到哪兒說法，他們就跟到哪兒聽法——用今天的話講是釋迦牟尼老師最堅定的粉絲，所以稱他們為「大比丘」。

二、菩薩眾

　　　　　「與大比丘千二百五十人俱。」

　　「俱」就是在一起，今天佛陀說法的主要聽眾是這一千二百五十個比丘。但是有個問題，《金剛經》是部大乘佛法的經典，而佛陀講

大乘佛法經典的時候——有比丘僧是聽眾，當然這些比丘僧現聲聞相、現比丘相，但往往都是回小向大，有些比丘證了阿羅漢，但不滿足於自我的解脫，又發菩提心聽佛陀說大乘佛法，但畢竟他們是比丘相——聽眾往往應該是菩薩，可是從《金剛經》的鳩摩羅什譯本來看，似乎聽眾主要是比丘，好像沒有菩薩，這件事非常重要。

《金剛經》的義淨譯本是：「與大比丘眾千二百五十人俱及大菩薩眾」，義淨法師的譯本有菩薩。《金剛經》現在還保有梵文原本，對照梵文原本，其實現在的梵文原本裡邊，是有菩薩的，「bodhisattvairmahāsattvaiḥ」，就是「大菩薩眾」。因此參照梵文原本，參照義淨法師的譯本，可以說，佛陀這一次講《金剛般若經》，聽眾裡不僅有「千二百五十」的比丘僧，同時有大菩薩，所以《金剛般若經》是一部大乘經典，沒有問題。

三、世尊

我們看下一句：

「爾時，世尊食時，著衣持缽，入舍衛大城乞食。」

「爾時」就是「這時」。「世尊」，這是鳩摩羅什《金剛經》譯本中，出現的對釋迦牟尼的第二個稱呼。前面稱他老人家為「佛」，這兒稱為「世尊」。「世尊」的梵文是「bhagavat」，這個詞在印度並不專屬於佛教。佛陀降生以前，這個詞就很流行，指具足福德的人。那福德體現在哪些方面？比如說很具有財富，很具有名望，很受人尊敬。在印度，佛教之外的一些宗教派別中，「bhagavat」也是學生對老師的一種尊敬的稱呼。「bhagavat」有時音譯成「薄伽梵」，有時就翻譯成「世尊」。佛陀誕生以後，佛陀說法，佛教就把「世尊」這個詞引入到佛教的思想體系裡來。所以在佛教裡，世尊指誰？就是指佛，具體地講就是指釋迦牟尼；釋迦牟尼是值得我們世人所尊

敬的一位老師，所以稱他爲「世尊」。

四、食時

下一個詞「食時」，鳩摩羅什譯本的語言非常簡練，「食時」就是到了吃飯的時候了。那麼出現一個問題，釋迦牟尼每天吃飯是定點呢，還是餓了就吃？釋迦牟尼是每天定點吃飯的。印度人相信生命是六道輪迴，也就是相信生命是死了再來、死了再來、死了再來的，而承載著死了再來、死了再來的生命形態不只是人一種，比如說有天道眾生，還有畜生、餓鬼和地獄，而印度人把六道眾生在一天當中吃飯的時間，做了個劃分，他們認爲早晨太陽剛剛初升時，是天道眾生吃飯的時候，中午是人吃飯的時候，過了中午太陽偏西了，也就是下午，是畜生吃飯的時候，等到太陽落山了，天黑了，那是餓鬼吃飯的時候，地獄眾生顯然就不吃了——那地方那麼苦，沒飯吃。

佛陀是示現在人中，因此示現在人中的佛陀，就是中午吃飯。用現在的時間計量單位，大概就是每天上午十點半到十二點之間，過了中午十二點，太陽偏西了，就不屬於人吃飯的時間了。所以佛陀每天就是中午十二點以前這段時間吃飯，而且佛陀每天只是吃這一頓飯，叫「日中一食」。佛陀自己是日中一食，他也教導弟子們應該日中一食，叫「不非時食」，就是不應該在不該你吃飯的時候吃飯。後來佛教傳承的過程中，很多佛教徒都努力日中一食，但是有人覺得一天只吃一頓飯，又從事著繁重勞動，似乎身體受不了，有人說能不能吃兩頓？可以。但是第二頓飯只能加在早晨，要向比自己福報大的眾生看齊。不能加在午後，可以晨起一食，午時一食，而「過午不食」。現在很多佛教徒——特別是很多出家修行的師父，還都堅持著過午不食。

所以鳩摩羅什翻譯的「食時」，就是佛陀要準備吃飯了，那麼這個時候應該就是上午。其實對照《金剛經》梵文原本，這個時間是「pūrvāhṇa-kāla-samaye」，指的就是上午，沒有問題。

五、著衣持缽

　　佛陀要準備吃飯了，因此「著衣持缽」，「著衣」就是穿上衣服。但是要注意，這個地方的衣，在佛教裡稱爲「大衣」，就是外面最大的那件袈裟。這件衣服，佛陀只有在說法和出門托缽乞食的時候才穿。後世的僧眾也只有在參加很隆重的佛教活動的時候才穿，比如說拜佛的時候，比如說聽法的時候，比如說參加布薩的時候，僧人會把外邊這件大衣穿上。每逢穿大衣，就是佛教很隆重的活動。可以看到，佛陀出門托缽乞食穿大衣，那麼在佛陀心中，乞食是一件相當隆重的事情，是一件非常重要的事情，乞食本身就是修行。

　　佛陀「著衣持缽」，缽是僧人乞食的那個食具，就是碗。一般在印度乞食用的缽，有鐵製的和陶製的兩種。佛陀披上大衣，拿起乞食的食具，「入舍衛大城乞食」。大家看，舍衛是「城」，不是「國」。佛陀開始了這一天一件非常重要的工作，就是乞食。那麼佛陀是怎麼乞食的呢？乞食有什麼規矩嗎？

020 阿耨多羅三藐三菩提

一、次第乞食

> 「於其城中，次第乞已，還至本處，飯食訖，收衣缽，
> 洗足已，敷座而坐。」

佛陀「於其城中」，就是在舍衛大城當中，「次第乞」，重要的是「次第」，次第就是挨門挨戶，佛陀自己乞食，以及他給弟子乞食所制定的一個重要規矩就是次第乞，不准隔門要，也就是不准嫌貧愛富，當然也不能嫌富愛貧，要以平等心去乞食，乞到自己這一頓的數量夠了，就不乞了，最多只能乞七戶，這叫「次第乞」。「次第乞已」，就是乞完了。「還至本處」，佛陀托著乞來的食物，回到自己的修行位置上。注意佛陀給弟子們制定的一個乞食規矩是，不能一邊乞食一邊吃，必須托著缽回到自己的位置上才能吃，出家人要現威儀。「還至本處，飯食」，這才吃；「飯食訖」，「訖」就是「結束」，吃完了。「收衣缽」，把出門披的大衣跟乞食的缽收起來。「洗足已」，佛陀還要洗洗腳——印度天熱，出門都不穿鞋，佛陀到舍衛城乞食走了一趟，一定腳上沾了很多的土，佛陀還要洗洗腳。「敷座而坐」，「敷座」就是把座位整理好，然後坐下來。鳩摩羅什大師翻譯的本子語言非常簡練，就是這麼短短的兩行字，把佛陀這次乞食描繪的非常形象。

《金剛經》是講甚深般若法門的經，是講一部大法的。可是在《金剛經》中，佛陀示現的是極為平常的人的普通生活，這就暗示

著，佛陀甚深的法，其實就在平平常常的生活之中。

講到這裡，《金剛經》的第一段圓滿了。這一段可以理解爲《金剛經》的序言，向我們介紹了出席金剛般若法會的人物，一個基本的情景。下邊是《金剛經》的主體內容。

二、須菩提

2. 時長老須菩提，在大眾中，即從座起，偏袒右肩，右膝著地，合掌恭敬，而白佛言：「稀有世尊，如來善護念諸菩薩，善付囑諸菩薩；世尊，善男子善女人，發阿耨多羅三藐三菩提心，應云何住？❶ 云何降伏其心？」佛言：「善哉善哉！須菩提，如汝所說，如來善護念諸菩薩，善付囑諸菩薩，汝今諦聽，當為汝說。善男子善女人發阿耨多羅三藐三菩提心，應如是住，如是降伏其心。」「唯然世尊，願樂欲聞。」

看下一段：

「時長老須菩提，在大眾中，即從座起，偏袒右肩，右膝著地，合掌恭敬，而白佛言：」

這裡出現了一個人物，須菩提，梵文是「Subhūti」，所以「須菩提」可以理解爲「Subhūti」這個名字的音譯。須菩提是佛陀十個最重要的弟子之一，被譽爲「解空第一」。《金剛經》由「解空第一」的須菩提站起來給老師提問題，其實這就預示著金剛般若法門的重點是講空的。佛經大凡都是這樣的格式，就是有一天，老師和哪些弟子在一起，其中一個學生站起來向老師發問，然後老師回答，弟子

---

❶ 應云何住：通行本作「云何應住」。

再發問，老師再回答；當然中間還穿插著老師反問學生問題，讓學生回答，學生回答了老師再做評價。佛經都是老師跟學生之間的這種對話體。那有沒有學生沒有提問而老師自己說的經呢？也有。這在佛經裡叫作「不問自說體」，但這樣的佛經占的比例極低，絕大多數佛經都是由一位當機的弟子站起來發問。《金剛經》當機發問的弟子是「解空第一」的須菩提。

「長老須菩提」，稱須菩提為「長老」。佛的弟子中歲數大的可以稱為長老，但稱為長老的也不一定歲數大，德高望重、受人尊重，也可以稱為長老。須菩提「在大眾中」，在今天聽法的弟子中，「即從座起」，站起來了。「偏袒右肩」，僧裝是袒露右肩的，「右膝著地」，單腿著地；「合掌恭敬而白佛言」，印度人對一個人很尊重，是要合掌的，合起掌來恭恭敬敬地向佛提問題。須菩提站起來提問，在提問之前首先讚歎老師：

「稀有世尊，如來善護念諸菩薩，善付囑諸菩薩；」

三、如來

首先，他說老師「稀有」，這是讚歎老師，緊接著說「如來善護念諸菩薩，善付囑諸菩薩」；「如來」，這是鳩摩羅什《金剛經》譯本裡出現的第三個對佛、對釋迦的稱呼。首先稱釋迦牟尼為「佛」，前面稱為「世尊」，這兒又出現了第三個詞叫「如來」。「如來」是對佛的另外一種稱呼，「如來」跟「佛」這兩個詞是替換關係，可以說釋迦牟尼如來，說釋迦牟尼佛，阿彌陀如來，阿彌陀佛。為什麼稱佛為「如來」？這個法義很深，現在先不討論，留在後邊適當的機會再討論。我們中國老百姓在民間說有個佛叫「如來佛」，其實這種稱呼是很不規範的，「如來」與「佛」這兩個詞是不好疊用的，佛教裡也沒有一個佛叫「如來佛」。「如來」是對佛的另外一種稱呼。當

然，在這裡，這個「如來」可以指釋迦牟尼，也可以理解爲指十方三世一切諸佛。

四、菩薩：覺有情

後邊還有個詞叫「菩薩」，梵語是「bodhisattva」，由兩個片語組成的，「bodhi」和「sattva」；「bodhi」是覺，「sattva」指有情，就是眾生。「bodhisattva」合起來譯作「覺有情」，什麼是覺有情呢？裡面有兩重含義。第一，所謂覺有情，就是不斷努力尋求自我覺悟的有情，即感到生死輪迴的苦，感到自己無明所障，要打破無明，要解脫，努力尋求自我覺悟的有情；第二，佛陀說這世界是緣生的，這世界是無我的，最後發現哪裡有一個孤零零的自我的覺，我的覺就是眾生的覺，離開了眾生的覺，沒有一個我的覺，實現我的覺就是要實現眾生的覺，離開了實現眾生的覺，沒有一個孤零零的我的覺。因此這些不斷努力尋求自我覺悟的眾生，發現自我覺悟只有透過覺悟其他眾生而實現，所以覺有情的第二重含義就是覺他。什麼叫「覺有情」？就是「自覺覺他的有情」。總而言之，就是不斷努力正在修行歷程當中的有情。「bodhisattva」音譯成「菩提薩埵」，喜歡念《心經》的朋友都知道，《心經》裡有這個詞：「菩提薩埵，依般若波羅蜜多故，心無掛礙，無掛礙故……」，據說我們中國人尚簡，喜歡簡單，總覺得「菩提薩埵」四個字念起來太繞口，因此我們自作主張地把菩提的「提」字刪了，把薩埵的「埵」字刪了，簡稱「菩薩」。

五、護念與付囑

如來已經徹底覺悟圓滿，而菩薩是尚在尋求覺悟的修行歷程中的有情。那什麼叫「如來善護念諸菩薩，善付囑諸菩薩」呢？「善」字面上理解就是好，但實際上它對應的梵文是「parama」，這個好不是

一般的好，是最好，是最好的護念、最好的付囑，所以這裡的「善」是「最好」的意思。那什麼叫「護念諸菩薩」、「付囑諸菩薩」呢？護念就是護持，玄奘譯作「攝受」，付囑就是囑託。依照印度古德們對這句話的理解，所謂「護念諸菩薩」，佛陀護念的「菩薩」是指佛陀在說法的時候，根性已經成熟的菩薩，佛陀在說法的時候，對這些根性已經成熟的菩薩，是有著最好的護持、最好的攝受的；善於「付囑諸菩薩」的「菩薩」，是指佛陀說法的時候，根性還沒有成熟的菩薩，對這些當他老人家說法的時候，根性還沒有成熟的菩薩，他老人家涅槃以後，對這些菩薩有著最好的囑託，最好的付囑。所以這兩句話是說佛陀、如來對根性已經成熟的菩薩，在說法的時候，給予最好的攝受護念，對根性尚未成熟的菩薩，佛陀涅槃以後，給他們以最好的囑託。

這段話有哪些要點呢？第一個要點，這段話是須菩提對老師、對如來的讚歎。第二，他讚歎老師善於攝受、善於付囑菩薩，也就是佛陀對菩薩是承擔著巨大的教育責任的，印度的古德管這個叫「佛種不斷」——佛陀的教法之所以能夠傳承不斷，是因為佛陀威神之力的加被，是因為佛陀的護念跟付囑，所以印度古德把這一段理解為「佛種不斷」。第三個要點，既然須菩提讚歎如來善於護念菩薩、善於付囑菩薩，那麼好的，今天我就代表這些菩薩們向老師提問題。繼續往下看，須菩提給老師提什麼問題呢？須菩提說：世尊吶，

> 「世尊，善男子善女人，發阿耨多羅三藐三菩提心，應云何住？云何降伏其心？」

六、阿耨多羅三藐三菩提

「善男子善女人」，從字面上看，就是好男人、好女人。其實「善男子善女人」在佛典當中，多指出身高貴、有教養的青

年男女，在這裡可以引申為對佛陀的教法具有善根的男子、女人。當這樣的男人、女人發阿耨多羅三藐三菩提心，「應云何住？云何降服其心」呢？「阿耨多羅三藐三菩提心」，是梵文詞「anuttarasamyaksambodhi」的音譯，這個詞有點長，主詞是「bodhi」，覺，前面是「bodhi」的三個定語。「sambodhi」，佛教翻譯成「正覺」。那麼獲得正覺的是什麼人？阿羅漢就可以，修小乘佛教的阿羅漢可以獲得「sambodhi」。但是從大乘佛法上講不夠，要「samyaksambodhi」；「samyak」的基本含義是「普遍的」，所以這個覺還得是普遍的覺，也就是不是個人的覺，是一切眾生的覺，是遍一切處的覺。這個詞，有時翻譯成「遍」，或者翻譯成「正等」，正等就是等持、平等、遍一切處。「samyaksambodhi」的境界是菩薩的境界。前面還有一個定語「anuttara」，「anuttara」的基本含義是「最優秀的」，佛教譯成「無上」，這個覺是無上的覺。這個覺無上了，從大乘佛法來講是誰的覺？是佛的覺。「anuttarasamyaksambodhi」音譯成「阿耨多羅三藐三菩提」，意譯就是「無上正等正覺」，這是佛的覺。因此在大乘佛法裡邊，「我要成佛」和「我要得阿耨多羅三藐三菩提」這兩句話，是劃等號的。須菩提給老師提的問題就是：如果有善男子善女人發了一個要想成佛的心，「應云何住？云何降服其心？」

021 須菩提三問

一、須菩提三問

今天的內容非常重要，請大家格外留意。須菩提在法會上向老師提問：「善男子善女人發阿耨多羅三藐三菩提心，應云何住？云何降伏其心？」那麼發阿耨多羅三藐三菩提心，就是發大乘心，希求成就佛陀的大乘法的心。

如前所述，佛陀教法分為三乘。一個人能夠認同三世說生命觀，但生不起出離心，他並不覺得輪迴苦，還想輪迴，佛陀給這種人說了人天乘的法。認同了三世說生命觀，進而又有對輪迴的苦的認同，生起了出離心，但生不起菩提心，即極度渴望著自我解脫，佛陀給這樣的眾生講了小乘的法。一個人能夠認同三世說的生命觀，能夠生起出離心，同時又渴望生起菩提心，就修大乘法、成佛。大乘法是佛陀講的最重要的法。一個發阿耨多羅三藐三菩提心的人，就是希求學習大乘法的人。須菩提給老師提的問題是，一個渴望修大乘法的人，「應云何住？云何降伏其心？」

看鳩摩羅什譯本，一個發大乘心的人，「應云何住？云何降伏其心？」怎樣地安住？怎樣地降伏其心？是兩個問題。但是玄奘譯本和義淨譯本是三個問題，玄奘譯本是：「應云何住？云何修行？云何攝伏其心？」義淨譯本是「云何應住？云何修行？云何攝伏其心？」大家意識到了嗎？玄奘譯本跟義淨譯本是三問，最後一問「降伏其心」，玄奘跟義淨譯成「攝伏其心」，問題不大，意思相同。第一個問題「應云何住」，義淨譯作「云何應住」，意思也是一樣的，問題不大。只是玄奘譯本和義淨譯本中間多了一問：「云何修

行？」《金剛經》的梵文原本還在，梵文原本是幾問？是三問：第一問，「sthātavyaṃ」，安住；第二問，「pratipattavyaṃ」，修行；第三問，「cittaṃpragrahītavyam」，調伏心。所以對照《金剛經》的梵文原本來看，顯然玄奘譯本、義淨譯本跟現在的梵文原本是完全吻合的。鳩摩羅什譯本跟現在的梵文原本相比缺了一問。既然梵文原本是三問，那麼讀這一段經文的時候，要尊重玄奘跟義淨譯本，應該從三問來理解《金剛經》這段經文。

總結一下，須菩提給老師問了一個什麼問題？須菩提說，如果一個人發了大乘心，想修佛陀的大乘法的話，他／她應該怎麼安住？應該怎麼修行？應該怎麼降伏他／她的心？三個問題。

二、應云何住

首先講什麼叫安住。須菩提是問一個希求修大乘法的人，應該怎樣地安住，其實這句話是在對比著人天乘和小乘佛法來講的。修人天乘的人，只認同三世說生命觀，相信自己是在六道當中輪迴，但是生不起出離心，並不願意擺脫輪迴，很是希求輪迴，因此修行人天乘的眾生，安住於哪裡？修行的結果安住於哪裡？修行的結果安住於生死。修行小乘佛法的人，不僅認同了三世說生命觀，相信自己是在六道當中輪迴，同時對輪迴的苦極度認同，渴望著盡快斷除自己內心的煩惱，自己證入一種解脫的境界，這個境界就叫涅槃；所以修行小乘法的結果是安住於涅槃。那麼可以理解了，在這裡須菩提問老師的問題是，一個修行大乘法的人，最終會安住於哪裡？修人天乘最終安住於生死，修小乘最終安住於涅槃，那修大乘法安住於何處呢？這就是須菩提給老師提出的第一個問題。

三、云何修行

第二個問題，「云何修行？」，修人天乘的人，不希求解脫，渴

望輪迴，修行的法是什麼？是五戒十善。也就是很好地修五戒十善，就能確保著在六道輪迴的過程當中得到人天果報。修小乘法的人，渴望著自我的解脫，那佛陀給他講什麼法呢？給他講八正道。修行小乘法的人，修八正道，八正道細分是三十七項，也叫作修「三十七道品」。也就是學習小乘法的人，修三十七道品，證人我空，斷除自己內心的煩惱，證得清淨的涅槃境界。所以人天乘修五戒十善，小乘修八正道，或者叫三十七道品。那在這裡，須菩提問老師，一個發大乘心的人，他要修什麼？怎樣修行？這是第二個問題。

四、云何降伏其心

第三個問題，一個修行大乘法的人，應該怎麼樣入手開始修行？這個入手就是首先要降服其心，要攝伏自己貪欲的、煩惱的心，修大乘法如何入手降服自己的心？

須菩提問的三個問題，怎麼安住，是從果上說的；為了獲得這個果，怎麼修行，是從修行的過程上說的；云何降伏其心，是從修行的下手處說的。一定要對這三個問題有個非常清楚的認識，可以講整部《金剛經》後邊，釋迦牟尼老師就是在回答這三個問題，這三個問題貫穿整個《金剛經》。甚至講大乘法門的修行根本，其實就是這三個問題：怎麼降伏其心？怎麼修行？最終如何安住？這是大乘佛法修行的綱領。

須菩提提了問題後，看佛陀是怎麼表態的：

「佛言：『善哉善哉！』」

「善哉」，梵文是「sādhu」，什麼意思？「很好！」佛教典籍裡的「善哉善哉」，是一個非常充分的肯定語氣，往往用於老師對學生的表揚，是一個肯定語氣──問的好，說的好啊！接著往下看，老師說，須菩提啊，

「如汝所説，如來善護念諸菩薩，善付囑諸菩薩，」

前面須菩提提問之前，先讚歎老師，說「如來善護念諸菩薩，善付囑諸菩薩」；那麼老師說：「如汝所說」——就像你說的那樣，老師把須菩提對老師的讚歎承當下來了。緊接著，老師說：

「汝今諦聽，當爲汝說。」

「諦聽」就是用心地聽，認眞地聽。我現在就給你說，說什麼呢？說：

「善男子善女人發阿耨多羅三藐三菩提心，應如是住，
如是降伏其心。」

一個發了大乘心的人，應該這樣安住，這樣降伏自己的心。當然，玄奘譯本和義淨譯本是「應如是住，如是修行，如是攝伏其心」三句，跟前面三個問題對應。這裡的「如是」，沒有什麼特別深奧的法義，就是你認眞聽，我現在就給你講：一個發了大乘心的人，要像我下邊說的那樣去安住、修行和攝伏其心。須菩提回答：

「唯然世尊，」

就是好啊，好吧，老師，

「願樂欲聞。」

在場的大眾都特別願意聽聞老師下邊的教誨。
到這兒爲止，金剛經的第二段圓滿了。

五、大菩薩

3. 佛告須菩提：「諸菩薩摩訶薩，應如是降伏其心，所有一切眾生之類，若卵生、若胎生、若濕生、若化生，若有色、若無色、若有想、若無想、若非有想非無想，我皆令入無餘涅槃而滅度之。如是滅度無量無數無邊眾生，實無眾生得滅度者。何以故？須菩提，若菩薩有我相、人相、眾生相、壽者相，即非菩薩。」

下邊進入《金剛經》的第三段，就是釋迦牟尼老師開始回答須菩提的問題：

「佛告須菩提：『諸菩薩摩訶薩，應如是降伏其心，』」

首先要解釋一下「摩訶薩」。「摩訶」是梵文「mahā」的音譯，「mahā」什麼意思？大的！所以菩薩摩訶薩就是大菩薩。什麼是大菩薩？佛教經典有不同的理解，有的經典認為見道、登初地的菩薩可以算大菩薩，但有的經典說要證到八地不退轉才是大菩薩；現在不去細分別這個不同。大菩薩，就是修行很好很高的菩薩。老師跟須菩提說，你看那個大菩薩是怎麼降伏自己的心的？原本須菩提問老師的是：那些普普通通的善男子、善女人，如果發了大乘心，最終會怎樣安住？怎樣修行？最初應該怎麼攝伏自己的心？但是老師在這兒沒有說普普通通的善男子善女人，他說那些大菩薩是怎麼做的？給我們樹立了一個高高的榜樣。鳩摩羅什譯本是「應如是降伏其心」，玄奘的譯本是「應當發起如是之心」，用的是「發起」，義淨譯的是「當生如是心」，用的是「生」。在這一點上，玄奘跟義淨譯本是比較接近，「發起」和「生」比較接近，而鳩摩羅什用的「降服」，和玄奘譯本、義淨譯本出入比較大。梵文原本是「utpādayitavyaṃ」，翻譯

過來就是「應該產生」。所以對照梵文原本，玄奘譯本和義淨譯本譯得更準確一些。釋迦牟尼回答須菩提說：你看那些發趣菩薩乘者，那些大菩薩們，是怎麼樣生起自己的心的？怎樣生起自己的心的呢？大家看下一句：

「所有一切眾生之類，」

這句話鳩摩羅什譯得非常好。印度人一說「眾生」，指的僅僅是人嗎？不是，一定指的是六道眾生，所以鳩摩羅什在這兒譯成「眾生之類」，譯的是「所有一切眾生之類」。在漢語裡，「所有」和「一切」是兩個近義詞，而且在我們的習慣中，這兩個近義詞並不總是疊用，而鳩摩羅什譯本在這兒把這兩個詞疊用起來了，「所有一切眾生之類」呀！這個語氣非常強烈，也就是這六道眾生一個都不能漏掉，「所有一切眾生之類」呀！

022 令入無餘涅槃而滅度之

那些個願修大乘法的大菩薩們，是怎樣生起他們的心的呢？他們面對著「所有一切眾生之類」，鳩摩羅什這句話譯得非常好，語氣非常強烈，也就是六道眾生一個都不能漏掉。大家接著往下看：

> 「若卵生、若胎生、若濕生、若化生，若有色、若無色，若有想、若無想、若非有想非無想，」

一、四生

這一段是對「所有一切眾生之類」的三個強化性註腳，也就是強調「所有一切眾生之類」。看第一個註腳：「若卵生、若胎生、若濕生、若化生」，這在印度文化裡叫「四生」，從六道眾生的降生方式上來劃分，只此四種，絕沒有第五種。「卵生」，雞就是卵生。「胎生」，人就是胎生。「濕生」，印度古代認為的濕生，就是昆蟲一類的降生，也就是先由母體生出個卵，離開母體後得需要一定的水分、濕氣和溫度，變為成蟲，這個印度古人就叫濕生。「化生」，我們中國人不好理解，沒爹沒媽，「噗」就產生了；印度人認為，有些天道眾生和地獄眾生是化生。其實中國人也好理解，我們中國人特別熟悉的一個形象，那個傢伙就是化生——對的，孫悟空。印度人認為六道眾生從降生方式上劃分，只此四種，絕沒有第五種。這句話什麼意思？釋迦牟尼老師跟須菩提說，須菩提啊，我可說的是「所有一切眾生之類」哦，這裡面既包括卵生的，還包括胎生的，也包括濕生的，又包括化生的，可千萬別遺漏一點點呦。這是第一個強化性的註腳。

二、有色無色

　　現在看第二個強化性的注腳：「若有色，若無色」。「色」是佛教的高頻詞，那「色」是什麼意思？從狹義上講，六塵之色——「色、聲、香、味、觸、法」的「色」，對應的六根——「眼、耳、鼻、舌、身、意」，色對應的是眼根，對應的是眼識，所以六塵之色的「色」，可以理解爲眼睛能看見的顏色，但這是對色的狹義的理解。佛教還講「五蘊」——「色、受、想、行、識」，五蘊之色，要比六塵之色的概念要寬泛些。五蘊之色，梵文是「rūpa」，不單單指有沒有顏色的問題，還指存在形態有沒有「質礙」，通俗地講，就是這樣一種物質的存在狀態，有沒有相當的密度，也就是當它們碰撞的時候，會不會產生強烈的相互作用；碰撞的時候能夠產生強烈相互作用的，就稱爲色法。這裡指的是廣義的色，也就是印度人認爲六道眾生從存在形態上劃分，只此兩種，絕沒有第三種。哪兩種？要麼是有色的，要麼是無色的，人就是有色的。

　　比如說，昨天晚上大樓裡停電，我在樓道裡跟老王撞個滿懷，你看把我倆腦袋撞起了大包。我跟老王撞到一起，腦袋上爲什麼會撞起包？因爲我倆是色法，我倆碰撞的時候，會產生強烈的相互作用。而印度人認爲，天道有些眾生是無色的，這個無色還不僅僅是說沒有顏色，而是沒有質礙，也就是相互碰撞的時候，產生不了強烈的相互作用。中國人不好理解這種生命狀態，其實也好理解，中國民間認爲有一種生命形態，大概就是無色，什麼？對的，鬼，鬼就無色。說昨天晚上在花園裡散步，跟一鬼撞一滿懷，你看給我腦袋撞的這個包——如果腦袋依然撞起包來了，那撞的肯定不是鬼，還是人。跟鬼撞一滿懷的結果是什麼？鬼就從身體透過去了，產生不了相互作用，這一種生命狀態就叫「無色」。印度人認爲，六道眾生要麼有色，要麼無色。「若有色、若無色」是什麼意思呢？釋迦牟尼老師跟須菩提說，須菩提啊，我可說的是「所有一切眾生之類」啊，這裡邊既包括有色的，也包括無色的，千萬別遺漏一些。這是第二個強化性的注腳。

三、有想、無想、非有想非無想

現在看第三個強化性的注腳:「若有想、若無想、若非有想非無想」。「想」,通俗地講,是有情眾生頭腦裡的思維活動。印度人認為,六道眾生從頭腦的思維活動形態的不同來劃分的話,只此三類,絕沒有第四類。哪三類?要麼有想,要麼無想,要麼非有想非無想。人就是有想,我們一生這腦殼裡的想都沒斷。印度人認為,在天道眾生裡有一重天,叫「無想天」,生到那兒的眾生一生頭腦裡無想。有人修習禪定,誤以為所謂禪定功夫,就是修什麼都不想;當然一個人能修到什麼都不想也是相當難的,但是一旦真修成就了,什麼都不想了,無想了,那感得的結果就是來生生「無想天」。在印度有一些教派就是專修無想,他們誤以為生無想天就是涅槃,而佛教認為無想天是天道,福盡還要輪迴。印度人認為還有第三類眾生,也就是天道的最高一重天,叫「非想非非想天」,生到那裡的眾生,頭腦當中的思維狀態,既不是想,也不是不想。你說他想,他沒有所謂有想眾生的粗想,所以只能說他「非有想」;但是他也不是完全的無想,還有細微的想,所以還得說他「非無想」;「非有想非無想」是生到「非想非非想天」眾生的頭腦中的思維活動狀態。印度人認為,六道眾生從頭腦中的思維狀態的不同來劃分,只此三類,絕沒有第四類。所以這句話的意思是什麼?老師跟須菩提說,須菩提啊,我可說的是「所有一切眾生之類」,可千萬別遺漏一些,這裡邊既包括有想的,還包括無想的,也包括非有想非無想的。

這是三個對「所有一切眾生之類」的強化性注腳。

四、無餘涅槃與有餘涅槃

接著往下看,釋迦牟尼說,那些大菩薩們面對「所有一切眾生之類」,他們要幹什麼?看下一句:

「我皆令入無餘涅槃而滅度之。」

前邊討論過涅槃，這裡出現一個概念叫「無餘涅槃」，可想而知，一定有一個跟它相對應的詞，就是「有餘涅槃」。佛教認為從一個特定角度，可以把涅槃劃分為「有餘」和「無餘」兩類。有餘涅槃、無餘涅槃通大乘、小乘佛法，就是大小乘都說有餘涅槃、無餘涅槃，但是在理解上有一點點差異。

今天先通俗地講，什麼叫有餘涅槃？就是有所剩餘的涅槃。比如說佛陀三十幾歲坐在菩提樹下證道了，那麼可以認為他老人家在那一時刻其實已經涅槃了，這個涅槃，就可以理解為是有餘涅槃。比如說還剩餘著這個身體、這個色身。為什麼還要保留著身體？因為要給眾生說法，跟眾生結緣。八十歲的時候，他老人家認為該說的都說了，該辦的都辦了，因此他老人家入了無餘涅槃，就是這一點身體都不要了，徹底地進入了涅槃。所以無餘涅槃是涅槃的最後境界、最高的境界。這些大菩薩們發了什麼心？他們發了要讓六道一切眾生最後都要入無餘涅槃的心：「我皆令入無餘涅槃而滅度之。」「滅度」，其實是同義語的疊用、反複，滅就是熄滅，度就是「pārami」，過河，在佛教裡表示同一個意思，表示語氣強烈。也就是大菩薩們發了一個心，要讓所有一切眾生都入無餘涅槃。

五、大乘心量

讀到這兒，就應該體會到大乘佛法的心量，心量之大啊，是度一切眾生入無餘涅槃。這一切眾生裡有沒有親人、朋友、幫助我的人、愛護著我的人？「所有一切眾生之類」當然包括這些人。但是「所有一切眾生之類」包括不包括那些傷害過我的人、打擊過我的人？當然包括。說我是佛教徒，你也是佛教徒，咱倆是同修，「所有一切眾生之類」包括不包括這些同修？當然包括。但是，我是佛教徒，那位先生不信佛，那位女士批評佛，還有的人甚至誹謗佛，「所有一切眾生

之類」包括不包括那些不信佛的，甚至批評佛、謾罵佛、誹謗佛的？當然包括。

所以大家能理解嗎？佛教徒心中沒有異教徒。在佛教徒心中，信仰佛教的我們是同修、是朋友，不信仰佛教的，甚至信仰其他宗教的，依然是我們的朋友。我們絕不能視沒有宗教信仰的、不信仰佛教的、信仰其他宗教的人為魔鬼，佛教從來沒有這樣的觀念，佛教視一切眾生都是平等的，大乘佛法就是要度一切眾生入無餘涅槃，今生沒有緣，來生接著度，生生世世，這是大乘佛法的心量。

從另一個角度講，這句話不僅心量大，而且具有強烈的徹底性。在佛教徒心中，只要還在生死輪轉，還在六道當中輪迴，那麼一定是充滿了苦難；解脫六道輪迴的苦難，靠著輪迴的自身，是不能最終徹底解決的。有人覺得生命的苦是因為錢少，因此解決方案就是賺錢，當然有的人賺到了錢，有的人沒賺到錢。沒賺到錢的人他認為他還苦，但是不知道賺到錢的人，沒錢人的苦是沒了，有錢人的苦又來了。有人把生命的苦歸結為地位太低，那怎麼辦？拼命往上爬。有人爬上去了，有人沒爬上去，沒爬上去的，他認為他依然苦，但是不知道真正爬上去的有了地位的人，沒地位的苦是沒了，有地位的苦又來了。有的人說，我的苦是因為我太胖，你以為瘦人不苦？有人說我的苦是因為我個兒太矮，你以為高個兒不苦？所以我們世間人總是在世間找解決生命苦的方法。但是佛陀說，能夠徹底解決生命苦的方法只有一條，就是涅槃。所以在佛教徒心中，涅槃是神聖的，涅槃是徹底的，是最徹底地擺脫生命之苦的解決方案。大菩薩們發的什麼心？大菩薩們發的心，是要把所有一切眾生都度向無餘涅槃。所以修行大乘佛法的人，他的心中：第一，心量很大；第二，度生徹底。

023 〉 發菩提心

一、實無眾生得度

> 「如是滅度無量無數無邊眾生，」

　　修行大乘佛法的人既然發了心，要度一切眾生入無餘涅槃，那麼就必須切切實實地去度眾生。大菩薩們多生累劫地、勤勤苦苦地「如是滅度」了「無量無數無邊眾生」，就是把「無量無數無邊眾生」度向了「無餘涅槃」。從這句經文看，菩薩度沒度眾生？當然度眾生了。但更重要的是下一句話，也就是當菩薩把「無量無數無邊眾生」度向「無餘涅槃」的當口：

> 「實無眾生得滅度者。」

　　什麼意思？就是把「無量無數無邊眾生」度向「無餘涅槃」的當口，又沒有讓任何一個眾生得滅度，通俗地講就是，菩薩度了眾生還要覺得自己一個沒度，這是《金剛經》非常重要的法義。

　　怎麼理解這段經文呢？不要忘了前邊講的第二重二諦（參12、13兩節，80-89頁）：世俗諦緣生，勝義諦性空。從勝義諦上講，一切法都沒有常一不變的獨立存在性，因此為什麼菩薩度了眾生，還要覺得自己一個沒度呢？菩薩度眾生的那一當口要在勝義諦上觀：能度眾生的菩薩有常一不變的獨立存在性嗎？沒有，性空、無我；被菩薩度的眾生，在勝義諦上有常一不變的獨立存在性嗎？沒有，性空、無

我；菩薩度眾生這件事，在勝義諦上有常一不變的獨立存在性嗎？沒有，性空，無我。大菩薩們把「無量無數無邊眾生」度向「無餘涅槃」的當口，要觀：能度眾生的菩薩是空，被菩薩度的眾生是空，菩薩度眾生這事還是空。在空上度眾生，就不能有能度、所度之想。在性空上度眾生，菩薩度了眾生還得當沒度，「實無眾生得滅度者」。

那有人講：「度了眾生還得當沒度，那我壓根兒就不度，可以不？」不可以。大家注意二諦，在勝義諦上、在性空上，菩薩度眾生的時候觀一切法是空，在空上度眾生，因此菩薩度了眾生，「實無眾生得滅度者」；但不能因此不度眾生，因為從世俗諦緣生的意義上講，有沒有能度眾生的菩薩？有能度眾生的菩薩，只不過不是常一不變，是相似相續。從世俗諦上講，從緣生的意義上講，有沒有被菩薩度的眾生？有。但只不過不是常一不變的有，是相似相續的有。那麼在世俗諦上，相似相續的菩薩，見到相似相續的眾生有苦難，菩薩要不要幫、要不要度眾生入涅槃？世俗諦的要求是菩薩必須得度眾生。在世俗諦上，相似相續的菩薩見到相似相續的眾生的苦難，一定從內心生起無限的悲心，在悲心的驅使下，相似相續的菩薩，必須得度相似相續的眾生，因為只有在切切實實地度眾生的行為上，才能增長著相似相續的菩薩的福德——前邊已經討論過了（參102頁），福德是養育著菩薩的智慧的魚的水，沒有切實度眾生的行為，沒有福德的積攢，智慧的魚會乾枯死的。因此，在世俗諦上，在悲心的驅使下，菩薩必須得度眾生，增長著福德。但畢竟是菩薩，在度眾生的當口，在勝義諦上還要觀：能度眾生的菩薩是空，被菩薩度的眾生是空，菩薩度眾生這事還是空——三輪體空。在三輪體空上度眾生，不能有能度、所度之想，因此菩薩度了眾生，還要覺得自己一個沒度，「實無眾生得滅度者」。這就是悲智雙運、福慧雙修。

二、佛陀三答

換個角度來理解這段經文。這段經文實際上是三句話，第一

句：「所有一切眾生之類，我皆令入無餘涅槃而滅度之。」第二句話：「如是滅度無量無數無邊眾生，」第三句話：「實無眾生得滅度者。」須菩提給老師提的問題是什麼？須菩提問老師的問題是：老師，有「發趣菩薩乘者」，也就是願修大乘佛法的人，「應云何住」？「云何修行」？「云何降伏其心」？《金剛經》這段經文，就是對須菩提這三個問題作了綱領性的回答。這段經文的三句話，正好對應著須菩提的三個問題。大菩薩們要願「所有一切眾生」、「入無餘涅槃」，對應的是「降伏其心」。大菩薩們是怎麼樣降伏其心的呢？大菩薩們是發願，願「所有一切眾生」、「入無餘涅槃」，是以發了這樣的願心而降伏自己的心。第二個問題，須菩提問「云何修行」？對應著的是第二句，「如是滅度無量無數無邊眾生」。菩薩是怎麼修行的？是以「滅度無量無數無邊眾生」的方式修行的。菩薩成佛是如何修行？度眾生修行。第三句話，「實無眾生得滅度者」，對應須菩提的問題是「應云何住」——怎樣安住？度了眾生還要當沒度，沒有能度、所度之想，就是以無住為住，所以大乘佛法修行的最後涅槃，也叫作「無住涅槃」。

總結一下。大菩薩們是怎麼降伏自己的心的？以發願度一切眾生「入無餘涅槃」這樣的方式降伏自己的心。大菩薩們是怎麼修行的？以如是的「滅度無量無數邊眾生」的方式來修行的。而大菩薩們是怎樣安住的？以無住為住。

三、菩薩的修行：度眾生

這裡最大的要點就是修行，菩薩是怎麼修行的？菩薩是以度眾生的方式來修行的，這是大乘佛法區別於小乘佛法、區別於人天乘佛法的最大要害。大家要理解，菩薩除了度眾生，沒有別的修行方法。我們經常講佛教是要修的，要修行的。從《金剛經》這段經文講，菩薩的修行就是度眾生，菩薩的修行的核心是度眾生，其他的一切修行都是為度眾生這個菩薩修行的核心修行服務的。

所以從這段經文看，菩薩的修行是度眾生，凡見眾生有苦難，要不要幫？必須得幫，這是菩薩的修行。為什麼強調這一點呢？因為現在中國佛教有一個嚴重的趨勢，就是把佛教當氣功練，總認為只靠著某一種修持方法，灌個頂，念個咒，就成佛了——不是的，大乘佛法修行的根本是度眾生，離開了度眾生就沒有修行，這是要特別強調的問題。

四、修行的前提：發心

從《金剛經》這段經文看，修行的前提是什麼？是發心。發心是一切修行的根本；發心是因，發什麼心，結什麼果。比如生不起出離的心，發的心是渴望著在生死當中輪迴得更好，那麼即便每天念南無觀世音菩薩、南無阿彌陀佛，每天磕大頭，每天念金剛薩埵百字明，結的果只是人天善果。也就是不管修行的方式是什麼，什麼因結什麼果，所以佛經裡說：「發心即成正覺」——是不是發了心就成正覺了呢？當然不是。但是發什麼心得什麼覺，發心是因。

舉個具體的例子。前些日子，一個朋友跟我講他開始磕大頭了——就是藏傳佛教裡五體投地的長頭，每天至少磕兩百個大頭。我就問他：我好像記得你在藏傳佛教受皈依已經很多年了，也沒見你修加行，不見你磕大頭，你怎麼忽然間磕大頭了呢？他說：我終於想明白了一件事，磕大頭，再怎麼著也是一種體育運動，你看我堅持了兩個月磕大頭，腰圍已經小了兩寸了。各位，發心吶！他說他腰圍小了兩寸，我說：我恭喜你，你減肥了，但是你這個磕大頭，跟去健身房鍛煉身體沒有什麼區別，可是跟佛法無關。

再舉個例子。有人素食，吃素，我說：你為什麼吃素？他說：最近我看了本書，科學家說吃素才是真正有益於健康，所以我就堅持吃素了。各位，一個人不管以什麼樣的理由吃素，我們都應該讚歎隨喜，這個沒有問題。可是，當你決定吃素的原因，你的發心，是因為你覺得吃素有益於健康，此時你的吃素行為與佛法無關，你是個科學

的素食主義者。什麼才是佛教吃素的發心？就是醫學家、生物學家能夠說出吃肉對健康有一千個好、有一萬個好，但是悲心使得我不忍殺生，悲心使得我不忍吃眾生的肉，即便說出肉食對生命有一千個好、一萬個好，素食是多麼傷害健康，但是我都不忍吃肉，以這樣的悲心發心的吃素，才是跟佛法有關係的吃素。

我們正在討論《金剛經》這段經文：「所有一切眾生之類，若卵生、若胎生、若濕生、若化生，若有色、若無色，若有想、若無想、若非有想非無想，我皆令入無餘涅槃而滅度之。如是滅度無量無數無邊眾生，實無眾生得滅度者。」按照印度古德的理解，他們把這段經文判為發心，這段經文核心要義是發心，發什麼心？發菩提心。

024 如何發菩提心

　　大乘佛法與小乘佛法、人天乘佛法的區別在哪裡？最重要的區別之一，就是菩提心。認同了三世說的生命觀，能夠生起出離心，但生不起菩提心的人，是無法修習大乘佛法的；認同了三世說生命觀，能夠生起出離心，還能生起菩提心的人，才是大乘根性的修行者。「菩提心」的「菩提」，是梵文「bodhi」的音譯，什麼意思呢？意譯是「覺」。從糊塗到明白的過程就叫「bodhi」，覺。佛陀認為我們凡夫無明所障，糊塗，以假為真，見不到真正的真實，所以我們輪迴於生死，所以我們輪迴的生死給我們的感受，苦多於樂，因此我們要解脫。

一、大乘以發菩提心而始

　　佛陀在大乘佛法裡提出來的解脫方案是什麼？就是打破無明見真實，實際上就是一個從糊塗走向明白的歷程。所以大乘佛法的修行，歸根結底就是一個字，「bodhi」，「覺」，就是「bodhi」這個覺的心、菩提心的生起與修為的過程。所以「bodhi」，覺，是大乘佛法的根本，因此大乘佛法也叫菩提道。小乘佛法叫解脫道。發菩提心是成佛之義，一個眾生、一個有情，發了菩提心，就可以說他／她是菩薩。什麼是菩薩？發菩提心的眾生就是菩薩；也只有發了菩提心的菩薩，修菩薩行，才能成佛。所以從大乘佛法的修行來講，一切都是從發菩提心開始的。

二、忘失菩提心而修諸善法，是為魔業

　　大乘佛法的修行根本是發菩提心。大乘佛教有一部非常重要的經叫《華嚴經》，其中的《離世間品》有一句非常嚴重的話，這句話經常被人引用：「忘失菩提心而修諸善法，是為魔業。」「忘失菩提心」，從字面理解，是發過菩提心，後來又給遺忘了、丟失了，那麼「忘失菩提心」都造成後邊的結果，何況也許我們壓根兒就沒發過菩提心，問題就嚴重了；更嚴重的是忘失了菩提心而「修諸善法」——注意是「善法」，用世間法的標準衡量做的都是好事，比如說放生，比如說磕大頭，比如說捐款給希望小學，給窮苦的人送衣服等等，從世間觀點上看都是善法，都是好事——可是《華嚴經》這句話說，如果忘失了菩提心而做這些好事，「是為魔業」。什麼叫魔業？這是一個很形象的表達方式。佛教所說的「魔業」就是障道，即障礙修行解脫的那種力量，「道高一尺，魔高一丈」。所以《華嚴經》這句話說的很嚴重，忘失了菩提心，雖然做了很多很多的好事，而最終的結果反而是障道，反而是無法解脫。可想而知菩提心有多麼重要。

　　為什麼這麼說？我們是凡夫，從佛陀的觀點看，我們過去多生累劫輪迴於生死，在這裡造業——當然這個業有善業有惡業，也有不善不惡的業（佛教叫「無記」的業）。我們多生累劫在這裡造業，我們在業力的驅使下不斷地輪迴，那麼當然，我們感受到輪迴的苦，希求解脫，要從多生累劫的生死輪迴中進行一個乾坤大逆轉，對治多生累劫的業。可是要知道，眾生的業力是不可思議的，這個力量是巨大的。從大乘佛法上講，有什麼力量能夠對治業力，實現乾坤大逆轉，使我們從多生累劫生生死死的凡夫的生命輪迴而開始走向解脫？什麼？只有菩提心！從大乘佛法的觀點看，小乘法沒有發菩提心，修行的所謂「涅槃」、「證阿羅漢」，不是真正徹底的解脫，所以從大乘佛法上講，什麼力量能夠徹底對治我們的業力，實現乾坤大逆轉，從生死的輪迴開始掉頭走向解脫呢？只有發菩提心。這是菩提心在整個佛法修行當中的重要的地位。

三、何謂菩提心

什麼是菩提心？什麼是覺的心？二時教法對菩提心有個解讀，這是我們入手修行大乘佛法的一個方便。般若經當中，把菩提心分成了兩個方面。什麼是菩提心？般若經說菩提心是由兩個方面組成的，分別起名叫作「世俗諦菩提心」和「勝義諦菩提心」。從般若經看，世俗諦菩提心跟勝義諦菩提心兩個菩提心都生起了，就算生起菩提心了。

什麼是世俗諦菩提心呢？就是在世俗諦上，一個修行大乘佛法的人，一定要生起一個心，什麼心？按照《金剛經》的話講，對於「所有一切眾生之類，我皆令入無餘涅槃而滅度之」。世俗諦菩提心是要發心度一切眾生走向涅槃。一個修行大乘佛法的人，內心的悲心使然，在悲心的驅使下，要對一切眾生進行幫助，進行度脫，修行的結果是增加福德，這是世俗諦菩提心。

般若經解讀菩提心的第二部分是勝義諦菩提心，勝義諦菩提心是什麼？就是在世俗諦菩提心的心願的驅使下，切切實實度化一切眾生走向無餘涅槃的當口，還要生起一個心，什麼心？觀一切法是空：能度眾生的菩薩是空，被菩薩度的眾生是空，菩薩度眾生這件事還是空。用《金剛經》的語言表達，什麼是勝義諦菩提心？就是菩薩「如是滅度無量無數無邊眾生」的當口，勝義諦菩提心是「實無眾生得滅度者」——絲毫沒有一個眾生被滅度。因為在菩薩心中，能度眾生的菩薩是空，被菩薩度的眾生是空，菩薩度眾生這事還是空。在空上度眾生，就是勝義諦菩提心。通俗地講就是，度了眾生還得當沒度，這就是勝義諦菩提心。

所以大家能理解了，釋迦牟尼老師回答須菩提的問題的第一段，印度古德無著大師、世親大師把它解讀為發菩提心，這一段經文的要害是發心。一個修行大乘佛法的人要生起兩個心：第一，度一切眾生的心；第二，度了眾生還得當沒度的心。這兩條合起來就是般若經對菩提心的解讀。所以每一個修行大乘佛法的人，每一個讀《金剛經》

的人，都應該用佛陀的這段教誨來檢點一下自己：你眞的發起菩提心了嗎？眞的每時每刻，都是把度一切眾生當作自己唯一心願了嗎？在我們生活的當下，度脫眾生的時候，心是否有所住？眾生要無住而度，能度的、被度的、度的過程是空，在空上度，度了還得當沒度。每一個修行大乘佛法的人，都應該用《金剛經》佛陀的這段教誨，時時刻刻來關照自己，做到了沒有？當然，發菩提心，不是嘴上說的，而是自己心靈深處的一種發心。有人說：「我發菩提心了。」「怎麼發的？」「我每天早晨起來都誦一遍《勸發菩提心文》。」誦《勸發菩提心文》，每天不斷用發菩提心這樣一種訊息來熏習著自己，這當然是一種辦法，但是發菩提心不是嘴上念一念《勸發菩提心文》而已，而是要在心靈深處植下根。

四、菩提觀想

其實在大乘佛法裡，發菩提心是有修持方法的。三十多年前，我的一位老師給我傳授了發菩提心的一個切實的修行方法。現在把它傳授給各位。這個方法是很震撼的。可能很多人聽了這個方法，也許沒有膽量去修爲，但是聽一聽也是一種熏習。我的老師當年就告訴我，發菩提心是第一要務，發菩提心首先是要發度一切眾生走向涅槃的心，要把眾生的苦當作自己的苦，甚至自己要代眾生受苦；所以眞實的菩提心的生起，我的老師當時給我傳授的方法是，每天拿出一段時間來，安靜坐下來，是不是要盤腿坐無所謂，要做一個觀想。我們總得呼吸，隨著我們呼吸做觀想。呼氣的時候要觀想：我所做的一切的善法功德，比如說我今天禮佛了，我今天念佛了，我今天捐款了，我今天誦經了，我今天參加放生了，諸如此類，要把自己一切的善法功德，隨著呼氣，呼給十方三世一切眾生，這些功德我一丁丁點都不留，毫無保留地隨著我的呼氣，把功德呼向眾生。隨之要吸氣，吸氣的時候要觀想：眾生的一切的苦難，比如說眾生種種的病痛、眾生種種的災禍等等，十方一切眾生的這些苦難，都吸到我身上來吧，我替

眾生承當。然後又是呼氣，做前面同樣的觀想，要把自己所修行的一切的善法功德，隨著呼氣，一絲都不保留地呼給眾生。隨著吸氣，把眾生的一切苦難，看有那麼多眾生得了晚期癌症，隨著吸氣，把眾生的這些病痛吸到我身上來，我替他們受苦，替他們承當；有那麼多眾生有種種的災害，比如說出門被車撞死了，這些種種的災害、種種的業力，吸到我身上來吧，撞也撞我，我替眾生承當，承當眾生的一切苦難。隨著呼吸反複做這樣的觀想。

有人說：做這樣的觀想好辦吶，這個很容易嘛！但是有人說：我觀想眾生種種的苦難吸到我身上來，就真吸過來了？我當年也有這個疑問，就問我的老師：我做這樣的觀想，眾生的苦難，眾生的病痛，就真吸到我身上來了？我的老師當年跟我說：當然了，如果你真發心，你真要替眾生承當苦難，那麼眾生的苦難就會隨著你的觀想到你身上來。有沒有膽識、有沒有勇氣去承當？所以大家要理解，修行大乘佛法的人是什麼樣的根性。

這是我的老師當年傳授我生起世俗諦菩提心的方法。我的老師特別提醒，當做了這樣的反複觀想，修行了，下坐的時候不要忘了一件事，什麼事呢？剛才反複做的這樣觀想，這樣的修為本身，功德是巨大的，把自己一切的福德布施給一切眾生，把眾生一切的苦難吸到自己身上、替眾生承當，這種心量，這種修為，功德是巨大的；但是我的老師說，你還不要忘了，下坐之前還要生起一念迴向的心：剛才修為有功德，功德巨大，但是這些功德我一丁丁點都不保留，依然還要迴向給一切眾生。

025 世俗諦和勝義諦菩提心修法：四無量心和五蘊皆空

上次我們講了修行世俗諦菩提心的一個修法，這個修法是給大根器眾生所講的。對於多數修行者來說，也許沒有勇氣、膽識修這樣的法。有沒有大家都能接受的修法呢？有的。

一、四無量心

我的佛法傳承裡邊，老師告訴我，修世俗諦菩提心入手有一個很重要的修法，就是修四無量心。哪四個無量的心？慈無量的心，悲無量的心，喜無量的心，捨無量的心，慈悲喜捨，就是要對眾生生起無量的慈悲喜捨的心。什麼是慈？慈就是願一切眾生都得到快樂，就是予眾生以樂。什麼叫悲呢？悲就是願一切眾生脫離苦難，拔苦脫苦叫悲。喜就是令一切眾生歡喜。捨是「平等」的意思，視一切眾生都是平等的。修四無量心，是修習世俗諦菩提心的入手修法，是修習世俗諦菩提心的基礎。

二、以捨而始

從四無量心的表達上，它的排列順序是慈、悲、喜、捨；但是我的老師告訴我，修四無量心首先應該修捨，就是修平等的心，因為只有把平等的心修好了，慈悲喜這些無量的心，才能夠施與一切眾生而無有分別。所以首先要修捨，要修平等。

在平等當中要抓住一個要害。在我們凡夫的心中，最不能平等對待的是什麼？就是怨與親的平等。什麼叫怨親不能平等？怨就是怨恨

的人，傷害過你的人，打擊過你的人，在你心中對他充滿了怨恨的人；另一方是親人，關心你、愛護你、疼愛你的人。對於我們凡夫來講，最不能做到的平等，就是對怨與親這兩類人能夠平等對待，所以修捨修平等，就抓住這個要害去修。

怎麼修捨？要做這樣的觀想：在你面前，左邊跟右邊，站著兩隊人，左邊這一隊人，觀想都是親人，父母、兄弟、姐妹、兒女、老公、妻子、情人——就是心中最喜愛的人、最疼愛的人，也是最關心你的人；右邊，是你這一生最討厭的人，他傷害過你，迫害過你，欺騙過你，打擊過你，你不要說見到他，想到他心裡都冒火，見了面，恨不得揍一頓，讓你心中充滿嗔恨的人，站在右邊。左邊是一排親人，右邊是一排你怨恨的人，把這兩排人觀想成就，然後進一步觀想：我這一生一世，有這麼多疼愛我的人，關心我的人，可是還有這些怨親債主，他們打擊我，迫害我——一定要從三世因果、多生累劫、生生世世去觀想：其實這一切都是我們的業力所感。

這些疼愛過我的人，往昔我也疼愛過他，而那些傷害我的人，其實是還債，我往昔一定是傷害過人家。所以這些愛我的人和恨我的人，其實都是我多生累劫的、相似相續的過程中的業報而已，而且是無常的，而且它會變。今天是情人，明天可能就變成最討厭的人；今天是一個我很忌恨的人，也許明天一個什麼因緣，他又對我做出了重大的付出，成為了恩人，這都是有可能的。今生是親人，來生也許是敵人；今生是所恨的人，也許來生就是疼愛的人。所以把時間尺度拉長，從多生累劫的，過去、現在和未來的，生生世世的，相似相續的過程來看待這件事情，其實怨親是平等的，所以要把這兩隊人觀平等。不能過度地對親人具有更多的貪愛，不能夠對怨恨的人施以嗔恨，要把這兩隊人觀成平等的。這就是修四無量心的捨無量心，修平等。

三、慈無量心

然後修慈無量心。慈就是施與眾生以快樂，慈無量心的修法就是，要觀想一位在這一生一世當中，對你施與了最大的慈愛的人。很多人可能首先想到的是母親，可以觀想自己的母親，觀想這一生一世給你帶來最大的慈愛的人，要觀想她對你種種的愛，給你帶來的種種快樂、對你的關懷，內心生起對她知恩、念恩、報恩之心，這是第一。等觀想成就以後，把它擴大，其實想一想，我的母親對我有著巨大的慈愛，那天下的母親不都是對自己的兒女有著巨大的慈愛嗎？即便在我們人類的心中，看起來很恐怖的老虎，老虎媽媽對老虎的兒女也是充滿著慈愛。要把這慈愛的心擴大，這是第二。第三，再轉而觀想自己，其實生生世世，眾生都是互為父母，天下眾生都做過我的父母，我也做過天下眾生的父母，這種慈愛的心，要遍及一切眾生，要把母親對我的慈愛的心，遍及為我對一切眾生的慈愛的心。這就是修慈無量心。

四、悲無量心

慈無量心修好了，修悲無量心。悲是脫苦，怎麼觀修？觀修我們世間一個極其苦難的眾生，比如說觀修乞丐，甚至觀修屠宰場裡即將被屠殺的那些眾生，他們的痛苦，生起對他們的無限悲心；我的一切修行，我當下的一切努力，我的功德，都要施與這些眾生，令這些眾生離開這些苦難的狀態，這就是修悲無量心。

五、喜無量心

慈悲無量心修成就了，修喜無量心，喜就是令眾生歡喜。修慈無量心的時候，把快樂施與了眾生，眾生很歡喜；修悲無量心的時候，度一切眾生脫離苦海，把修行功德施與眾生，讓眾生脫離苦難，而脫

離苦難的眾生，生起了歡喜。我們要把修行慈無量心、悲無量心而給眾生帶來的歡喜，讓它持續下去。一個修行大乘佛法的人，每時每刻的發心都是慈無量心，都是悲無量心，而且都是喜無量心，也就是令眾生得快樂，令眾生脫苦難。把這個喜無量心持續下去，保持住。

這就是修慈、悲、喜、捨四無量心的修法。在傳承裡講，修四無量心的修法，是修世俗諦菩提心入手的基礎法。四無量心修成就了，就要把它進而觀想成世俗諦菩提心。作為一個大乘佛法修行者，我們在做什麼呢？其實就在做一件事，即度一切眾生走向究竟的解脫。施與眾生快樂，令眾生脫種種的苦難，讓眾生有種種的歡喜，那施與眾生究竟的快樂，令眾生脫離究竟的痛苦，給眾生以究竟的歡樂，是什麼？就是涅槃。所以修好四無量心，進而就能夠修世俗諦菩提心。

六、五蘊

在修世俗諦菩提心的同時，還要修勝義諦菩提心。勝義諦菩提心要觀世間萬法是空，比如，佛教對世間的萬法、萬事萬物，有一個分類方式，把世間的一切事物分成了五類，也叫作「五蘊」。「蘊」是「聚合」的意思，就是緣生聚合的我們世間萬事萬物的五種狀態，起名叫「色、受、想、行、識」。

五蘊當中，打頭的色蘊跟結尾的識蘊，是兩個極端。什麼是色蘊？色蘊是純粹的物質的存在形態，比如說山河大地、桌椅板凳、日月星辰，比如說我們人的有形肉體，就是我們生命的色的狀態，色是純物質的存在形態。另一個極端是識，是純精神的存在形態；我們是眾生，不是桌子，因為我們有識，有能動的精神狀態，識是純粹的、不摻雜任何其他東西的精神狀態。中間的受、想、行，是內在的純粹的識，跟外在的純粹的色相互作用的時候，產生的三種狀態。偏於色的受，這種狀態就偏於客觀，偏於物質；而偏於識的行，就偏於主觀，偏於心識。通俗地解釋一下，比如說桌子上放著一杯熱水，你過去就端起來了，那麼首先就有一個感受，一下子就把你手燙了，有一

個被水燙的感覺，這是受。通俗講什麼是想呢？有了這個受之後，馬上會產生一個分別：誰放在桌上這麼一杯熱水？也不告訴我是杯熱水，我過來一端，你看把我手燙了──這是想。行，是在想基礎之上的一個更嚴重的分別，就會想了：這人太討厭了，我一定得把他查出來，見面揍他一頓──產生了嚴重的分別。受、想、行，這是通俗的解釋。

七、勝義諦菩提心：觀五蘊皆空

佛教把我們凡夫世間的萬事萬物，歸爲這五大類。那麼我們怎麼修勝義諦菩提心呢？講到這兒，所講的「空」是「性空」，即常一不變的獨立存在性沒有。「空」就是沒有，什麼沒有？凡夫境界上一切存在的、常一不變的獨立存在性沒有──「性空」。那怎麼修勝義諦菩提心？要坐下來，認眞地觀想：色、受、想、行、識這五蘊背後，有沒有常一不變的獨立存在性？比如說我們總認爲，我生存在這世界上，肉體可以變，思想可以變，但背後總有一個沒變的「我」吧？我們要觀想：這個「我」有嗎？外在的物的世界，有一個東西能常一不變地獨立存在嗎？這個常一不變的獨立存在性有嗎？在受、想、行這些精神活動背後，有沒有常一不變的獨立存在性呢？要觀，要找，找到最後會發現：眞的沒有。世間萬事萬物，色、受、想、行、識，背後沒有常一不變的獨立存在性，它們不過是種種的緣生事物，是種種的緣的臨時聚合，所以佛教才管它們叫「五蘊」。修勝義諦菩提心，就是觀這五蘊是空。在今天所討論的層次上，「空」是「性空」，世間萬法，五蘊的存在，都是沒有常一不變的獨立存在性的存在。把它觀成就，就是勝義諦菩提心的修法。

026 ▶ 聞思與四相

上一講講了生起世俗諦菩提心和生起勝義諦菩提心的修法，有的人聽了這些修法後，能夠生起信心，如法修持；但更多的人，也不過就是聽聽而已，不會真正下功夫如法修持，這是肯定的。為什麼？為什麼聽了這樣的修法，不會下決心如法修持？因為對佛陀教法，其實從心底裡沒有生起確定的信心。為什麼生不起確定的信心？因為聞思不夠。佛法的修行，如果從大的次第來講，是三個次第，叫作聞、思、修。

一、正聞熏習

聞是聽聞正法，正聞熏習，聽聞佛陀的法。為什麼首先要聽聞佛陀的法？因為沒有佛陀的教誨，無法走向解脫。當然，有沒有不聽佛陀的法而靠自己的努力去證悟、修行解脫的眾生？佛教說有，而且起了個名叫「獨覺」，即不聽佛陀說法，自己能證悟生命的十二緣起，證悟人無我，走向解脫的眾生，但是比例極低，獨覺的出現是極小概率事件。對於千千萬萬的眾生，之所以能夠知道自己是顛倒夢想，之所以能夠走向解脫，是因為佛陀的教誨；沒有佛陀這位智者的教誨，不可能走向解脫。所以修學佛法的第一步，就是要耐心地聽聞正法。

二、四十里有講法處應往聽受戒

我的老師當年給我題寫了四個字「聞不厭足」，聽聞佛陀的正法，永遠都不要滿足。學習大乘佛法的人要受個戒，叫菩薩戒，菩薩戒裡邊有一條戒律，叫「四十里有講法處應往聽受戒」。什麼意思？

就是以住的地方為原點，以四十里為半徑畫個圓，在這個範圍裡，如果有講佛法的，沒去聽，就犯了戒，叫「四十里有講法處應往聽受戒」。

當然，有三種情形不去聽不犯戒：第一種，不知道，說四十里範圍內有講法的，這事不知道，因此沒去，不犯戒；第二，有極其重要的事務纏身，脫不開身，走不了，不犯戒；第三，生病，生了病去不了，不犯戒。當然出現這三種情形的時候，也要懺悔：為什麼四十里有講法的不知道？為什麼有講法的時候事務纏身？為什麼早不生病、晚不生病，非在講法的時候生病？這都屬於障，學法的障礙，是往昔的業的顯現。所以出現這三種情形的時候，一定要從心底裡懺悔。但畢竟在這三種情形下，不去聽法不犯戒。

一定要注意，這條戒律沒有說，老師重複講授的內容不去聽不犯戒，沒有這個說明。比如說現在有講法的了，講《阿彌陀經》，你說：「《阿彌陀經》我聽過了，我不去。」——聽過了不去也犯戒。所以從菩薩戒的這條戒律，能夠理解聽聞正法的重要。四十里，對於今天的人來講，範圍也不算太大，但是對古人這個範圍已經很不小了。記得我的老師當年講課的時候，他老人家在重要的佛法內容上，經常不斷地重複，上一次課講過了這個內容，這一次課又重複了，等下次來的時候，他還在重複講。有的學生就憋不住了，站起來對老師說：「老師，這個內容您都講過兩次了，您這次又重複了。」知道當時我的老師的回答是什麼嗎？我的老師的回答是：「你作為一個凡夫，顛倒夢想的見解在你的腦殼裡都多生累劫了，怎麼佛陀的正法剛聽兩遍就嫌多呢？」這是我老師當年的回答，所以老師說聽聞正法要「聞不厭足」。

三、如理思維

聽聞正法之後，第二件事是什麼？是如理思維，要對佛陀的教法進行反反複複的思考。思考的目的是什麼？思考的目的是對佛陀教法

要生起確定的信心。佛陀說，凡夫境界上的一切存在是沒有常一不變的獨立存在性的存在，沒有常一不變的獨立存在性這個「無我」的事，心中是不是確立了確定的信心？這要經過不斷地如理思維、不斷地觀察、不斷地思考。所以如理思維的目的，是對佛陀教法生起確定的信心。

四、如法修行

有正聞的熏習，有如理的思維，對佛陀的教法生起了確定信心後，才是第三步，叫如法修行。做這樣一段補充，是因為很多人聽了佛陀的法卻不能去如法地修行、去修持，原因是聞思不夠。所以我們必須在聞法、思維上下大功夫。

五、四相

繼續看下一段經文：

> 「何以故？」

這是什麼原因？前面老師跟須菩提說，須菩提啊，你看那些大菩薩們，他們發願度一切眾生入無餘涅槃，可是他們切切實實把無量無數無邊眾生度向無餘涅槃的當口，還要覺得自己一個沒度。「何以故？」梵文是「tatkasyahetoḥ?」這是什麼原因呢？老師說：

> 「須菩提，若菩薩有我相、人相、眾生相、壽者相，即
> 非菩薩。」

這是《金剛經》後邊反覆出現的，叫作「四相」。在我們的人群中，對生命、對生死，有兩種最具代表性的理解。第一種，不相信生

命的輪迴，認為人死如燈滅——哪有什麼六道輪迴、三世因果？沒有！這是一類人。第二類人，相信生命的輪迴，相信生命死了再來、死了再來的生生死死的輪迴，但是一旦相信了生命的輪迴，他就會問一個問題：誰在輪迴？第二類人，一旦相信了輪迴，一定要去肯定一個常一不變的獨立存在的精神主體，認為一定有個精神主體在那裡輪迴，形象地講就像搬家。比如說，我有我的常一不變的獨立存在的一個精神主體，這個精神主體上輩子在狗腦袋裡的時候，我就是狗，這輩子到了我的人的腦袋裡，我這輩子就是人，一不留神下輩子進了豬的腦袋裡，我就是豬。他認為有一個常一不變的獨立存在的精神主體，在這裡不斷地搬家換房子而已，而那個精神主體沒有變，這是對生命的第二種理解。

目前絕大多數中國人是第一種見解，不相信生死的輪迴；絕大多數印度人是第二種見解。印度老百姓，特別是印度古代的老百姓，都相信生命的輪迴，而且絕大多數都相信輪迴的背後，有一個常一不變的獨立存在的輪迴的精神主體。不僅印度的老百姓這樣理解，印度絕大多數的思想家、宗教家、修行者、學者們也都這麼理解。因此你去看印度的思想家，他們在辯論著一個話題：輪迴的精神主體是什麼特徵？對這個精神主體的理解的差異，決定修行解脫的路徑差異。所以印度的思想家們都在辯論著這個精神主體什麼樣。大家能想像這個場景嗎？在印度的恒河邊，在釋迦牟尼沒有降生之前，出現了一批的思想家，他們在修行，在尋求解脫，但是在他們尋求解脫的歷程當中，他們始終在辯論一個問題：輪迴的主體——常一不變的獨立存在的精神主體，到底是什麼特徵？通俗地講，這個「我」，輪迴的主體這個「我」，什麼特徵？在釋迦牟尼降生之前，「我」是什麼特徵這件事，在印度已經辯論了幾百年了。

釋迦牟尼的偉大，就在於他老人家降生之後，坐在菩提樹下證道了，開始說法了，而他老人家說的法與印度其他思想家、宗教家說的法最不共的地方是，佛陀他老家人告訴我們，從凡夫的境界上講，我們凡夫確實是在輪迴著，但是輪迴的背後沒有常一不變的獨立存在的

精神主體──無我。能理解佛陀在恒河邊說法的震撼性嗎？其他學者討論「我」什麼樣，討論了、爭論了、辯論了幾百年，大家都堅信輪迴的背後，一定有一個常一不變的獨立存在的精神主體，這是相信輪迴的人一個很自然的想法。可是佛陀卻告訴我們，要害就是沒有這個「我」，凡夫境界上的生命的輪迴，不過就是一個相似相續的過程，這個相似相續的背後，是沒有常一不變的獨立存在的輪迴的精神主體的。「無我」是佛陀教誨非常重要的精神。

回到經文。什麼叫「無我相、無人相、無眾生相、無壽者相」呢？這四個詞，對應著四個梵語詞，「無我相」的「我」，梵文詞是「ātman」，「無人相」的「人」，對應著梵文詞是「pudgala」，「無眾生相」的「眾生」是「sattva」，「無壽者相」的「壽者」是「jīva」。梵語這四個詞，是印度那些堅持認為生死輪迴背後，有獨立存在的常一不變的輪迴的精神主體的學者們，給這些精神主體起的各種各樣的名字。從不同的角度，他們給安立了不同的名相，比如說一個正在生死輪迴的人，自我一定有一個永恆不變的輪迴主體，這個「我」梵語叫「ātman」。

我們一個人死了，叫「命根即斷」，肉體拋棄了，什麼東西輪轉到了下一生？印度人把能夠輪轉於下一生的精神主體，叫作「pudgala」，有時候這個詞也音譯作「補特伽羅」，鳩摩羅什譯作「人」，所以講「人無我」的時候，實際上嚴格意義是在講「補特伽羅無我」。「pudgala」表達的是在生死不斷輪轉中，肉體拋棄了、命根毀斷了之後去輪轉的那個東西，所以義淨把它譯作「更求趣」，就是趨向於來生的那個精神主體──「pudgala」。

「眾生」，梵語「sattva」，這是從什麼角度講的？從「我所執」的角度講的。比如說菩薩度眾生，往往一個人度眾生的時候，心中有眾生可度，我今天度了張三，昨天度了李四，明天準備去度王五；他一定認為張三、李四、王五是常一不變的獨立存在的被我所度化的眾生，梵語就叫「sattva」。

什麼叫「壽者」？它對應的梵語是「jīva」，「jīva」是什麼呢？

我們認為這一生從生到死，走過了幾十年的歷程；這幾十年歷程，我們的肉體變了，我們的很多事物都變了，但是在我們這一期生命的過程當中，總有一個沒變的東西，死死抓住這一期壽命背後不變的那個東西，印度人叫「jīva」，叫作一期壽命的「住執」，就是這一期生命、這幾十年的人生歷程背後，總得有一個沒變的東西，對這個東西的執著，印度有的學者就管它叫「jīva」，鳩摩羅什譯作「壽者」。

其實在印度，這些思想家們在爭論生死輪迴背後的那個常一不變的獨立存在的輪迴的精神主體的時候，給它起的名字也不僅僅是這四個，還有很多，比如說「puruṣa」、「māṇava」。在這裡，大家要理解，釋迦牟尼老師說，須菩提啊，你看為什麼那些大菩薩們，他們度了眾生還覺得自己一個沒度呢？釋迦牟尼老師在這兒舉了四個——印度思想家對生命輪迴背後那個常一不變的、獨立存在的精神主體進行描述的——詞彙：「ātman」、「pudgala」、「sattva」、「jīva」。佛陀說大菩薩心中，早已沒有對輪迴於生死背後那個常一不變的、獨立存在的精神主體的執著了。所以，鳩摩羅什譯作「無我相、無人相、無眾生相、無壽者相」。大菩薩在度眾生的時候，已然沒了常一不變的獨立存在的、能度眾生的菩薩的這個獨立的精神主體，也已經沒有了菩薩所度的那些眾生的背後常一不變的、獨立存在的精神主體，也就是前邊說的，大菩薩度眾生，要觀：能度眾生的菩薩無我、性空，被菩薩所度的眾生無我、性空。所以度了眾生，「實無眾生得滅度者」。

《金剛經》的第三段學習圓滿了。須菩提問了老師三個問題：如何安住？如何修行？如何降伏其心？須菩提問問題的順序是安住、修行、降伏其心，但是釋迦牟尼老師沒有按照須菩提提問的順序來回答，首先回答的是須菩提的最後一個問題：一個發趣菩薩乘的心的人，首先應該怎麼樣降伏其心？釋迦牟尼老師給的答案是，以發菩提心這樣的方式來降伏其心的。這是對《金剛經》第三段的總結。

027 波羅蜜淨住處

下邊開始學習《金剛經》第四段。老師回答了怎麼樣降伏其心後，釋迦牟尼回答須菩提的第二個問題：如何修行？

> 4. 復次，須菩提，菩薩於法，應無所住行於布施，所謂不住色布施，不住聲香味觸法布施。須菩提，菩薩應如是布施，不住於相。何以故？若菩薩不住相布施，其福德不可思量。須菩提，於意云何？東方虛空，可思量不？」「不也，世尊。須菩提，南西北方、四維上下虛空，可思量不？」「不也，世尊。」「須菩提，菩薩無住相布施，福德亦復如是，不可思量。須菩提，菩薩但應如所教住。」

一、六波羅蜜

發了菩提心的眾生稱為菩薩，一個菩薩一定要修菩薩行，也就是發了心了，就要去做。那什麼是菩薩行？其實一言以蔽之，度眾生而且度了眾生還得當沒度，就是菩薩行。菩薩是以度眾生的覺他方式而實現自覺的，除了度眾生之外，沒有其他的菩薩行。那麼大家就會問，菩薩的修行有沒有具體的方式呢？釋迦牟尼老師有沒有給出菩薩修行的具體形式呢？有沒有？有的。概括起來就是六度，六個波羅蜜。大乘佛法的菩薩行，是修行六個大的法門（參97頁）：布施、持戒、忍辱、精進、禪定、般若。在前面的討論中已經講過這個事情，大乘佛法修行的六個根本法門中，排在第六位的般若，是綱領、是統帥。佛經裡講，般若是眼目，是光明，沒有般若，前五個波羅蜜為「盲」——瞎子。實際上通俗地講，大乘六度，是要在般若的統攝

下修布施、修持戒、修忍辱、修精進、修禪定，所以般若是綱領。布施、持戒、忍辱、精進、禪定這個順序也是不能顛倒的，這是修行的次第。大乘佛法修什麼？就是修這六波羅蜜。《金剛經》的第四段，就是釋迦牟尼老師要回答修行的問題。我們看經文：

> 「復次，」

「復次」就是沒說完，還有啊，說：

> 「須菩提，菩薩於法，應無所住行於布施，所謂不住色布施，不住聲香味觸法布施。」

二、無住布施

在這一句當中，老師拿出大乘六度排在第一位的「布施」，說「菩薩於法」——「法」對應著梵語「vastu」，「事物」的意思。菩薩在行布施的時候，對於事物應「無所住」地行於布施。「無所住」，什麼是無所住？如果一個人行布施的時候心有所住，會住於哪裡？能布施的我、被布施的他，跟我布施他的過程與行為，也就這三個地方。菩薩的布施是無所住的布施，菩薩在布施那一當口要觀能布施的、被布施的，跟布施的過程三者都是空，空上行布施就是無所住的布施。

不要忘了二諦（參12、13兩節，80-89頁）。菩薩行一定得布施，這是世俗諦的要求，是世俗諦菩提心。勝義諦菩提心是觀空，在勝義諦上，菩薩布施了還得當沒布施，這就是無所住的布施。所以一個真正發了菩提心的眾生，世俗諦菩提心跟勝義諦菩提心都生起的眾生，行的布施一定是無所住的布施。無所住，當然就不住色、聲、香、味、觸、法這六塵。佛法當中，對我們凡夫境界上一切的存在，

有幾種分類方式。前面討論了一種分類方式,把凡夫境界所有的存在分成五類,叫「五蘊」。還有一種分類方式,把凡夫境界一切的存在分成十八項,佛教叫「十八界」,十八界分成了三組。第一組叫「六塵」,是凡夫所對的外在物質的存在世界,分為色、聲、香、味、觸、法。眾生還有內在的心識,叫「六識」:眼識、耳識、鼻識、舌識、身識和意識。這六識要根植於眾生的六個器官才能產生作用,這六個器官佛教稱為「六根」:眼根、耳根、鼻根、舌根、身根和意根。這三組合起來叫作「十八界」。這是佛教對凡夫境界一切的存在的一種劃分方式。在這裡,佛陀說既然是菩薩,既然是修菩薩行、行菩薩道,那麼他的布施是無所住的,在布施那一當口,一切的外境──色、聲、香、味、觸、法,菩薩是觀空的,所以「無所住行於布施。」

看下一句:

「須菩提,菩薩應如是布施,不住於相。」

老師進一步解釋什麼叫無所住的布施,就是不住於相的布施。「不住於相」,其實就是前一段結尾時候的「我相、人相、眾生相、壽者相」,菩薩的布施是不住於相的。看下一句:

「何以故?」

老師說我為什麼這麼說呢?

「若菩薩不住相布施,其福德不可思量。」

三、不可思量

　　如果菩薩的布施是不住於相的，所獲得的福德是不可思量的。這個「不可思量」，如果用一個數學符號表達，那是什麼？∞（無窮大）。菩薩的布施如果是不住於相的，是無所住的布施，那麼所獲得的福德就是無窮大的。什麼意思？如果一個眾生的布施是有所住的，這種布施就不能對治我們凡夫心中的我。所以大家理解，從凡夫走向智者，整個成佛的修行的第一步，就是對治我們心中的我執。如果一個人的布施是有所住的，那麼這種布施是不能夠對治我們心中的我執，因此不是大乘佛法的修行，至多是人天善法。也就是有所住的布施導致的結果，是讓我們在未來的死了再來、死了再來，生生死死當中得個善報而已。比如說，今天布施了別人十塊錢，可能在未來的生生死死當中，會得到十塊錢、百塊錢、千塊錢、萬塊錢、十萬塊錢甚至百萬塊錢的回報，但即便如此，依然是可思量的。佛陀在這裡的意思是說，如果一個菩薩的布施是不住於相的，是無所住的布施，這種布施首先就能夠對治我們心中的我，從一個有我的凡夫，會一步步地引領著我們趨向無我的智者，因此這種布施是引領著眾生趨向涅槃的布施。那麼涅槃值多少錢？不可思量。所以佛經中出現「不可思量」的時候，其中重要的法義之一，就是表示出世間法不可思量，涅槃不可思量。

四、六維虛空

　　老師還怕我們對「不可思量」理解得不夠透徹，下面舉了一個特別形象的比喻，一個特別形象的例子，幫助我們理解什麼叫「不可思量」。老師說：

　　「須菩提，於意云何？」

「於意云何」，就是你對下面這個事怎麼看。什麼事呢？

「東方虛空可思量不？」

老師說你往東邊看一看——「虛空」，「ākāśa」，意為「空間」。你往東邊看一看，這天大的空間，可思量嗎？就是可以測量出它有多大嗎？須菩提回答：

「不也，世尊。」

老師，東邊的空間太大了，無法測量，太大太大。老師又問：

「須菩提，南西北方、四維上下虛空，可思量不？」

東邊的空間大的是不可思量的，那南邊、西邊、北邊、上邊、下邊，這四維的所有空間，可以測度嗎？有多大？可思量嗎？須菩提回答：

「不也，世尊。」

老師，太大了，不可思量。老師說：

「須菩提，菩薩無住相布施，福德亦復如是，不可思量。」

一個菩薩的布施，如果是無所住的布施，是不住於相的布施，所獲得的出世間福德，就像現在看到的東邊、西邊、南邊、北邊、上邊、下邊的虛空那樣大得不可思量。這是釋迦牟尼老師做的一個特別形象的比喻。

從這個比喻能體會出，釋迦佛說法，是非常通俗的。釋迦牟尼老師絕不會把簡單的問題複雜化，他一定是要把複雜的問題簡單化，越通俗越好。所以有的時候我們對佛陀的教法，不要做過多的神秘化理解。有人總是說佛經裡有密意，這句話裡有好高深的密意——其實往往是過度詮釋。佛陀說法，唯恐我們眾生聽不懂，為什麼要擱那麼多密意呢？所以從這一段可以理解，佛陀講課，舉的例子都是極其通俗的，說菩薩的無住相布施，能夠對治我們心中的我，能夠引領著我們趨向涅槃，所以他所獲得的福德是出世間的福德——往往也叫功德——不是我們世間的十倍、百倍、千倍、萬倍這些可思量的福德，回報不是百倍、千倍、萬倍，而是不可思量。看下一句，老師說：

「須菩提，菩薩但應如所教住。」

須菩提，發願修行大乘法、行菩薩道的人，應該按照我上邊所說的，不應住相去行布施。

這就是《金剛經》第四段經文。總結一下對這段經文的理解。首先不要忘了二諦，整部《般若經》，佛陀是以二諦模式說法的。在世俗諦上，菩薩發願度一切眾生，比如說行布施；但是在勝義諦上，布施的當口一定要觀空：能布施的菩薩是空，被菩薩布施的眾生是空，菩薩布施眾生這個事，依然還是空。空上行布施，就是無所住的布施，是不住於相的布施，也就是布施了還得當沒布施。所以從二諦就很好理解大乘菩薩的修行。這是第一點總結。

第二點，這段經文，佛陀是以六度的布施度為例，來講菩薩應該怎樣修行，這段經文完全適用於持戒、忍辱、精進、禪定的修行。比如經文說：「須菩提，菩薩於法，應無所住行於布施。」這句話也可以換成：「須菩提，菩薩於法，應無所住行於持戒。」、「須菩提，菩薩於法，應無所住行於忍辱。」、「須菩提，菩薩於法，應無所住行於精進。」都是可以的，所以這一段是講大乘菩薩的修行，只是以布施為例。

第三，印度古德將《金剛經》這段經文總結爲「波羅蜜淨住處」，菩薩行波羅蜜，是清淨地行波羅蜜——佛教「清淨」這個詞，對應的叫「染汙」，也叫「雜染」。什麼叫清淨的波羅蜜呢？就是無有一種著相的波羅蜜，菩薩布施是無所住的、不住於相的，持戒也是無所住的、不住於相的，所以叫作「波羅蜜淨住處」。這是印度古德對這段經文的總結。

028　凡所有相，皆是虛妄

　　5.「須菩提，於意云何？可以身相見如來不？」「不也，世尊，不可以身相得見如來。何以故？如來所說身相，即非身相。」佛告須菩提：「凡所有相，皆是虛妄。若見諸相非相，則見如來。」

第五段經文是以佛陀反問須菩提問題開始的，老師說：

「須菩提，於意云何？可以身相見如來不？」

一、三十二相　八十種好

老師說，須菩提，你對下邊的事怎麼看：可不可以以見到如來的身體的形象，就算看見如來了？如來是對佛的另一種稱呼。「身相」，鳩摩羅什譯的很簡單，梵文是「lakṣaṇa-saṃpadā」，意為「完美身體的形象」，義淨法師譯作「具足勝相」。什麼意思？一個人在世間成佛了，或者說佛陀應化在人間所示現的色身的形象，當然不是常一不變，但有沒有一個相似相續下的、相對穩定的色身形象呢？這個問題《金剛經》裡沒講，但是佛陀在其他經裡反覆講了，應化到人間的佛、如來，有相對穩定的色身形象，這個形象叫作「三十二相」、「八十種好」。什麼意思？

中國有相學，民間有人會看面相、看手相。印度也有相學，而且相當發達，印度人看相不僅僅看面相、看手相，是從頭到腳看，無

處不看。印度相學認為，我們人間有三十二個一等好的相❶，具體哪三十二個，在這裡不具體列舉了，大家可以查一下資料。我們作為一個普通人，三十二個相不需要全有，只要有其中的三個、五個、八個，就已然是世間絕頂尊貴的人了。如來在其他經裡講課，說應化到人間的佛，相對穩定的色身形象什麼樣？他老人家這三十二個相全都具有。除了三十二個一等好的相之外，還有八十個二等好的相❷，印度人叫「八十種好」或「八十隨好」。具體哪八十個，大家自己可以查一下資料。八十個二等好的相雖然是二等好，也相當的好，一個人不需要八十個全有，有其中的十個、十二個、十五個，就已然是世間相當尊貴的人了。釋迦牟尼在其他經裡講，應化到人間的佛，不僅三十二個相全有，八十個相也全有。所以我們經常讚歎佛是「具三十二相、八十種好。」

　　為什麼應化到人間的佛會是這樣呢？印度人認為，我們的身相，身體的形象，這個色身的形象，是我們往昔多生累劫死了再來、死了再來，生生死死的相似相續過程中，所修行的福德的顯現。一個人修行的福德越好，他所顯現的這一生的身體形象就越好。所以印度人對一個人相貌長得好，是非常不吝讚美之詞的，當印度人讚美你長得真好，長得真漂亮，其實就是在讚美你很有福德。可是要知道，成佛是兩樣東西的圓滿具足，哪兩樣東西？就是福德與智慧的圓滿。佛陀是一個福德圓滿者，因此他這一生所感得的身體、色身的形象，就一定是圓滿的，具有「三十二相」和「八十種好」。而我們一般的普通人，福德不圓滿，因此感得的色身形象，肯定也是有缺陷的，而佛陀是圓滿的，具「三十二相」「八十種好」。

---

❶三十二相，可參《大智度論》卷四、《中阿含經·卷十一·三十三相經》、《大般若波羅蜜經》卷五七三等。

❷八十種好，可參《佛本行集經》卷九、《大智度論》卷二九、《增一阿含經》卷四六等。

二、說身相非身相

　　回到經文。釋迦牟尼老師反問須菩提說，須菩提，可不可以見到如來的三十二相、八十種好這樣圓滿具足的身體形象，就算看到如來了？這個問題問得很嚴重。首先看須菩提怎麼回答的。須菩提回答說：

　　　「不也，世尊，不可以身相得見如來。」

　　老師，不可以，不可以，不可以以見到如來的色身形象，就算看見如來了。繼續看經文：

　　　「何以故？如來所說身相，即非身相。」

　　須菩提說，我為什麼這麼回答呢？因為如來說他的色身形象，那就不是色身的形象，「如來所說身相，即非身相」，說身相非身相，怎麼理解？不要忘了二諦（參12、13兩節，80-89頁），二諦模式貫穿於般若經始終。如來說身相，說沒說？當然說了。如來在很多經裡都講「三十二相」、「八十種好」，但如來說身相，是從什麼意義上說的？以現在所討論到的教理層次，就是在世俗諦的緣生意義上說的。從緣生意義上講，從過去多生累劫的、相似相續的修行歷程上講──注意是相似相續，沒有常一不變，是佛陀往昔的相似相續的修行歷程上講的──佛陀經歷多生累劫的相似相續的修行，這一生成佛了，福德圓滿了。所以從世俗諦上講，這一生所感得的身體形象是圓滿的，所以如來說身相，確實說了。

　　但是在勝義諦上一切都是空，在現在的討論層次上就是性空，那麼「三十二相」、「八十種好」空不空？當然是空。須菩提非常領會佛陀的意思，所以須菩提說，說身相非身相──雖然佛陀老人家在世俗諦上說了身相，但是在勝義諦上，在空上，如來老人家說了，我

們還得當沒說，如來說身相，那就不是身相，因為「三十二相」、「八十種好」依然是空。須菩提是如來「解空第一」的弟子，在佛陀諸弟子中，對佛陀所說的「空」這個道理理解的最好，所以須菩提才能做了這麼精彩的回答。須菩提回答完了，看老師怎麼評價的：

> 「佛告須菩提：『凡所有相，皆是虛妄。若見諸相非相，則見如來。』」

三、見相非相

這段經文，鳩摩羅什大師譯的非常好，佛陀跟須菩提說：「凡所有相，皆是虛妄。」這裡說的「相」，對照梵文原本來看，指的是佛陀應化到人間的色身的「三十二相」、「八十種好」。其實這句話的基本含義是，佛陀跟須菩提講，說得對，佛陀「三十二相」、「八十種好」的色身形象，是虛妄不實的，是空。「凡所有相，皆是虛妄」這八個字經常被引用，很多人講課、寫佛教文章，經常引這八個字。當然大家在引用這八個字的時候，其實把「凡所有相」的「相」的概念給擴大了。從《金剛經》具體經文上講，這個「相」指的就是如來的色身形象，可是當我們平時引用這八個字的時候，把這個「相」就擴展到我們凡夫境界上的、一切凡夫所能理解所認定的相。概念大大地擴大了，可以不可以呢？可以的。

看下一句：「若見諸相非相，則見如來。」大家好好體會這句話，鳩摩羅什譯得非常好。什麼才是見如來？要見諸相，還得非相，才是見如來。「若見諸相」，見沒見？見了。但是從什麼意義上見了？從世俗諦緣生的意義上見了，但是見了相還得「非相」，在勝義諦上還要觀「相」本然是空，所以見了還得當沒見，這才是見如來。壓根兒就沒見，不是見如來；見了當真見，也還是沒有見如來。什麼才是見如來？見相非相，見了還得當沒見，才是見如來。這是二諦，

是中道。

這段經文，在具體的修行上、生活上，有什麼指導意義嗎？舉個具體的例子。走進寺院裡邊的人有兩個極端，一個極端是那些沒有文化的老太婆，進了寺院以後面對著佛像，不管是木雕的、泥塑的、銅鑄的、紙糊的，這是佛呀，帶著強烈的貪著心，帶著那種祈福的心，拜呀拜呀拜呀，這是一類。第二類，是一些在家裡自學過《金剛經》的知識份子，他們走進寺院，拜佛嗎？往往不拜，很高傲的。看著那些老太婆拜佛，旁邊還一撇嘴：「『凡所有相，皆是虛妄』，沒讀過《金剛經》。」他不拜。這是兩個極端，不是中道，不如法。這兩類人什麼時候學佛算進步了呢？

當這個老太婆學習了《金剛經》，知道諸相非相則見如來，見相非相，佛陀講的根本的教義是「空」，所以下一次再走進寺院的時候，面對著佛像，當然佛還是要拜的，但是她終於知道了，能拜的是空，被拜的是空，拜的這事依然還是空 —— 在空上拜，拜了還得當沒拜，以這樣的精神狀態拜佛，這個老太婆學佛就進步了，因為這是中道。

而那個知識份子當有某個機緣，真正理解了般若法門的深意，知道在勝義諦上是空，但是作為我們凡夫，此時此刻世俗諦的緣生性不能丟，拜一次佛有一分功德。《華嚴經·普賢菩薩行願品》講普賢菩薩修行的十大根本法門，第一條就是「禮敬諸佛」。這個知識份子再走進寺院的時候，如果他真正肯跪下來給佛陀頂個禮了，當然他畢竟是知識份子，讀過《金剛經》，知道在勝義諦上是空，拜了還得當沒拜，但今天畢竟肯跪下來給佛陀頂個禮了，他學佛就進步了，因為這是中道。只有見相非相，才是真正地見如來。

029 智不住生死 悲不住涅槃

一、無住涅槃

在《金剛經》第五段，佛陀告訴我們，作為一個凡夫，見相非相見如來。既要見相，還要非相，兩個方面。這也就暗示了我們，佛的功德，也應該從兩個方面來理解。

第一個方面，見相。從世俗諦而言，如來圓滿的色身形像是要見的，這個相是可見的。為什麼？因為如來在因地——也就是在作菩薩的時候，發了大願、發了大心，什麼心？度一切眾生的心。他不僅發了這個大願，而且行願，多生累劫勤修波羅蜜，最終成佛。正是作菩薩的時候發了度一切眾生的願，有這樣的因，就使得大乘佛法的佛果，這尊佛，具有了無限的悲心；雖然成佛了，度一切眾生的行願，依然無有止境。因此修大乘法成就的佛，是「悲不住涅槃」，不像修小乘法證得阿羅漢那樣，把自己安住於一個清淨的涅槃境界。大乘法是由悲心而起，因度一切眾生而起，行願永無止境，成佛了依然度眾生。所以佛的功德，一個方面是「悲不住涅槃」，由於他的悲心，他並不是自己住到一個清淨的涅槃境界，而是永無止境地度化眾生。

第二個方面，非相。從勝義諦而言，佛在因地作菩薩的時候，發勝義諦菩提心，觀一切法空，度一切眾生而實無眾生得度，無住而修，因此多生累劫的修行，圓滿了佛陀的智慧。這種智慧的圓滿，使得佛陀不會再像我們凡夫這樣輪迴於生死。因此佛的第二項功德，叫作「智不住生死」。由於佛陀的圓滿智慧，他不會像我們凡夫這樣住於輪迴的生死，已然徹底解脫。這實際上是回答了須菩提提出的修行大乘佛法的人最終安住的問題。修人天乘的法，得人天果報，安住於

生死；修小乘法的眾生，證阿羅漢，安住於涅槃。而修大乘法成佛，如何安住？兩句話：「智不住生死，悲不住涅槃。」

由於佛陀圓滿的智慧，他不會再像修人天乘的眾生那樣，輪迴於生死；同時菩薩的悲心，使得佛也不像小乘的阿羅漢那樣，安住於自我的清淨的涅槃境界，而是永無休止地、時時刻刻地依然在度化著眾生，叫作「悲不住涅槃」。如果把「智不住生死，悲不住涅槃」這種成佛的安住境界 ── 如果我們非要把它也稱為是一種涅槃境界的話，大乘佛法把這個涅槃，就叫作「無住涅槃」。所以在這裡，對須菩提提的問題 ── 如何安住？佛陀做了回答：無住涅槃。到目前所討論的教理層次，也就是緣生性空這個層次，我們對什麼是無住涅槃，做了上邊的解讀。但這不是究竟解讀，等到後邊，當討論到諸法實相的時候，我們會在那個層次上，對成佛的無住涅槃再作解讀。

二、境行果

講到這裡，《金剛經》第五段學習圓滿了，我們做一下總結。須菩提給老師提了三個問題：一個發大乘心的人，如何安住？如何修行？如何降伏其心？佛陀一口氣做了三段回答，就是《金剛經》第三段、第四段和第五段，分別回答了須菩提這三個問題：怎麼降伏其心？大菩薩們以發菩提心的方式降伏其心；怎麼修行？修六度，而且要無住而修；如何安住？「智不住生死，悲不住涅槃」，無住而住，無住涅槃。《金剛經》的這三段經文，實際上是整個般若法門的綱領、核心。從發心到修行以至於證果，一個非常完整的修行次第。在佛教裡有一組詞對這三件事高度概括：「境」、「行」、「果」。凡夫的修行，首先就是對境發心，而後是如法修行，最終證無住涅槃而成佛。「境」、「行」、「果」三個字，高度簡潔地概括了大乘佛法修行的過程。

6. 須菩提白佛言：「世尊，頗有眾生，得聞如是言說章句，生實信不？」佛告須菩提：「莫作是說。如來滅後，後五百歲，有持戒修福者，於此章句能生信心，以此為實。當知是人，不於一佛二佛三四五佛而種善根，已於無量千萬佛所種諸善根，聞是章句，乃至一念生淨信者，須菩提，如來悉知悉見，是諸眾生得如是無量福德。何以故？是諸眾生無復我相、人相、眾生相、壽者相，無法相，亦無非法相。何以故？是諸眾生，若心取相，則❶為著我、人、眾生、壽者。若取法相，即著我、人、眾生、壽者。何以故？若取非法相，即著我、人、眾生、壽者。是故不應取法，不應取非法。以是義故，如來常說，汝等比丘，知我說法，如筏喻者，法尚應捨，何況非法？」

下邊開始學習《金剛經》第六段。佛陀做了上面的表述之後，須菩提又有新的問題了：

「須菩提白佛言：『世尊，頗有眾生，得聞如是言說章句，生實信不？』」

須菩提問老師，會有眾生聽了您前邊這三段話──要發心度一切眾生入無餘涅槃，而當度了眾生還要覺得一個沒度，還要無住地修布施，還要見相非相才能見如來，眾生聽了您這樣的話，能生起真實的信心嗎？前面已經討論過，有的眾生聽了佛說的法，就能生起信心，而有的眾生聽了佛說的法，生起信心是需要波折的，需要努力的。看佛陀怎麼回答：

「佛告須菩提：『莫作是說。』」

---

❶則：通行本作「即」。

佛陀跟須菩提說，你可別這麼說。

「如來滅後，後五百歲，有持戒修福者，於此章句能生信心，以此爲實。」

三、後五百歲

　　這裡要解釋一個詞：什麼是如來滅後的「後五百歲」？如來滅後的「後五百歲」，《金剛經》裡沒講，但其他經裡講了。「後五百歲」指的是佛陀涅槃之後的第五個五百年。佛陀涅槃之後的第一個五百年叫「初五百歲」，佛陀涅槃之後的五百年到一千年叫「二五百歲」，一千年到一千五百年叫「三五百歲」，一千五百年到兩千年叫「四五百歲」，佛陀涅槃之後的兩千年到兩千五百年，這五百年就叫「後五百歲」。佛教對這五個五百年還有別的名稱，「初五百歲」，叫作「解脫堅固」的五百年，也就是佛陀涅槃之後的最初五百年，眾生依佛所說，修行得道、得解脫的很多；第二個五百年叫「禪定堅固」的五百年，也就是得解脫的不多了，但是還有很多人在修禪定；第三個五百年叫「多聞堅固」的五百年，解脫的不多了，修行的人不多了，但是還有很多人願意聽聞佛法，聽聞佛陀的正法；第四個五百年叫「塔寺堅固」的五百年，也就是到了第四個五百年，大家的主要精力都是在修塔、修廟上，至於佛陀的正法，大家已然不感興趣了；那麼第五個五百年，「後五百歲」，叫作「鬥諍堅固」的五百年，到了這「後五百歲」，佛陀的教法，在世間出現了混亂，教派紛爭，個人做個人的解說，相似佛法氾濫，這叫「鬥諍堅固」的五百年。

　　佛陀涅槃之後，佛陀教法在世間的流布，還有另外一種表述方式，叫作「正法」、「像法」和「末法」。「正法」是佛陀涅槃之後的最初一千年，當然也有的經典講是最初五百年，屬於正法時期，「正者證也」，就是有很多眾生聽聞佛法，都能夠有所證悟。正法之

後叫「像法一千年」，「像」有兩重含義：第一，造佛像，大家對法本身不感興趣，熱衷於造像；再引申一重含義，「像者似也」，也就是相似佛法開始出現。而後是「末法一萬年」，「末者微也」，也就是佛教很衰落了。如果按照正法一千年、像法一千年，這就占掉了兩千年，而這個後五百歲，也就是佛陀涅槃之後的第五個五百年，實際上是末法時期開始的五百年。

聽到這裡大家能理解吧，佛陀授記——也就是佛陀預言——佛法在世間的流布，隨著離他老人家的時間越遠，佛教在世間的流布狀態越衰落，也就是佛法經過正法、像法、末法是一路走下坡路。學習「如是我聞」的時候，我們講佛陀是圓滿的智者，佛陀是徹底從夢中醒來的人，所以他老人家給我們這些夢中的凡夫說的法，自他老人家說法那天起，就是圓滿自足的，沒有給我們後人留下絲毫的發展、補充、豐富、修改的可能性跟必要性。其實不僅如此，不僅我們對他老人家的教法沒有補充、發展、提高的可能性跟必要性，更重要的是，離他老人家越遠的時代的眾生，對他老人家教法的理解的能力越弱。看看今天的佛教流布狀態，整個市場上充斥著的都是心靈雞湯、相似佛法，到處都是把佛法當氣功練的人，而自以為是真實的佛法。所以要注意佛陀的教法在世間的流布是走下坡路的。

後五百歲指的是佛陀涅槃之後的第五個五百年，也就是佛陀涅槃之後的兩千年到兩千五百年這段時間。那麼有個問題：佛陀涅槃至今多少年了？按照南傳佛教的記載——流傳於泰國、緬甸跟中國雲南傣族地區的佛教，叫南傳佛教，也叫上座部佛教，他們在上個世紀的一九五六年，隆重紀念了佛陀涅槃兩千五百年——二〇一七年，是佛陀涅槃兩千五百六十一年，這是南傳佛教的記載。漢傳佛教有獨立記載。近代中國有一位非常重要的佛教學者叫呂澂，依據呂先生的考證，他認為按照漢傳佛教的獨立記載，佛陀應該是涅槃在西元前四八六年。如果按照呂先生的考證與漢傳佛教的記載，那麼二〇一三年是佛陀涅槃第兩千五百年，二〇一四年應該是佛陀涅槃兩千五百周年，也就是漢傳佛教的記載比南傳佛教晚了大概五十七年。總而言

之，不管用南傳佛教的記載，還是漢傳佛教的記載，我們現在所處的時代，就是兩千五百年剛剛出來的時代，也就是我們現在已然不是在後五百歲了，比後五百歲還要出來一點點的時代。所以可以理解，這是一個佛教很衰落的時代。釋迦牟尼回答須菩提說，須菩提，你要知道，到我滅度後兩千年到兩千五百年的那個時期，佛教想必很衰落的時期，都一定有很好的持戒修福的人，聽了《金剛經》我前邊的這段表述，一定能生起信心，這是很真實的呀！

030 無法相無非法相

「當知是人，」

指的是在後五百歲，具有了福德、聽聞了甚深般若波羅蜜法門能夠生起信心的人，釋迦牟尼說：

「不於一佛二佛三四五佛而種善根，已於無量千萬佛所種諸善根，」

什麼意思？也就是在末法時期，聽受般若波羅蜜法門而能夠生起信心的人，在往昔的多生累劫的、相似相續的生命過程中，一定不是在一位佛兩位佛三四五位佛那裡去做供養因，而種下了日後在末法時期，能夠來聽聞金剛般若的佛法，同時還能生起對佛法信心的因，不是在一位佛兩位佛三四五位佛那裡去供養而獲得的因，而是在無量千萬佛所那裡做了供養，才獲得了這樣一個因——善根。

所以在今天這樣一個末法時期，我們能夠共同學習《金剛經》，這是一件很不容易的事情，想必我們在往昔都是種下了大善根，才能有今天的因緣聚會。

「聞是章句，乃至一念生淨信者，」

就是聽了前面佛陀那段教誨，有一個念頭生起清靜的信心，老師說：

「須菩提，如來悉知悉見，是諸眾生得如是無量福
德。」

　　也就是聽了《金剛經》前面的經文，能夠生起一念的信心的：第
一，「如來悉知悉見」，釋迦牟尼佛以及十方諸佛，都以他的佛的智
慧能夠知道，以佛眼能夠見到，「悉知悉見」。前邊經文中，須菩提
曾經讚歎老師：「如來善護念諸菩薩，善付囑諸菩薩。」所以可以理
解，這就是如來對修行者、對後來的菩薩的攝受。聽聞《金剛經》，
「一念生淨信」，「如來悉知悉見」，都是在如來願力的攝受下。第
二，「是諸眾生得如是無量福德」。在末法時期能夠聽受金剛般若波
羅蜜法門，能夠生起一念信心的人，會獲得無量的福德——注意「無
量」，出世間法才可稱為「無量」。

　　「何以故？」

　　為什麼說末法時期聽聞了金剛般若法門的人，會受到如來的攝
受，會有無量的福德呢？

　　「是諸眾生無復我相、人相、眾生相、壽者相，無法
相，亦無非法相。」

　　聽聞《金剛經》一念生淨信的人，在一念淨信的時候，已然沒了
我相、人相、眾生相、壽者相。重點是下邊「一念生淨信者」，「無
法相，亦無非法相」。這句經文是《金剛經》裡一個很難理解的難
點，對「無法相，亦無非法相」的理解，眾說紛紜，幾乎每個講授
《金剛經》的人，似乎講得都不一樣。怎麼理解「無法相，亦無非法
相」呢？首先，什麼是法？「法」，梵文是「dharma」，佛教高頻詞
彙，經常出現，那麼這個「法」字有幾種理解呢？

一、法之三義

第一，六塵之法。色、聲、香、味、觸、法，對應六根：眼、耳、鼻、舌、身、意，法對應的是「意」，因此六塵之法，是我們凡夫的「意」所對的那個境。通俗地講，我們凡夫所能想像到的、所能理解的一切都是法。從這一點來理解，法的概念很大，凡夫境界的一切都可以稱為法。這個時候的法，佛教專有名詞叫作「有為法」。實際上，佛陀想告訴我們的是，我們凡夫境界所執有的一切的法的所謂存在，都是不真實的。這是對法的第一個理解，六塵之法。

第二，既然有「有為法」，那麼一定還有一個詞叫作「無為法」，那也是法，什麼是無為法呢？就是如來、佛親證的諸法真實性，《金剛經》裡叫「諸法實相」，就是真實。佛陀認為我們凡夫之所以輪迴於生死，不能涅槃，原因是我們無明所障，無明所障導致的後果是我們見不到真實性，見不到真實，行為就背離真實，因此造業，因此輪迴。所以佛陀要打破無明讓我們見真實，也就是在佛陀眼裡，我們是顛倒夢想的凡夫，執著著一個在佛陀看來不真實的世界以為真實，所以沒有見到真正的真實。佛陀所證的、所要告訴我們的真正真實，佛教的表述就是「無為法」，這也是法。

有為法、無為法，是對法的廣義理解。對「法」這個字，還有第三個理解，就是狹義的理解。其實在佛經裡，在佛教經典裡，出現「法」的時候，有的時候僅僅指佛說的法，佛講給我們這些凡夫聽的，能夠引領著我們凡夫走向解脫的那些道理、修行方法。佛說的法也叫法，通常叫作「佛法」。

這是對「法」這個字的不同理解。問題是，在《金剛經》這段經文裡，「無法相，亦無非法相」的「法」，是指什麼？我的理解是，在這裡，「法」其實僅僅指佛說的法，也就是佛法。為什麼作這樣的理解呢？其實讀下面的經文會發現，佛陀講到這兒，要引申出一個新的話題了，什麼話題？佛說凡夫境界上一切的存在都是空，那佛說凡夫境界一切的存在都是空的這個道理本身空不空？佛說的法空不空？

其實下邊就是在討論這個話題。因此我理解「無法相，亦無非法相」的「法」，在這裡指的是佛法，佛說的法。

二、法相

　　什麼叫法相呢？我們凡夫執佛說的法為實有、執佛說的法為真實，就是法相。佛說凡夫境界一切都是空，那麼凡夫又執著著佛在凡夫的境界上、為凡夫說的凡夫境界一切都是空的這個道理為不空，以為實有，這又成為我們解脫的新障礙。這個新的障礙就叫作「法相」。

三、無法相

　　什麼是「無法相」呢？不要忘了二諦（參12、13兩節，80-89頁）。在勝義諦上，我們要觀佛說的法依然還是空。佛說的法，也不過是假名安立；佛說的法，也只不過是對治我們凡夫的顛倒見，引導著我們這些無明所障的凡夫走向解脫，親證真實的一個方便。所以我們不可執著於佛說的法為實有。佛陀要讓我們證的真實，在《金剛經》裡叫「實相」，「實相」是離言的，真實性確實是不可言說的，佛陀所說的法不過是假名安立。所以什麼是「無法相」？在勝義諦上觀佛說的法是空，佛說的法也不過是對治眾生的顛倒見，引導眾生走向解脫的一個方便而已，不能執著於佛說的法為實有，這叫「無法相」。

四、非法相

　　可是眾生難度，眾生總是落邊見（參90頁），你說「無法相」，眾生馬上就倒到法相的對立面，叫作「非法相」。什麼是「非法相」？既然佛陀說的法不是真實，實相離言，真實不能夠語言詮表，

那有的人就認為，那你佛陀壓根兒就不應該說法，甚至佛就不能夠說法。這種執佛陀不該說法、不能說法的見解，就是非法相，「亦無非法相」，就是對這個非法相的否定。固然在勝義諦上，不能執佛說的法為實有，甚至在勝義諦上，佛無法可說，但是一定要知道，在世俗諦上，佛一定要說法，佛陀必須說法，如果佛陀不說法，眾生怎麼能解脫呢？

五、因指見月

其實佛說的法，不是眾生解脫的障礙，是我們凡夫執著佛說的法為實有——這種執著成為了障礙。在佛教裡有一個特形象的說法，叫作「因指見月」。你問佛陀月亮在哪兒？佛陀抬起手來，用手指一指，給你指向月亮。可是我們凡夫不因佛陀的指而見月，卻盯著佛陀的指頭看，說：「哦，原來這就是月亮！」執著於佛陀的手指為月亮，這是很嚴重的問題。那麼凡夫發現了這個問題以後，不反省自己的責任，把這個責任推給佛，說：「你用手指指月亮，那責任是你，因為你一指，我就執著你的手指為月亮了。」因此有人說：「你就不應該指。」可是，佛陀不指月，你怎麼能見月？所以「因指見月」這個比喻非常好，我們既不要執指為月，我們也不能因為執指為月而否定了指的作用，前者執指為月，就是執了法相，後者是因為執指為月而否定了指的作用，認為你壓根兒就不應該指，這就是執了非法相。所以佛陀在這裡講：「無法相，亦無非法相。」

　　「何以故？是諸眾生，若心取相，則為著我、人、眾生、壽者。」

這很好理解：如果一個眾生執著了凡夫境界一切的存在為真實，這就執取了相，那麼他一定是著了我、人、眾生、壽者。

「若取法相，即著我、人、眾生、壽者。」

一個眾生執取佛說的法為實有，那麼在他的心中，一定有一個實有的能說法的佛、一個聽佛說法的弟子跟佛說法這事，因此一定是著相的，「即著我、人、眾生、壽者」。

「何以故？若取非法相，即著我、人、眾生、壽者。」

執著著一個不該說法、不能說法的佛，和一個沒有聽到法的弟子，所以執「非法相」，看似很空，其實依然執著了我、人、眾生、壽者，因為在他心中，有不能說法的佛跟沒有聽到法的弟子，還是著相。

「是故不應取法，不應取非法。」

佛陀在這裡否定了執取法相跟執取非法相，這是中道。

「以是義故，如來常說，汝等比丘，知我說法，如筏喻者，」

在這裡佛陀用了一個非常形象的比喻，把自己說的法比喻成過河的船、筏子。這裡幾個要點：

第一，佛陀說的法，是渡眾生過河的船。當然也可以不用這條船，前面講過，有沒有不聽佛陀說法就可以走向解脫的呢？有，獨覺，但那是極小概率事件，絕大多數凡夫都不能沒有佛的這條船。

第二，既然是船，它只是工具，只是渡眾生的工具，不是目的，不是世界的真實。比如，前面講，佛說緣生性空，有人就理解為：佛陀認為這個世界的真實是緣生的，是性空的 —— 這個講法是不準確的。佛陀在這裡講緣生、講性空，只是解構我們凡夫對凡夫境界的那

種執著，執著凡夫境界的常一不變性、獨立存在性；所以佛陀講緣生、講性空，重在解構，是解構我們眾生的方便，是解構我們眾生的善巧，因此它是工具，不是目的。

第三，既然是船，過了河就要捨，過了河背著船在旱路上行走，那是相當糟糕的事。

第四，既然佛陀說我說的法僅僅是筏子、是船、是過河的工具，那我們凡夫就要很好地利用佛陀的這個工具過河，千萬不要坐在筏子上研究筏子。而我們世間很多學佛者，特別是佛教學者，其實他們做的工作，就是坐在筏子上研究筏子，這不是佛陀的願望。

031 法布施為最

一、無我的智者風範

第六段結尾部分，釋迦牟尼老師把自己說的法，比喻成一條過河的筏子，一條小船。大家透過這樣的比喻能夠體會出什麼嗎？什麼是無我的智者？世間的思想家、哲學家們，往往表現出來如下做派：總是宣稱，我的思想是最普遍的、最深刻的、永恆的、絕對的、放之四海而皆準的真理。這種表述就表達了表述人內在那種強烈的「我」的意識。可是佛陀這樣一位偉大的智者，他的思想已經影響了人類兩千五百年了，而且在未來必將對人類還要產生巨大的影響；這麼一位偉大的智者，卻自己評價自己的學說，不過是引導眾生過河的一條小船而已。這就是無我的智者風範。對於我們凡夫而言，如果我們要過河，佛陀的這條小船我們得用，但是佛陀告誡我們，這不過是條船，一旦過了河，抓緊扔，抓緊捨。我們用這條船，用了還得當沒用，即用非用，要把執著法相和執著非法相這兩種觀念都要捨掉，基於中道，就是下一句話：

「法尚應捨，何況非法？」

再從另一個角度看，既然佛陀說的法不過是過河的筏子，那麼對於我們這些學佛的人來講，千千萬萬不要坐在筏子上，只是在那裡研究筏子而忘卻了過河。如果我們只是研究筏子而忘卻了過河，那就有違佛陀教誨。

講到這裡，《金剛經》第六段學習圓滿了。

二、以無為法而有差別

7.「須菩提，於意云何？如來得阿耨多羅三藐三菩提耶？如來有所說法耶？」須菩提言：「如我解佛所說義，無有定法名阿耨多羅三藐三菩提，亦無有定法如來可說。何以故？如來所說法，皆不可取，不可說，非法非非法。所以者何？一切賢聖，皆以無為法而有差別。」

第七段經文，又是以釋迦牟尼反問須菩提開始的，老師說：

「須菩提，於意云何？如來得阿耨多羅三藐三菩提耶？如來有所說法耶？」

老師提了兩個問題，第一個問題：「如來得阿耨多羅三藐三菩提耶？」「得」是「證得」的意思。在大乘佛法裡，「我要成佛」和「我要證得阿耨多羅三藐三菩提」，這兩句話是劃等號的。所謂要成佛，就是要證得無上的正等正覺。可是在這兒，老師反問須菩提說，須菩提，那個真正成了佛的，證沒證得阿耨多羅三藐三菩提呀？這是第一個問題。第二個問題：「如來有所說法耶？」通俗地講，就是佛說法了嗎？注意此時此刻佛陀正在說法，佛陀在正在說法的當口問須菩提：我說法了嗎？看須菩提怎麼回答的：

「須菩提言：『如我解佛所說義，無有定法名阿耨多羅三藐三菩提，亦無有定法如來可說。』」

這句話玄奘法師譯為：「如我解佛所說義者，無有少法如來證得阿耨多羅三藐三菩提，亦無有少法是如來所說。」義淨法師譯得更直截了當：「如我解佛所說義，如來於無上菩提，實無所證，亦無所說。」綜合這三個譯本，須菩提怎麼回答老師這個問題的？須菩提回

答說，老師啊，按照我所理解的佛陀您老人家教誨的法義的話，那成佛的，沒證得阿耨多羅三藐三菩提，佛什麼都沒說。須菩提為什麼會作出這樣的回答？不要忘了二諦。成佛證沒證得阿耨多羅三藐三菩提呀？從世俗諦的意義上講，成佛就是為了證得阿耨多羅三藐三菩提。但是從勝義諦上講，一切法空上講，阿耨多羅三藐三菩提空不空？依然是空。因此成了佛的人，證得阿耨多羅三藐三菩提，他還得覺得沒證，那才是真正的證。如來說法沒有？從世俗諦上說了，如來不正在說法嗎？但是從勝義諦上講，如來所說法依然是空，他老人家說了我們還得當沒說。所以須菩提回答說：成佛的人，沒證得什麼阿耨多羅三藐三菩提，如來什麼都沒說。

「何以故？」

我為什麼作上面的回答呢？

「如來所說法，皆不可取，不可說，非法非非法。」

這句話鳩摩羅譯得非常好。「如來所說法」，從這幾個字講，如來說沒說法？「如來所說法」，當然說了，但是從什麼意義上說了呢？從世俗諦的意義上說了，但是如來所說的法，「皆不可取」——「取」就是「執著」、「執取」——我們這些凡夫，不能把佛陀老人家說的法又執為實有。「不可說」，在什麼意義上講不可說？在勝義諦的意義上，在空上，佛無法可說。佛陀老人家說了我們還得當沒說，「非法非非法」，當我們凡夫執著於法相，執著於非法相，要「雙遣」，都要否定，這是中道。

「所以者何？」

「所以者何」與「何以故」，梵文相同，鳩摩羅什翻譯避免前面

「何以故」、後面「何以故」重複，就變換了一種翻譯方式。

「一切賢聖，皆以無為法而有差別。」

在解釋這句話的時候，大家總是把「賢」與「聖」這兩個字分開解，其實沒有必要。對照梵文原本，其實就是一個詞：「ārya-pudgala」，聖者。佛教裡什麼眾生能稱為是聖者？就是見道者，登地的菩薩。什麼是見道？通俗講，見道就是見了真實，即「無為法」，「無為法」就是佛陀證悟的真實，《金剛經》裡更多表達為「實相」。一切的聖者，那些見道的人，都是以證得諸法的實相而有差別；由於根性的不同，修行境界的差別，他們可以分為初地菩薩、二地菩薩、三地菩薩、四地菩薩以至十地菩薩，都是由於他們對諸法實相的證得的差別，而顯現出層次的差別。「無為法」，「實相」，就是「所證」，而聖者就是「能證」，「能證」對於「所證」顯現出種種的差別。上邊就是須菩提對老師提問所作的回答。從這一段回答可以看出來，須菩提確實不愧為是佛陀「解空第一」的弟子，他對佛陀所講的法，特別是般若波羅蜜法門，理解得非常深刻、非常準確，回答得非常出色。

《金剛經》第七段我們學習圓滿了。

三、三千大千世界

8.「須菩提，於意云何？若人滿三千大千世界七寶，以用布施，是人所得福德，寧為多不？」須菩提言：「甚多，世尊。何以故？是福德即非福德性，是故如來說福德多。」「若復有人，於此經中受持乃至四句偈等，為他人說，其福勝彼。何以故？須菩提，一切諸佛，及諸佛阿耨多羅三藐三菩提法，皆從此經出。須菩提，所謂佛法者，即非佛法。」

第八段還是以佛陀給須菩提提問開始，老師說：

「須菩提，於意云何？」

須菩提，你對下面這事，有什麼看法？

「若人滿三千大千世界七寶，以用布施，是人所得福德，寧爲多不？」

首先這裡涉及一個詞：「三千大千世界」。其實這是古代印度人的一種世界觀。在古代印度人的心中，「三千大千世界」代表的是整個宇宙。印度古人把我們人類所居住的世界，稱爲一個「小世界」，這個世界中間是一座高高的山，叫須彌山，而周圍是四大部洲。集一千個小世界，就稱爲一個「小千世界」，集一千個小千世界，就稱爲一個「中千世界」，再集一千個中千世界，就稱爲一個「大千世界」。又因爲這一個大千世界裡包含著大、中、小三種千世界，因此一個大千世界也稱爲「三千大千世界」，這是印度古人所建立的世界模型和對宇宙的理解。佛陀在印度說法，就延用了或者說借用了印度古人的這種世界觀，所以佛經裡經常講三千大千世界。佛經裡講到三千大千世界，一方面表示整個宇宙，另一方面表示很大很大。

四、法布施為最

「若人滿」的「滿」是「鋪滿」的意思：假若有一個人，能夠把三千大千世界都鋪滿了「七寶」。佛教經典對七寶的表述是有一些差別的，哪七個寶？表述上有差別。當然這個問題無需糾結。佛教說七寶，指的是我們人間最可寶貴的那些東西，金、銀、琉璃、硨磲、瑪瑙、珍珠等等。有一個人，財富能夠把七寶都鋪滿了三千大千世界──這個人財富確實很大，世界首富跟這位先生一比，就像個窮光蛋。但看下一

句：「以用布施」。什麼意思？就是一個人極端富有，他的七寶能鋪滿三千大千世界，但是他把能夠鋪滿三千大千世界的七寶，全都布施了，全都捐了，財布施，那釋迦牟尼問須菩提：「是人所得福德，寧爲多不？」這個人所得到的福德多不多？看須菩提怎麼回答的：

> 「須菩提言：『甚多，世尊。』」

哎呀老師，太多太多。但是接著看，須菩提畢竟是「解空第一」的弟子，須菩提說：

> 「何以故？」

我爲什麼說它多？

> 「是福德即非福德性，是故如來說福德多。」

如果如來說這位先生福德多，還不僅僅是因爲他捐的財富多，而是他不以這個福德爲福德，因爲福德在勝義諦上講也是空，不以福德爲福德，所以如來才說他福德多。這就是「解空第一」的須菩提的回答，回答的非常精彩。看下邊佛怎麼說：

> 「若復有人，於此經中受持乃至四句偈等，爲他人說，
> 其福勝彼。」

注意在這一段，佛陀想告訴須菩提另一件事。「若復有人」，就是還有一個人；「於此經中」，就是在這部《金剛經》當中；「受持」，如果從鳩摩羅什的譯本講，「受」是「接受」、「領受」的意思，「持」是「奉持」，按照去做叫「受持」。但其實也不必把問題理解得這麼複雜，因爲這個詞在《金剛經》梵文原本中對應的梵

文是「udgrhya」，是「抓取，拿出」的意思，也就是說還有另外一個人在這部《金剛經》當中能夠拿出，「乃至」——乃至意為「甚至只是」——「四句偈等」——「偈」，梵文是「gāthā」，這是印度的一種文學文體，四個「gāthā」；當然大家都在爭論到底是哪四句偈，沒必要進行這個爭論，因為這是印度人的一種表達習慣，一種習慣的表達方式，說「四句偈」不是專門指哪四句，而是說僅僅四句——甚至只是從《金剛經》中僅僅拿出四句話；「為他人說」，給他人講說；「其福勝彼」，這個從《金剛經》中僅僅拿出四句偈給別人講說的人，所獲得的福德，比前面布施了能夠鋪滿三千大千世界七寶的那位先生的福德還要多。

這是什麼法義？*法布施為最*。大乘佛法修行是六波羅蜜，排在第一位的是布施波羅蜜，而布施又分很多種，比如說財布施、身命布施、無畏布施，當然還有法布施——就是給別人講佛陀的教法。這段經文，佛陀想告訴我們的是，法布施與前面幾種布施相比較的話，法布施是最重要的。為什麼？因為前面幾種布施，僅僅是滋養著被布施人的肉身生命，比如說他吃不上飯，你給他飯吃，他穿不上衣，你給他衣穿。通俗地講，前幾種布施，只能讓被布施的人，在這個如夢如幻的人生當中，在這個夢裡面做個好夢、不要作惡夢而已。而法布施，滋養的是被布施眾生的法身慧命，是讓眾生怎麼從這個人生大夢當中醒來的問題。這是有著巨大差別的。

比如說，你見到一個乞丐，給了他一定的錢財，這是財布施，當然無論如何這都是值得讚歎、值得隨喜的。但更重要的是，在財布施基礎上，應該有法布施，比如說，你要告訴這個乞丐，別人這麼富有，你為什麼淪落到今天如此地貧窮？給他講因果，這是第一。第二，你要告訴他，即便今天我把全部的財富都布施給你，你脫貧了，變成富人了，但富人也有苦——窮人有窮人的苦，富人也有富人的苦。第三，眾生怎麼才能最終究竟地擺脫生命的苦呢？只有按照佛陀的教誨去修行，去尋求解脫。後面這些內容，都是法布施，而法布施的重要性比財布施重要得多。

032　破除對修證果位的執著

　　一個修行大乘佛法的人要修布施，而在諸多布施當中，法布施為最殊勝。一個修行大乘佛法的人，首先要發菩提心；菩提心的重要內容之一是世俗諦菩提心，就是度一切眾生入無餘涅槃，能度眾生入涅槃的、能令眾生解脫的，只有佛陀的正法。所以一個修習大乘佛法的佛弟子，應該時時刻刻反省自己，你法布施了嗎？你把自己所聽聞的佛陀的正法弘揚出去了嗎？你為佛陀教法的弘揚做了什麼？這是一個修行大乘佛法的弟子，要時刻反省的事情。對於大乘弟子，大乘的修行者，法布施不是可做可不做的事，不是可多做可少做的事，而是必須要做的事，而且是必須要盡最大的力量去做的事。這是修行，是行菩薩道。

　　看經文的下一句：

　　　「何以故？」

　　老師說，我為什麼這樣讚歎法布施？為什麼這麼讚歎為別人講《金剛經》的功德？佛說：

　　　「須菩提，一切諸佛，及諸佛阿耨多羅三藐三菩提法，
　　皆從此經出。」

　　過去、現在、未來一切佛的無上正等正覺的法，都從這部《金剛經》流淌出來，所以般若法門是成佛的根本。大乘佛教講，般若是諸佛之母；那麼佛陀說有佛法，諸佛阿耨多羅三藐三菩提法，看下一句，老師馬上說：

「須菩提，所謂佛法者，即非佛法。」

從這裡開始，《金剛經》出現一種非常獨特的表達方式，般若法門的獨特表達方式，隨說隨掃。佛說佛法，在世俗諦上說佛法，但是在勝義諦上是空，非佛法，不可執佛法為實有，這是隨說隨掃。

《金剛經》第八段經文，到這裡學習圓滿了。

一、菩薩行總結：第六-八段

我們回顧一下。按照印度古德的理解，《金剛經》第三段到第八段，這六段是一組，這一組經文表達一件事：菩薩行。《金剛經》第二段裡，須菩提問了老師三個問題：一個發大乘心的人應該怎麼安住？怎麼修行？怎麼降伏其心？老師做了第三段（參130頁）、第四段（參158頁）、第五段（參165頁）的回答：以發菩提心來降服自己的心，以無住地修六度作為大乘佛法修行的根本，最後無住涅槃，以無住而住。所以《金剛經》第三段、第四段、第五段，要格外地留意，這是大乘佛法菩薩行的根本。

佛陀講了這麼一個極其重要的般若法門，對於佛陀所說的法，我們應該怎樣看待？怎麼理解？因此第六段（參172頁）、第七段（參184頁）、第八段（參186頁），對佛說的法進行了討論。首先須菩提說，老師您前面講的甚深般若法門，有人能信嗎？佛陀說，你不要這麼想，即便到了後五百歲，「有持戒修福者」，聽了前面的般若法門，都會生起信心，只要他「一念生淨信」，就會獲得無量的福德。當然在後五百歲，能夠來聽《金剛經》、聽了還信的人，不是一般人；佛陀說這些眾生「不於一佛二佛三四五佛而種善根，已於無量千萬佛所種諸善根」。佛陀在這段經文當中表揚的眾生，就是我們現在共同學習《金剛經》的各位，我們應該為此感到驕傲。

緊接著，佛陀又把自己所說的法作了個比喻，就是筏喻：我說的法，不過就是一隻過河的筏子。一個眾生要想解脫，離不開我的筏

子，但是又不能執我筷子爲實有：「不應取法，不應取非法。法尚應捨，何況非法？」進而又討論說：「如來得阿耨多羅三藐三菩提耶？如來有所說法耶？」成了佛的得沒得阿耨多羅三藐三菩提？如來說沒說法？須菩提回答說：「無有定法名阿耨多羅三藐三菩，亦無有定法如來可說。」因爲佛所說的法，「不可取，不可說，非法非非法」。到了第八段，佛陀用了一個非常形象的比喻告訴我們，法布施是最最重要的。

這是對前面六段經文的簡單回顧，可以講，這六段經文是《金剛經》的一個重點，印度古德概括爲：菩薩行。

二、離諸障與增上慢

9.「須菩提，於意云何？須陀洹能作是念，我得須陀洹果不？」須菩提言：「不也，世尊。何以故？須陀洹名爲入流，而無所入，不入色聲香味觸法，是名須陀洹。」「須菩提，於意云何？斯陀含能作是念，我得斯陀含果不？」須菩提言：「不也，世尊。何以故？斯陀含名一往來，而實無往來，是名斯陀含。」「須菩提，於意云何？阿那含能作是念，我得阿那含果不？」須菩提言：「不也，世尊。何以故？阿那含名爲不來，而實無不來，是故名阿那含。」「須菩提，於意云何？阿羅漢能作是念，我得阿羅漢道不？」須菩提言：「不也，世尊。何以故？實無有法名阿羅漢。世尊，若阿羅漢作是念：我得阿羅漢道。即爲著我、人、眾生、壽者。世尊，佛說我得無諍三昧，人中最爲第一，是第一離欲阿羅漢。我不作是念：我是離欲阿羅漢。世尊，我若作是念：我得阿羅漢道，世尊則不說須菩提是樂阿蘭那行者。以須菩提實無所行，而名須菩提是樂阿蘭那行。」

下面開始學習第九段經文，從第九段經文到第十七段經文這九段

經文，印度古德概括爲：離諸障；就是離開種種修行的障礙。一個修行者，從發菩提心到能夠見道，在這個修行的過程當中，會有種種的障礙；這些障礙當中，最根本的障礙是慢障，也叫作「增上慢」。什麼是增上慢？就是因自己修行獲得進步而生起的慢心，更重要的是，以自己所證得的每一步境界爲實有，執此境界爲實有，此爲根本的增上慢，而增上慢是菩薩行的大忌，導致增上慢的根本的思想原因是執法爲實有。

從第九段開始，佛陀破這種種的障礙、種種的慢。第九段經文是斷除、破除執所證果位爲實有的那種慢，這段經文是以小乘修行過程中的四果——四個證得的果位——爲例。當然這裡是以大乘法的境界來解讀小乘的果位，這裡也隱含著一個目的，就是引導修行小乘法的人迴向大乘，叫「迴小向大」。第九段是以小乘修行的四果爲例，來破除對修證果位的執著。小乘修行的四果，分別是須陀洹果、斯陀含果、阿那含果和阿羅漢果。

三、小乘四果

須陀洹，是小乘的初果，是小乘的見道位。注意，小乘的見道跟大乘的見道是不一樣的；小乘的見道位，能夠解決什麼問題呢？小乘法認爲我們凡夫有兩種「惑」——即兩種糊塗，一種叫「見惑」，一種叫「修惑」。透過須陀洹果的初果見道，能夠消除見惑；修惑是往昔種種的業力所感，只靠著須陀洹的見道不能消除，還要修行，只有透過不斷地修行、修道才能消除的惑叫修惑。須陀洹是見道初果，透過見道初果，見惑被消除了，還需消除修惑，因此還需要七次受生，即七次生死，才能達到涅槃的境界，因此須陀洹也叫作「入流」，「流」就是「生死」，入流就是還要七次入生死，來消除修惑，這是須陀洹果。

斯陀含是小乘的二果，也叫作「一往來」。修惑被分爲九品，即九個層次；證得斯陀含果，消除了前六品的修惑，但是後邊還有三品

修惑未斷，因此還必須再到欲界受生一次，修行一生，斯陀含就是「一往來」。所謂「一往來」，就是到欲界當中還要走一趟，這是小乘的二果。

三果阿那含。證得阿那含果，九品的修惑全都斷除了，因此不需要再來欲界受生了，所以叫「不來」，可以安住於色界或者無色界，但是注意，還不是涅槃。

第四，阿羅漢果。阿羅漢是小乘修行的最高果位，涅槃的果位，是斷除了一切煩惱、證得了清靜的解脫境界。

上面是對小乘四果做的一個簡單介紹。下面看《金剛經》的經文第九段，老師問須菩提，說：

「須菩提，於意云何？」

須菩提，你對下邊這事怎麼看？

「須陀洹能作是念，我得須陀洹果不？」

證了須陀洹的人，能不能覺得我已經證了須陀洹果了？這是老師的問題，看須菩提怎麼回答：

「須菩提言：『不也，世尊。』」

老師，不可以，證了須陀洹果的人，不能覺得自己證了須陀洹果。

「何以故？」

為什麼呢？

「須陀洹名爲入流，而無所入，不入色聲香味觸法，」

在世俗諦上要入流，要到欲界受生，但是從勝義諦上講，一切是空，無所入，「不入色聲香味觸法」。

「是名須陀洹。」

只是把他名爲須陀洹。注意，「名」這個字在整部《金剛經》中是非常重要的，在般若法門當中是非常重要的，在佛陀的二時教法當中是非常重要的。後邊要深入闡述佛陀二時教法的教理，等那段教理闡述完了，就可以理解「名」的意義（參36小節，216-221頁）。看下一句經文，老師說：

「須菩提，於意云何？斯陀含能作是念，我得斯陀含果不？」

證了斯陀含果位的人，能不能覺得自己證了斯陀含果？

「須菩提言：『不也，世尊。何以故？斯陀含名一往來，而實無往來，是名斯陀含。』」

斯陀含，他只是名爲「一往來」，在世俗諦上要到欲界一往來，而在勝義諦上能來所來皆是空，所以實無往來，只是名斯陀含。下一句經文老師說：

「須菩提，於意云何？阿那含能作是念，我得阿那含果不？」

證了阿那含果位的眾生，能不能覺得我證了阿那含果了？

「須菩提言：『不也，世尊。』」

老師，不可以。

「何以故？阿那含名爲不來，而實無不來，是故名阿那
含。」

阿那含名爲「不來」，在世俗諦上不來，在勝義諦上實無不來，
只是把他叫作「阿那含」。下一句經文，老師說：

「須菩提，於意云何？阿羅漢能作是念，我得阿羅漢道
不？」

證得阿羅漢的，能不能說我證了阿羅漢道？

「須菩提言：『不也，世尊。何以故？實無有法名阿羅
漢。』」

須菩提回答說：不可以啊，老師；爲什麼？沒有任何名爲「阿羅
漢」的法。後面把教理深入討論後，回過來再看這段經文，就會更深
切地理解什麼叫「實無有法名阿羅漢」。須菩提說：

「世尊，若阿羅漢作是念：我得阿羅漢道。即爲著我、
人、眾生、壽者。」

那些認爲自己證了阿羅漢道的，是著了我相、人相、眾生相、壽
者相的。下一句經文，須菩提說：

「世尊，佛說我得無諍三昧，人中最爲第一，是第一離

欲阿羅漢，我不作是念：我是離欲阿羅漢。」

佛曾經說，須菩提是證了無諍三昧，三昧是「定」。但是對照梵本，其實這裡是「vihārin」，是「住」，無諍地住——無諍，無有爭論。一個證阿羅漢的人，是證了人我空，證了人無我；證了無我的眾生，會對天下眾生生起無盡的悲心，因此就可以處處地隨順眾生，所以證阿羅漢的人，都是無諍三昧，「人中最爲第一」。佛陀曾經讚歎須菩提「是第一離欲阿羅漢」，須菩提說，雖然老師說我「是第一離欲阿羅漢」，但是我並不想說我是離欲阿羅漢。下一句經文，須菩提說：

「世尊，我若作是念：我得阿羅漢道，世尊則不說須菩提是樂阿蘭那行者。」

如果我認爲我證得阿羅漢道，那麼世尊，老師您，就不說我須菩提是個樂阿蘭那行者。阿蘭那行，是十二頭陀當中的一個行；「阿蘭那」，梵文是「araṇya」，「樹林」的意思；阿蘭那行，就是遠離城市，住於清靜之處去修行，這是通常對阿蘭那行的解釋。但是對照現存梵文原本，這個梵文詞是「araṇā」，不是「araṇya」。「araṇā」是什麼？就是前面說的「無諍」。所以對阿蘭那行可以做兩個解釋：一個是僧人住於靜處的修行，一個是無諍行、無諍住。這裡須菩提說，如果我想「我是得了阿羅漢道了」，老師您就不會說我須菩提是個阿蘭那行者了。

「以須菩提實無所行，而名須菩提是樂阿蘭那行。」

正是因爲我須菩提實無所行，您才把我須菩提叫作是個樂阿蘭那行者。

《金剛經》第九段，是斷除對果位的執著，離增上慢。《金剛

經》第八段結尾的地方，佛說「所謂佛法者，即非佛法」。如果套用
這樣的說法，可以把《金剛經》第九段概括爲「所謂諸聖者，即非諸
聖」。

第四章

權便中觀・下

10. 佛告須菩提：「於意云何？如來昔在然燈佛所，於
法有所得不？」「世尊❶，如來在然燈佛所，於法實無所
得。」「須菩提，於意云何？菩薩莊嚴佛土不？」「不也，
世尊。何以故？莊嚴佛土者，即非莊嚴，是名莊嚴。」「是
故須菩提，諸菩薩摩訶薩，應如是生清淨心。不應住色生
心，不應住聲香味觸法生心，應無所住而生其心。須菩提，
譬如有人，身如須彌山王，於意云何？是身為大不？」須菩
提言：「甚大，世尊。何以故？佛說非身，是名大身。」

下邊開始學習《金剛經》第十段，《金剛經》第十段可以分成三
個小段。

一、聽法無所得

先看第一小段：

「佛告須菩提：『於意云何？如來昔在然燈佛所，於法
有所得不？』」

老師問須菩提一個問題：你對下邊的事怎麼看？「如來」，指釋
迦牟尼自己。「昔」，過去。「在然燈❷佛所」，燃燈佛，是一個佛

---

❶世尊：通行本作「不也，世尊」。
❷然燈：又作「燃燈」。後文同。

的名字。釋迦佛在其他經典裡講過，燃燈佛是釋迦牟尼在因地作菩薩修行的時候的一位老師。釋迦牟尼在這裡問須菩提，我過去在燃燈佛那裡獲得什麼法了嗎？這個「得」，是「獲得，獲取」的意思。看須菩提怎麼回答的，須菩提回答：

> 「世尊，如來在然燈佛所，於法實無所得。」

老師啊，您沒有從燃燈佛那裡獲得任何的法，這是須菩提的回答。怎麼理解這一段經文？不要忘了二諦（參12、13兩節，80-89頁）。在世俗諦上，釋迦佛講他在因地作菩薩的時候，作為學生追隨親近燃燈佛學習，這件事佛陀在很多經裡都是這樣講的，佛陀這樣講是在世俗諦上言說。那麼在《金剛經》裡，這裡要強調的是，在勝義諦上，一定要觀能聽、所聽皆是空，沒有說法的人，沒有聽法的人，也沒有所得之法，叫「聽法無所得」。這是《金剛經》第十段的第一小段，「聽法無所得。」

看第二段：

> 「須菩提，於意云何？菩薩莊嚴佛土不？」

老師又問了一個問題，說須菩提，菩薩是否莊嚴佛土了？這裡出現了一個概念：「莊嚴佛土」。什麼是莊嚴佛土？其實大乘菩薩修行的過程，就是一個莊嚴佛土的過程。

二、通願與別願

前邊特別強調，大乘佛法的一個要害，就是發菩提心——世俗諦菩提心跟勝義諦菩提心。現在從另外一個角度對世俗諦菩提心再作一個解讀。所謂發世俗諦菩提心，在佛教裡也叫作「發願心」。那麼世俗諦菩提心的根本願心是什麼？是「四宏誓願」，四個宏大的誓願。

哪四個？「眾生無邊誓願度，煩惱無盡誓願斷，法門無量誓願學，佛道無上誓願成。」

「眾生無邊誓願度」，一個發大乘心的人，按照《金剛經》講，「所有一切眾生之類，我皆令入無餘涅槃而滅度之」。所有一切眾生之類啊！所以眾生雖是無邊，但是我要發願度盡一切眾生。

「煩惱無盡誓願斷」，這裡的「煩惱」，對於一位大乘的菩薩，不僅僅指自己的煩惱，而是指一切眾生的煩惱——我的修行就是要斷除一切眾生的煩惱。

「法門無量誓願學」，因為眾生根性的差別，佛陀為了度眾生，說了種種的法門，佛陀為眾生說法，就像醫生給患者治病，有什麼病，醫生開什麼藥，眾生有什麼病，佛陀說什麼法；一個發大乘心的菩薩，要度一切眾生，就必須無量的法門都要學，才有度無邊眾生的可能；所以一個大乘佛法的修行者時刻要反省自己，是不是「法門無量誓願學」？

「佛道無上誓願成」，就是經過修行，要度一切眾生成就無上的佛道，這是大乘佛法世俗諦菩提心的根本願心。

四宏誓願也叫作「通願」，也叫作「共願」，是修行大乘佛法的人、誓願成就無上菩提的眾生都要發的願。那麼世俗諦菩提心，還有別願，也就是具體到不同的修行者，除了要發四宏誓願這樣的共願之外，還要發自己區別於其他眾生的願，叫作「別願」。舉個例子：大家都非常熟悉的一尊佛，叫阿彌陀佛；這尊佛在末法時期，與我們娑婆眾生有著大因緣。釋迦牟尼在《無量壽經》、《阿彌陀經》、《觀無量壽佛經》裡邊告訴我們，末法時期度眾生的一條大法船，就是阿彌陀佛的法門。我特別希望日後有機緣共同學習一下《無量壽經》，非常重要。

三、彌陀別願

現在先簡單通俗地講一下阿彌陀佛的法門。在《無量壽經》中，

佛陀告訴我們，阿彌陀佛在沒有成佛以前，在因地作菩薩的時候，他的相似相續當中的某一生是個國王，但是他棄了國王的位置，出家做比丘了，法名「法藏」，法藏比丘。法藏比丘觀我們娑婆世界眾生的修行艱難，障礙多，經常退轉；所以法藏比丘從他內心的悲心當中，發了四十八個大願，這就是阿彌陀佛的別願，這四十八個願，只是阿彌陀佛因地時候發的。這四十八個大願裡面主要講什麼呢？法藏比丘說，從今開始，我修行的一切功德，都迴向成就我的一方淨土──注意是淨土；這個淨土一旦成就起來，那兒無惡道──沒有三惡道，是淨土。生到我這方淨土的眾生，所願皆成，要什麼來什麼，不必為生存去奔波勞碌。去到那裡，沒事可做？不是。到了那裡，要聽聞佛法，會有最好的老師講法，以至於我的世界，風聲、雨聲都是在說法，甚至眾生聞到我那裡樹的香氣，都會發心修行。更重要的是，凡來到我這個世界的眾生，日後我一定會讓他得不退轉果──所謂「不退轉果」，就是在修行的歷程中只前進不後退。大家知道眾生修行的一個艱難就是退轉，進一步退兩步。

　　他的大願力，還有一個重大的要點就是臨終接引。我的世界這麼好，如果有眾生發願，說願來生去他的世界，那麼只要在活著的時候憶念我，念我的名字，那麼在臨終的時候，可能嘴裡念不出我的名字了，但是心中掛念著我，我一定接引到我的世界，絕不拒簽，這叫臨終接引。也就是這個世界很好，而且去的又很方便，這是法藏比丘發的大願中的要點。法藏比丘發願以後，經過多生累劫的勤苦修行，把他修行的一切功德，去莊嚴、去圓滿他的那一方淨土。後來，他的願成就了，他也因此成佛了，成的佛就是阿彌陀佛。阿彌陀佛在哪兒成佛？就是在他的因地發願所要成就、所要莊嚴的那一方淨土成佛。他所成就的淨土，就叫作「極樂世界」。

　　阿彌陀佛在因地作法藏比丘的時候，發了四十八個大願，經過多生累劫的勤苦修行，以他修行的功德去莊嚴、去成就了他的這一方世界，他也因此在他的淨土極樂世界而成佛。從因地發願以至於成佛的修行過程，就叫作「莊嚴佛土」。所以可以理解，所謂菩薩的修行就

是莊嚴佛土、度化眾生。當然正是因為法藏比丘因地發的大願，他成佛了，成了阿彌陀佛，因此也就成就了末法時期、度化眾生的一大方便法門，就是往生法門。

四、藥師別願

還有一位，老百姓叫「藥師佛」，其實全名叫「藥師琉璃光佛」。釋迦牟尼講了一部經叫作《藥師琉璃光如來本願功德經》，這尊佛的本願就是他的別願。在《藥師經》當中，釋迦牟尼告訴我們，這位藥師佛在因地、在他作菩薩的時候，也發了大願，發了十二個大願。經過多生累劫的勤苦修行，他的願圓滿了，他的淨土成就了，他的淨土就叫作「淨琉璃世界」，藥師佛也就在他的淨琉璃世界而成佛。藥師佛從他在因地作菩薩時候發大願，經過多生累劫勤苦修行，他的願圓滿了，他的淨土成就了，他也在他的淨土成佛了，這個過程就叫作「莊嚴佛土」。

順便多說幾句。阿彌陀佛的極樂世界叫「西方極樂世界」，藥師琉璃光佛的淨琉璃世界叫「東方淨琉璃世界」。一東一西，什麼法義？在這裡，東、西是表法的：東邊是太陽初升的地方，因此表生，西邊是太陽落山的地方，因此表死。所以比較藥師佛因地的十二大願與阿彌陀佛因地的四十八大願，他們的願有什麼區別呢？阿彌陀佛的願重在死後接引往生極樂世界，藥師佛的大願重在當下，在眾生生的時候利益眾生，而引導眾生趨向無上菩提。所以一個是以生度眾生，一個是以死度眾生。這就是東方淨琉璃世界的藥師琉璃光佛和西方極樂世界的阿彌陀佛，一東一西，一生一死，生死不二。所以這兩部法在弘揚上，一定要等持。

「莊嚴佛土」解釋完了。釋迦牟尼老人家在很多經裡告訴我們，菩薩們是怎麼發願，怎麼努力成就莊嚴自己的佛土的。但是到《金剛經》這裡，老師反問須菩提說：「須菩提，菩薩莊嚴佛土不？」菩薩真的莊嚴了自己的佛土了嗎？看須菩提怎麼回答的，須菩提回答說：

「不也，世尊。」

老師啊，菩薩沒有莊嚴佛土。

「何以故？」

我為什麼這麼回答呢？

「莊嚴佛土者，即非莊嚴，是名莊嚴。」

　　注意，這是鳩摩羅什譯本第一次出現的《金剛經》著名三段論。須菩提說：為什麼我說菩薩沒有莊嚴佛土呢？因為佛陀說莊嚴佛土，它就不是莊嚴佛土，它只是稱為、名為莊嚴佛土。「佛說什麼，即非什麼，是名什麼」，這是《金剛經》著名的三段論，後面有「佛說世界，即非世界，是名世界」，「佛說微塵，即非微塵，是名微塵」，「佛說般若波羅蜜，即非般若波羅蜜，是名般若波羅蜜」。怎麼理解這三段論？要如實解讀這三段論，必須得在教理上深入地學習。

　　前面講，在佛陀的二時教法當中，佛陀解構我們凡夫自以為的真實世界的時候，用了二諦模式。我們把二諦分成四重二諦，四重二諦又分兩組，第一重二諦和第二重二諦是第一組，第三重二諦和第四重二諦是第二組。前面的課程已經學習了第一組二諦，也就是第一重二諦和第二重二諦，概括起來是四個字：緣生性空。但是要對《金剛經》三段論進行解讀，在教理上必須要引申出第三重和第四重二諦。不能引申到第三、四重二諦，三段論不好解讀。因此，接下來將進入到我們這一次學習的一個重點、難點，即教理上的第三重、第四重二諦。

034 熏習：佛教教理體系

　　從這一講開始，將集中學習教理。首先我們把過去所討論過的教理做一個回顧。第一，佛陀顯教的教理，分為三乘，即人天乘、小乘和大乘。認同了三世說生命觀，但生不起出離心的人，佛陀為他們講了人天乘的法。認同了三世說生命觀又能生起出離心，但生不起菩提心的人，佛陀給他們說了小乘佛法的法。小乘法還有另外一個名字，叫作「聲聞乘」。佛陀給認同了三世說生命觀又能夠生起出離心，還能夠生起菩提心的人，說了大乘佛法。有人會說，有沒有可能沒有生起出離心而發起菩提心，這種可能性有嗎？沒有。沒有出離心作基礎的菩提心是偽菩提心。這是對上面學習過的教理的第一點回顧。

　　第二，對小乘教法和大乘教法，依《解深密經》，又做了三時判教，小乘佛法又被稱為初時教法，而大乘佛法分為二時教法和三時教法。《解深密經》把佛陀顯教的教理分成了三套名言系統，叫作「三時判教」，三時判教還有另外一個名字，叫作「三轉法輪」。初時教法，也稱為佛陀的初轉法輪，二時教法也被稱為佛陀的第二轉法輪，三時教法也被稱為佛陀的第三轉法輪。在藏傳佛教中，仁波切們、堪布們講法的時候，更喜歡用三轉法輪這樣的稱呼。《金剛經》是般若經的一部分，屬於佛陀的二時教法，也就是第二轉法輪的法。

　　第三，也是非常重要的一點，我們把佛陀教法在縱向上分為了三時教法，就是剛才說的三轉法輪，佛陀教法的橫向如何劃分？具體到每一時的教法內部，佛陀是怎麼安立他的教法體系的？其實這一點，特別是對於大乘佛法——即佛陀的二時教法和三時教法，非常清晰，佛陀橫向的教法體系分為前、後兩部分。第一部分是破增益，佛陀要建立種種的方便善巧，告訴我們，我們凡夫自以為的真實世界，其實一點都不真實，這是教法的第一部分。第二部分是補損減，透過前

面這部分教理的學習，有些眾生已經認同了釋迦牟尼關於凡夫境界是不眞實的這個道理，佛陀給這些眾生講什麼才是佛陀證悟的眞正的眞實。大乘佛法橫向的教法體系首破增益，次補損減，要予以重點關注。

有人學習佛陀的教法，學來學去思想混亂，還有教派之爭，進行很多激烈的學術紛爭，爲什麼？造成的原因，其實在很大程度上，是對佛陀教法的橫向體系不清晰。很多人讀了很多佛教經典，可就不明白佛陀想幹什麼。爲什麼我們要安立橫向的教法體系？只有把橫向的教法體系搞清晰，佛陀的教法才會清楚地呈現在我們眼前。

爲什麼佛陀要安立這樣的橫向教法體系呢？就是因爲佛陀認爲我們這些凡夫之所以輪迴於生死，最根本的原因是無明。無明就是糊塗，對什麼糊塗？對佛陀證悟的眞實性的糊塗。佛陀認爲我們這些凡夫沒有見到眞實，我們見到了桌椅板凳、山河大地，自以爲眞實，佛陀說這一點都不眞實，都是我們凡夫的虛妄分別、顚倒夢想。正是因爲我們見不到眞實，所以眾生的行爲背離眞實；背離眞實的行爲就會造業，造業了就會輪迴。所以佛陀把我們凡夫輪迴的根本原因，歸結爲無明，因此佛陀給出的引領著眾生走向解脫的方案，概括爲一句話就是：「打破無明見眞實。」

無明所障的凡夫，導致了一個嚴重的後果就是，我們凡夫死死地抓住了一個、在佛陀這樣的智者看來、根本不眞實的世界當作了眞實，這是妨礙著我們凡夫見到佛陀證悟的眞正眞實的最大障礙。因此，要見到佛陀證悟的眞實，就必須首先剷除妨礙我們見眞實的這個障礙，就是要把不眞實的當了眞實這樣一個障礙首先剷除。因此就可以理解了，佛陀教法的橫向體系的第一部分，就是佛陀他老人家掰開了、揉碎了，從不同角度、不同層次、安立不同的名言系統，建立了各種的方便善巧，要幹一件事，即讓我們凡夫知道：我們凡夫的境界，一點都不眞實。我用三個詞來表達佛陀的這段教理，就是：解構、顚覆和破除。佛陀在幹什麼？佛陀在解構我們凡夫自以爲的眞實世界，佛陀在顚覆我們凡夫對自以爲的眞實世界的理解，佛陀在破除

我們凡夫的境界。在此基礎之上，佛陀給那些透過這第一部分教理的學習、已經清醒意識到了我們凡夫境界是不真實的人，講佛陀證悟的真正真實是什麼。這就是佛陀教法前、後兩部分體系，也就是破增益和補損減。這前後的次序是不能搞反的，這是修行的次第。

這兩部分教理就是破增益和補損減。什麼是增益？就是我們凡夫把不真實的當成了真實，你強加上去的，佛陀首先要把它剷除掉。什麼叫損減？因為增益，因為我們把不真實的當成了真實，所以我們見不到佛陀證悟的真正真實。那麼，佛陀對那些破了增益的、認同佛陀關於凡夫境界一切的存在都是不真實的眾生，講什麼才是佛陀證悟的真正真實，這就是補損減。對凡夫而言，破增益和補損減，哪個是重頭戲？破增益是重頭戲。學佛難就難在這裡。我們幾十年所形成的思想觀念——不僅僅是幾十年，實際是過去多生累劫、相似相續過程中所積澱下，對世界的這樣一種理解——要被佛陀解構掉、要被佛陀顛覆掉、要被佛陀破除掉。這是何其之難！

第四，佛陀首先要解構我們凡夫自以為的真實世界，那麼佛陀解構的這個世界，首先要把它做個劃分。佛陀把我們凡夫自以為的真實世界，分成了兩個部分：第一叫人我執，第二叫法我執——也就是我們凡夫心裡自以為的真實：第一，內在主觀心靈世界的真實存在；第二，外在客觀物質世界的真實存在。佛陀解構我們，就是解構我們的人我執和法我執。從這一點上也可以理解小乘佛教與大乘佛教的區別，有兩個基本的區別：第一，發心的區別，小乘只發出離心，只是為自己的解脫，而沒有菩提心，而大乘不僅有出離心，同時有菩提心，是為一切眾生的解脫而修行。第二個區別是教理上的區別，小乘佛教只重在解構人我執，講人我是空，懸置了法我空不空的問題。大乘佛教不僅要解構人我執，同時也要解構法我執，人法皆空。

第五，不判教成不成？不成。因為眾生根性的差別，佛陀說法就一定得有差別。不了解佛陀說法的差別，就會造成思想混亂，就會出現教派之間的思想紛爭。教派之間出現思想紛爭，不是判教造成的，而恰恰是不明瞭判教而造成的。比如說，從解構而言，佛陀的三套教

法在解構模式上完全不一樣：初時教法用十二緣起──也叫十二因緣的模式來解構；二時教法，佛陀用二諦的模式來解構，叫作緣生緣起；而三時教法，佛陀用八識模式來解構，叫作藏識緣起。如果不了解判教，把這三套教法混起來學習，只能造成思想的混亂。《金剛經》是佛陀二時教法的經典，佛陀用了二諦的模式，來解構我們凡夫自以為的真實世界。世俗諦，是佛陀為了度化我們這些凡夫，他老人家迫不得已地，向我們這些世俗的凡夫做了妥協而建立的道理；而勝義諦是佛陀基於一個世俗諦要引申出作為智者更殊勝的理解。所以二諦是個模式，是一個遞進的模式。我們把二諦分成了四重二諦，而且把這四重二諦分成了兩組，也就是第一重二諦和第二重二諦是第一組，第三重二諦和第四重二諦是第二組。

第六，二時教法的解構模式二諦，分四重二諦，前面已經學習了前兩重二諦。第一重二諦，世俗諦實有，這是佛陀向我們凡夫做了最徹底的妥協；實有，是承認了我們凡夫境界上的存在，是一種真實的存在，進而佛陀引申出一個勝義諦就是緣生。佛陀說我可以在世俗諦上，承認你們凡夫境界上的存在是存在，但是在我智者的心中，這些存在不過是種種條件的臨時聚合而生起的存在──緣生。這一重二諦，佛陀已然在解構我們。當我們凡夫認定凡夫境界上一個事物是存在的時候，這個存在在我們凡夫心中是一個堅固性的存在，這個堅固性，首先表現為它的不變性，也就是當我們認定一個事物是存在的，那麼其實我們就是默認了這個事物的常一不變性，而這第一重二諦，佛陀就是在解構這個不變性。佛陀說無常，沒有常一不變性，而且無常講得很徹底，是「當生即滅，滅不待因」。

第二重二諦，緣生成為第二重二諦的世俗諦，勝義諦是性空。這裡的「性」，是獨立存在性，梵文是「svabhāva」，「bhava」就是「存在」，「sva」就是與別人沒有關聯的、獨立的，「svabhāva」就是獨立的存在。空就是沒有，這個獨立存在性沒有，叫性空。有的時候這個詞也譯成「無自性」──沒有獨立存在性。這一重二諦佛陀在幹什麼？在解構我們，也就是當我們凡夫認定一個事物是存在的時候，這個事物

在我們凡夫的心中表現為某種堅固性，而這個堅固性所表現的第二個特點就是獨立存在性。佛陀這第二重二諦告訴我們，我們凡夫境界上的存在，是沒有這個獨立存在性的，也表達成「無我」。

前兩重二諦也就是第一組二諦，我們把它概括為「緣生性空」。佛陀想告訴我們，凡夫境界上一切的存在，是沒有常一不變的獨立存在性的存在，這是在解構我們、在顛覆我們。為什麼？因為我們凡夫最典型的見解，就是認為事物所謂存在的背後，有常一不變性、獨立存在性。比如說對於「人我」，對於我們眾生內在心靈的「我」，凡夫會認為，一生當中，我們什麼都會變，沒有問題，肉體會變，思想會變，但是這背後總得有一個沒變的吧？如果再一相信生命的輪迴，那麼自然就會想，輪迴的背後總得有一個輪迴的主體吧？這是典型的凡夫見解，而佛陀就是要解構這個見解。

前面討論的這段教理，有的人聽了以後就理解了、接受了佛陀的解構，但是一定有人不理解，他會堅持自己的凡夫見解，不願意接受佛陀的解構。比如說，有人就會問個問題：無我了，那誰在生死、誰在輪迴？佛法為了回答這個問題，就安立了一個方便善巧，說無我，而凡夫的輪迴只是相似相續；可是一說相似相續，他馬上會問一個新的問題，誰在相似相續？相似相續背後總得有個主體吧？可是要知道，佛陀安立相似相續，就是想告訴我們，輪迴的背後沒有永恆不變的、獨立存在的一個輪迴主體，如果有這樣一個輪迴主體，那它就不是相似相續。還有人會說：無我了，誰在修行？這個問題好像很尖銳，似乎修行就得一定有一個常一不變的、獨立存在的精神主體去修行，這是最典型的凡夫見解，佛陀要破的就是這個見解。什麼是佛法的修行？佛法修行的極其重要的目的之一，就是為了讓我們了知、讓我們去證悟沒有常一不變的、獨立存在的精神主體，無我。可是我們非要堅持有我，就造成了思想的衝突，不願意接受佛陀的解構。

前兩重二諦，也就是第一組二諦，可以總結為「緣生性空」，這四個字如果拓展成兩句話就是：「只有相互依存，沒有獨立存在；只有相似相續，沒有常一不變。」如果用一個詞兩個字概括，就是「無我」。

035 四重二諦之第三重：緣生其實是無生

一、第一組二諦未入大乘門徑

第一組二諦告訴我們，我們凡夫境界上一切的存在，都是沒有常一不變的獨立存在性的存在，前兩重二諦，把我們凡夫對凡夫境界的存在的常一不變性跟獨立存在性解構了，緣生而性空。對於這樣的教理有的人能接受，有很多人已經接受不了了，因為過去多生累劫在我們心中所熏習下的常一不變性、獨立存在性，也就是我執，是極其強烈的，很難被解構的。

雖然前面的教理已經很多人無法接受了，但是如果我們在教理上只講到這兩重二諦——緣生性空，大乘佛法的門還沒有入，還在大乘佛法的門外。前兩重二諦，只是佛陀二時教法中的前行法，說得通俗一點，是為講真正的大乘佛法做準備工作和鋪墊工作的，還沒有真正進入大乘佛法的門。

為什麼說教理講到這一步，還沒有進入大乘佛法的門兒呢？第一，如果只講到這裡，與小乘法相比，還是沒有顯現出根本的不同。雖然講到這裡，與小乘法相比是有差異的——這個差異體現在兩個方面：第一個方面，解構模式的差異，小乘法是用「十二緣起」來解構，在這裡是用「緣生緣起」來解構；第二方面，是解構範圍的差異，小乘法重在解構人我執，而在這裡不僅解構人我執，同時還要解構法我執。也就是講到這兩重二諦，跟小乘佛法相比，確實是有點差異的，但是沒有根本性差異，都是在講無常、無我，因此這重境界並不真正超越小乘佛法的境界。

第二，講到這裡，甚至與佛法之外的思想文化相比較，也顯現不

出大乘佛法特殊的思想不共。比如說講無常，雖然講到「當生即滅，滅不待因」，對事物變化的理解相當地徹底，但是中國的《易經》也講「變」，古希臘哲學家也說：「一個人不可能兩次下到同一條河裡。」有的哲學體系也說，事物運動是絕對的，靜止是相對的。因此講變化，在很多思想文化體系裡都講，雖然我們講到這兩重二諦的時候，我們講的變化，講的無常，講得相對確實徹底一些，「當生即滅，滅不待因」，但是只講到緣生性空，注意這是生滅無常，不能凸顯出佛法與非佛法的真正不共，不能凸顯出大乘佛法與小乘佛法真正的思想不共。所以，講大乘佛法如果只講到這前兩重二諦，實際上大乘佛法的門還沒有入，這只是前行法，是鋪墊，我們必須在教理上繼續深入，進入到四重二諦的後兩重二諦，也就是第二組二諦。可以講，第三重二諦是入大乘佛法的真正門檻，四重二諦裡最大的要害，最難的突破，是第三重二諦。

大家要知道，二諦是個模式，是佛陀對凡夫境界一種遞進的解構模式，也就是第一重二諦最接近凡夫境界，越往後越遠離凡夫境界，越接近智者的境界。因此，往後的二諦，作為凡夫在理解上會越來越難。《心經》有一句話：「遠離顛倒夢想。」一定要重視「顛倒」這個詞——顛倒就是把事搞反了。我們凡夫認為的存在，佛陀認為它一點都不存在，而佛陀證悟的真實，我們凡夫一丁丁點都沒有看到。恰恰就是我們凡夫執著於我們凡夫境界所謂的存在，使得我們見不到佛陀證悟的真實存在。所以佛陀首先幹的一件事，就是解構、顛覆、破除我們凡夫對凡夫境界上的理解。這件事情，是非常關鍵的。

前兩重二諦，有人理解，有人不理解，這很正常。當我們講後兩重二諦的時候，能夠理解前兩重二諦的人，一定會繼續產生分化，有人能接受，能理解後兩重二諦，但有很多人是無法接受、無法理解後兩重二諦的，因為它太遠離我們凡夫的境界了。所以要提醒大家，如果能夠理解後兩重二諦，很好，說明具有大乘根性；如果暫時還理解不了後兩重二諦，那麼我建議：第一，如果你目前只是把佛法、佛教的思想，當作一種知識文化來學習的話，那麼你就把她當作一個你暫

時不能理解的一種思想文化學說來學習。這世界上我們不能理解的思想文化學說，其實還有很多。不能理解、不能認同，其實這是每個人的自由，可以；但是提醒大家，不要誹謗，不能把自己不理解的就斥爲胡說、斥爲錯誤，這樣不好。所以我建議把佛教當作一種思想知識文化來學的人，當不能理解佛陀教誨的時候，就把她當作一個你不能理解的思想文化來學習，就可以了，你就知道原來世界上還有這麼來理解世界的人。當作一種文化知識來學習，這是第一。

第二，如果你是佛教徒，那麼在聽受第三重、第四重二諦的時候不能理解、不能接受，我建議要生起懺悔的心，這說明福德不夠。千千萬萬不要因爲自己不理解，而對佛陀的教誨產生懷疑，這是佛教徒不應該的。

二、再談緣生性空

好的，該鋪墊的都鋪墊完了，下邊開始討論第三重二諦。

第三重二諦是基於前兩重二諦而建立的，前兩重二諦，佛法告訴我們，我們凡夫境界上一切的存在，是緣生性空的，那麼緣生性空是對前兩重二諦的一個總結，因此，緣生性空就成爲了第三重二諦的世俗諦。佛陀前兩重二諦在幹什麼？已然是在解構我們凡夫的見解了。解構我們什麼？解構我們的常一不變性和獨立存在性。

爲什麼是解構呢？因爲當我們凡夫認定一個事物是存在的時候，其實我們就是默認了這個事物，有常一不變性跟獨立存在性。比如說這張桌子，我們說它是存在的，我們之所以說這張桌子是存在的，其實在我們的心中就是默認了這張桌子的不變性。比如說此時此刻，我看的是這張桌子，我閉上眼再一睜眼，那麼在我心中所呈現的還是剛才那張桌子，沒有變。我今天看是這張桌子，我走出這個房間，明天再走進這個房間的時候，在我眼前所顯現的這張桌子，我認爲還是昨天那張桌子，沒有變。正是這種不變性，才使我們能夠認定這張桌子是存在的。這是第一。第二，就是獨立存在性。我們之所以能認定這

張桌子是存在的，是因為在我們的心中，這張桌子不是那張桌子，這張桌子不是這把椅子，它的這種相對獨立的存在，在我們心中是明明了了的。也就是我們凡夫之所以能認定一個事物是存在的，其實這個認定的前提，就是這個事物在我們的凡夫的心中，有常一不變性和獨立存在性。常一不變性和獨立存在性，是我們凡夫能夠認定一個事物是存在的這個認定的前提。問題就在這裡，佛陀的前兩重二諦，緣生性空，恰恰把我們凡夫認定一個事物存在的這兩個前提給解構了——我們之所以能認定它存在，是因為我們認為它有常一不變性和獨立存在性，而佛陀恰恰把這個常一不變性跟獨立存在性解構了。這意味著什麼？這就意味著，既然把我們認定一個事物的存在的認定前提給解構沒了，那其實就是把這個事物的存在性解構沒了。

第三重二諦，佛陀想告訴我們的是，沒有常一不變的獨立存在性的存在，其實就是不存在。緣生性空，這個性空就是獨立存在性沒有，也譯成「無自性」，「無自性」就是不存在。所以把常一不變性跟獨立存在性解構掉的最終目的，是想告訴我們，我們凡夫所認定的凡夫境界上所謂的存在，其實是根本不存在的。這是進入大乘佛法的門檻，這是要害。

龍樹，也就是對佛陀二時教法作了最權威詮釋的那位印度佛教學者，他最著名的著作是《中論》。《中論》第一品《觀因緣品》第十頌，龍樹是這樣說的：「諸法無自性，故無有有相。」

「諸法無自性」，也就是我們凡夫境界上的事物，是沒有常一不變的獨立存在性的。正是我們凡夫境界上這些事物，沒有常一不變的獨立存在性，「故無有有相」，因此它就沒有絲毫的存在性。無自性就是不存在。

佛陀安立緣生的概念，是一種解構，是佛陀解構我們凡夫對凡夫境界的真實存在的一個解構的方便善巧。我們凡夫認為凡夫境界是存在的，那麼佛陀隨順眾生，他先承認了凡夫的見解，這就是第一重二諦的世俗諦，承認了凡夫境界的存在，進而佛陀指出，凡夫境界的存在不過是緣生的。佛陀提出緣生的目的是什麼？目的是解構，目的是

匯出與我們凡夫見解相反的結論。緣生的事物，是沒有獨立存在性的，沒有常一不變性的，也就是無自性的。而這個無自性，就是不存在，所以緣生是佛陀解構我們凡夫境界的、一個巨大的解構的善巧方便。

那麼緣生無自性，就是不存在。再從另一個角度來論證這件事情，舉一個具體的例子。幾年前，我去一個汽車製造廠講課——他們高管培訓，講一天課，中午的時候，我到汽車製造廠的車間裡去參觀。這是一個什麼車間呢？是這個汽車製造廠最後的組裝車間。這個組裝車間什麼樣？是一條巨長的流水線。流水線的兩側，往裡源源不斷地輸送各種各樣的汽車零部件，而這個流水線，就是把各處輸送來的汽車零部件往上組合、往上組合，不斷地組合。流水線開端，你不覺得是車，但是你順著流水線往前走，車的模樣越來越清晰了，當走到流水線的盡頭，一輛整車下線了。

這個汽車製造廠組裝車間的流水線，把各處運來的汽車零部件組裝起來。這是一個非常典型的緣生過程。把種種的零部件——這都是緣——不斷地組裝起來。組裝、組裝、組裝，組裝的結果是一輛後來我們起名叫「車」的東西下線了。在這個組裝車間裡，不過就是把四處的汽車零部件組裝起來，組裝的結果是我們起名叫「車」的東西出現了。一定要仔細思考這個問題：最後我們起名叫「車」的那個東西，是不是在那些汽車零部件之外，又產生了那些汽車零部件當中沒有的一個新東西？

036 四重二諦之第四重：「離言空性」

　　汽車製造廠的組裝車間裡，把各處運來的汽車零部件組裝起來，後來我們起名叫「車」的東西，是不是在這些零部件之外，又產生出的零部件當中沒有的一個新東西？這個新的東西產生了沒有？對於這個問題，絕大多數人都會不假思索地回答：當然產生了新的東西，產生的就是車嘛！其實問題沒這麼簡單。大家仔細地想一想，產生出新的東西了嗎？我們後來起名叫「車」的東西，它不過僅僅是零部件的一個組合，如果逆著流水線走一趟，把這些零部件拆下來，鋪在地上不就是這一堆零部件嗎？然後順著流水線走一趟，把它組合起來，那就是我們起名叫「車」的東西。所以車這個東西，不過是零部件的組合，零部件之外，並沒有產生一個這些零部件當中沒有的新東西。

　　當然有人說，這車有了新的功能。是的，有了新的功能。但是這個功能要顯現出來，還得有人的參與，還得要加上那些能量的東西，比如說汽油、柴油、電力。這些先不說，我們就說它產生了新的功能。正是因為這新的功能，就使得我們誤會了，以為汽車製造廠產生出了汽車零部件當中，沒有的一個新的東西，由這個新的東西來導致新的功能。其實仔細一想，零部件之外沒有產生新的東西，我們起名叫「車」的那個東西，不過就是零部件的組合而已。所以我們起名叫「車」的那個東西，並沒有真正地產生。

　　有人說，車沒產生，那車軸轆總是產生了吧？可是用同樣的思想方法想一下，我們起名叫「車軸轆」的東西，不過是製造車軸轆的工廠，把產生車軸轆的那些元素一組合，起了個名叫「車軸轆」，其實還是沒產生啊！

　　有人說你舉的都是機械的例子，能不能舉點高深的例子？可以啊！化學的例子，H_2+O出現H_2O，我們給H_2O還起了一個新的名字叫

「水」；可是想一想，水是在H和O之外，又產生了一個H和O當中沒有的新東西嗎？不是的，它不過是H和O的組合。以這樣的思想方法，一分析就會發現，我們凡夫境界上一切的事物，其實並沒有產生啊！所以佛陀安立緣生，其實最終想告訴我們的就是，凡夫境界上一切的事物其實是無生——沒有產生。緣生，就是無生。佛陀安立緣生的概念，只不過是為了解構我們凡夫境界上的一個解構的善巧而已。

汽車製造廠的例子，比較貼近於我們現實人的生活。其實在佛經當中，佛陀當年比較喜歡舉的例子，比如說做瓦罐，做瓦罐的工人把泥摻上水，經過一定的程序，出現了一個可以裝東西的瓦罐。佛陀就問：這個瓦罐是不是在這些泥、水之外，又出現的一個新東西呢？其實沒有。佛陀還經常舉的一個例子，就是婦女織布，婦女在織布機上把線一根一根地串起來，出現了一個後來我們起名叫「布」的東西；佛陀問：是不是線上之外，又產生了一個線當中沒有的新東西呢？其實沒產生，無生。

龍樹論師《中論》第一品《觀因緣品》第十一頌說：「略廣因緣中，求果不可得，因緣中若無，云何從緣出？」這段話什麼意思？就是我們凡夫境界上，一切存在的事物是因緣的，若散若聚，緣生。但是其中並沒有產生出一個新東西，果並沒有產生，「求果不可得」。「因緣中若無」，在緣當中，新的事物——果「若無」——是不存在的。「云何從緣出？」怎麼會從緣真正地產生出了什麼新東西呢？沒有。所以緣生其實就是無生。佛陀想告訴我們的是，我們凡夫境界上一切的存在，從來、壓根兒就沒有產生。

這個理論是驚世駭俗的呀！凡夫是難以接受的。比如說凡夫會反駁說，理論上論證這桌子沒產生，這車子沒產生，可是在我的感覺上，我看見了，我摸到了這張桌子跟車子啊！龍樹是怎麼回答？龍樹對凡夫提出的這個問題的回答是：這不就對了嗎？這不就充分證明了你是傻子嗎？前邊已經做了充分鋪墊了，這第三重二諦是進入大乘佛法的真正門檻，而大乘佛法最極不共的教法，就是無生。

總結一下。第三重二諦的世俗諦是緣生性空，緣生就是無生，根

本就沒產生。性空，也叫無自性，凡夫境界上的存在，沒有常一不變的獨立存在性。深入一分析，無自性就是不存在。所以緣生性空就是無生，就是不存在。

一、名言假有

第三重二諦的勝義諦是什麼呢？緣生性空說凡夫境界上的存在是不存在的，可我們凡夫卻非誤以為是存在的。把一個根本不存在的東西誤以為存在，把一個根本沒有的東西誤以為是有，佛教給了它一個名字叫作「假有」——誤以為的有，叫「假有」。正是因為我們凡夫誤以為是有，誤以為凡夫境界上有什麼事物產生了——比如說汽車製造廠的組裝車間裡，組裝的結果我們誤以為產生了一個新的東西，我們總是要給它起個名：中國人起名叫「車」，美國人起名叫「car」。在這重境界上，佛陀想告訴我們的是，車是沒有的，但是凡夫不知道它沒有，誤以為它有，因此給它起了個名字叫「車」，這個名字姑且暫時算是有，但是這個名字底下所指的那個事物，絕對是沒有，但凡夫誤以為它有，假有。

因此，第三重二諦，世俗諦是緣生性空，勝義諦就是名言假有。第三重二諦，佛陀在幹什麼？佛陀在繼續解構我們。第一重二諦世俗諦是實有，真實的存在，這是最徹底的凡夫見解。經過第一重二諦，第二重二諦，到了第三重二諦的勝義諦，就是假有。凡夫境界上，根本就是不存在，只不過我們凡夫無明所障，誤以為存在，這個誤以為的存在就叫作「假有」。所以第三重二諦，佛陀把我們凡夫的實有解構成假有，這是第一點。

第二點，由於根本不存在，但我們凡夫誤以為存在，因此我們凡夫就給這個誤以為的存在要起個名，此時此刻這個名言，暫時算是存在。解構到第三重二諦，佛陀已然把我們凡夫境界的存在，幾乎都解構沒了，最後只剩下一點點名言。所以第三重二諦的勝義諦就叫作「名言假有」。

二、假有唯名

下邊繼續構建第四重二諦。第三重二諦的勝義諦，就成為了第四重二諦的世俗諦，只不過我們在語言上略作調整。第三重二諦的勝義諦叫「名言假有」，那麼到了第四重二諦的世俗諦，我們為了凸顯只剩下名言，那麼我們把它略作調整，叫「假有唯名」。透過前三重二諦的學習，佛陀已然把我們解構得只剩下點名言了。第四重二諦的世俗諦是假有唯名，勝義諦是什麼呢？只剩下名言了，那我們就分析一下名言。名言也是一種事物，但是名言這種事物，之所以叫「名言」，與其他別的事物有什麼不同呢？一個最大的不同點，就是它總是不代表自己，總是要代表別的事物。比如說，我說「杯子」，那麼當大家聽到「杯子」這個聲音的時候，你絕不是聯想到「杯」、「子」這樣兩個頻率上的聲音而已，一定往桌子上去尋找那個能夠盛水的容器。我說「杯子」，你聯想的不是「杯子」這個音聲本身，而聯想到的是桌子上盛水的那個容器。「杯子」這個音聲是個名言，總是不代表它自己，要代表另外一個事物。這個「杯子」、這個名言叫作「能詮」。名字總不代表自己，總要去代表別的事物，它總是要去代表的那個東西，叫作「所詮」。所詮，佛教裡也叫作「義」，梵文是「artha」，這個名字所指的那個物件，叫「實義」。當我們運用一個名言的時候，我們凡夫心中一定有這個名言所指的那個事物。

三、「離言空性」

第三重二諦，佛陀已然把名言所指的事物解構掉了。比如說車，是不是有一個真正的事物「車」誕生了呢？沒有。名言「車」底下不過是個緣生，並沒有產生出一個新的事物，只是我們誤以為產生了一個新事物，才給它起個名叫「車」，而我們誤以為產生的那個事物，其實根本就沒產生。所以能詮的名言所指的物件，其實根本就不存在，只不過我們凡夫誤以為它存在，才給它起個名字。因此從這個意

義上講，名字所詮的事物根本不存在，名言本身就是相當多餘的。

我們凡夫安立名言的時候，導致了一個非常不好的結果。比如說，我們凡夫所看到的世界，佛陀首先告訴我們，是沒有常一不變性，沒有獨立存在性的。可是要知道，當把一個名言安立到一個事物頭上的時候，其實就固化了這個事物。什麼叫固化了呢？就是強化了它的常一不變性、獨立存在性。比如說一個孩子降生，從我們凡夫境界上講，這個孩子從生到死是一個不斷變化的過程。可是這個孩子的媽媽，非要給孩子起個名叫「張三」。「張三」這個名字一起，就使得他上幼稚園的時候是張三，上小學、中學的時候是張三，他工作了還是張三，最後死了，還是張三死了。「張三」這個名字的安立，在我們凡夫心中，就是把我們凡夫境界上一個變化的事物給固化了。我們凡夫的心中，對凡夫境界上一切的存在，勢必會覺得它是有一個常一不變的獨立存在性的存在，它就有自性。一旦認為它是有自性的話，一個連帶的結果是，它就是一個真實的存在。名言的運用，對於我們凡夫來講，是極為有害的，它堅固了我們凡夫認為凡夫境界實有的見解，所以名言是有害的。

名言本身也是凡夫境界的事物，比如我說「杯子」，這個音聲也是事物，或者我在紙上寫下「杯子」兩個字，「杯子」這兩個字組成的這個圖案，也是一種事物。依據第三重二諦，名言這個事物本身，其實也是無生，也是根本不存在的。因此在第四重二諦當中，佛陀首先要解構的是什麼？解構的是名言，最後把第三重二諦剩下來的那一點點名言，也要解構掉。把名言解構掉，就叫作「離言」。第四重二諦世俗諦是假有唯名，是假有，也就是根本沒有，只是我們凡夫無明所障誤以為有，因此在第四重二諦當中，要把我們凡夫誤以為有的這個假有，也要解構掉。所以到了第四重二諦的勝義諦，假有就是根本沒有。凡夫境界上一切的存在，是以什麼都不存在為基本特徵的。凡夫境界上的存在，是以什麼都不存在為基本特徵這件事，佛教給了一個專有名詞叫「空性」，對應的梵文是「śūnyatā」。「śūnya」意思是沒有，空，零，什麼都沒有，「śūnyatā」就是以什麼都沒有為基

本特徵。所以第四重二諦，世俗諦是假有唯名，勝義諦是「離言空性」。既然「離言」，「離言空性」四個字都是多餘的，但是爲了度化凡夫，又不得不暫且還要安立這四個字。因此「離言空性」這四個字還要畫上引號。

四重二諦

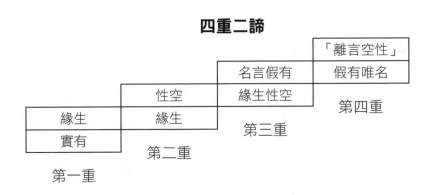

一、第一組二諦破我執

佛陀教法，特別是大乘佛法，橫向體系分為前後兩個部分：破增益和補損減。佛陀在二時教法中，破增益的模式是二諦。所以四重二諦在幹什麼？就是在解構凡夫自以為的真實世界。四重二諦是堅定不移地遞進解構模式。第一重二諦和第二重二諦即第一組二諦，概括為四個字：「緣生性空」。這一組二諦解構我們凡夫對凡夫境界上常一不變的、獨立存在的事物的執著。對常一不變的獨立存在性的執著，又叫「我執」，這一組二諦講緣生性空，破的就是我執，佛陀說無我。這一組二諦可以概括為兩句話：「只有相互依存，沒有獨立存在；只有相似相續，沒有常一不變。」

二、第二組二諦破實執

第三重和第四重二諦即第二組二諦，在第一組二諦的基礎上繼續解構，解構什麼？解構我們凡夫自以為的真實世界。凡夫執著的凡夫境界上自以為的真實世界的存在，佛教也稱為「實執」。第二組二諦，是破我們凡夫的「實執」。佛說無生，無生是破實執。後兩重二諦也可以概括為四個字：「緣起無生」。什麼是緣起？在二時教法中，凡夫境界上一切的存在是緣生而性空的，這個道理叫緣起，佛陀講緣起這個道理，最終目的是要講凡夫境界一切的法是無生。

三、只有能詮名言，沒有所詮實義

第三重二諦的世俗諦承接著前兩重二諦，世俗諦是緣生性空，勝義諦是名言假有。世俗諦上緣生性空，性空是無自性，沒有常一不變的獨立存在性。沒有常一不變的獨立存在性的存在，其實就是不存在，無自性就是不存在，緣生就是無生。所以凡夫境界上凡夫心中所呈現的存在，實際上是假有，不是真有，是凡夫誤以為的有。在佛教中，對凡夫誤以為的有，給了很多形象的描述、形象的比喻。比如說「夢中虎」，比如說「水中月」。假有，像夢中的老虎一樣，夢沒有醒來之前，你覺得它很真實，一旦從夢中醒來，會發現其實它根本沒有，從來沒有，壓根兒就沒有過。「水中月」，你覺得水中有一澄明月，可是真的下去撈的時候，發現其實根本沒有。所以假有是如夢如幻的有。

世俗諦是緣生性空，勝義諦一定是假有；但凡夫把這個如夢如幻的誤以為的真實，不僅誤以為是真實，還要給它起個名字，比如說夢中的這個是「老虎」，水中的這個是「月亮」。到第三重二諦這一重境界，「老虎」、「月亮」這些名言，我們暫時姑且認為是有，這個名言叫「能詮」。但是要知道，到了第三重二諦，佛陀已然把我們凡夫境界上存在的真實性解構了，把名言所指的對象給解構了。這個物件佛教叫「所詮」，所詮根本沒有，夢中的虎根本沒有，水中的月根本沒有。所以第三重二諦可以總結為一句話：「只有能詮名言，沒有所詮實義。」「義」，梵文是「artha」，表示名言所指的凡夫認為的真實存在，而所詮的凡夫以為的真實存在，在第三重二諦中已經被解構。

四、第三重二諦的經典依據

構建第三重二諦，有人會說，有經典依據嗎？有的。比如玄奘翻譯的《大般若波羅蜜多經》第四會，第五百五十五卷有《隨順品》，

這一品中佛說：「應觀諸法，唯有假名所詮表故，隨順般若波羅蜜多。」眞正隨順般若波羅蜜多，要觀世間的諸法僅僅是假名。「應觀諸法，唯有言說假施設故，隨順般若波羅蜜多。」如果要眞正隨順般若波羅蜜多的話，要觀世間諸法僅僅是言說的假施設。「應觀諸法，唯假建立，無處無時，一無實事可宣說故，隨順般若波羅蜜多。」要觀世間一切的法，只是一個假安立，任何地方，任何時候，「一無實事可宣說」——根本沒有眞實的事物讓你去說，這樣才是隨順般若波羅蜜多。所以我們構建第三重二諦是有經典依據的。

五、第四重二諦的經典依據

第四重二諦，世俗諦承接第三重二諦的勝義諦，叫假有唯名，勝義諦是「離言空性」。到第三重二諦爲止，佛陀已然把我們凡夫境界上一切的存在、我們凡夫誤以爲的眞實存在給解構了：凡夫以爲的存在，不過是如夢如幻的存在。但是到這裡，還殘留著名言。第四重二諦首先要解構名言，「離言」。解構名言，有經典依據嗎？是有經典依據的。我們現在是講佛陀的二時教法，佛陀二時教法最具代表性的經典是般若經；我們看《大般若波羅蜜多經》第四百七十七卷《正定品》：「佛告善現，諸菩薩摩訶薩，行深般若波羅蜜多時，遍觀十方殑伽沙等諸佛世界及諸佛眾，並所說法，自性皆空。唯有世俗假說名字，說爲世界，佛眾及法。」這一段是第三重二諦的境界，也就是要觀世界自性都是空，只是假說的名字。看下邊一句：「如是世俗假說名字，亦自性空。」假說名字本身也是自性空，所以名言還得解構。所以構建第四重二諦，首先解構名言，這是有經典依據的。隨著名言的被解構，假有也就被解構了。假有，就是沒有，其實凡夫境界的存在是以什麼都不存在爲基本特徵的。凡夫境界以什麼都沒有作爲基本特徵，佛教就叫作「空性」。所以第四重二諦，解構到最後就是「離言空性」。

第四重二諦也可以總結爲一句話：「只有『離言空性』，沒有絲

毫法生。」因爲到了第四重二諦的勝義諦，佛陀已然把我們凡夫境界一切的存在，包括名言，都解構乾淨了，沒有一絲絲法的生起。一切法無生，壓根兒就沒有生，這是第四重二諦的境界。

總結一下。四重二諦，可以概括爲四句話：

> 只有相互依存，沒有獨立存在；
> 只有相似相續，沒有常一不變。
> 只有能詮名言，沒有所詮實義；
> 只有「離言空性」，沒有絲毫法生。

這四句話可以叫作佛陀二時教法的「四有四無無障礙觀」，是佛陀二時教法破增益的修法口訣。我們在生活當中，每時每刻、時時刻刻，都要用這四句話來觀修，來破除我們凡夫心中的障礙。什麼障礙？兩條：我執和實執。我執、實執導致我們凡夫無法見到佛陀證悟的眞實。因此我們要透過對這四句話的觀修，來消除我執、實執這兩個障礙。破我執，破實執。

佛陀在二時教法中用二諦說法，爲什麼要用二諦說法？是要對治我們眾生的邊見。以第四重二諦來說，勝義諦上佛說空性，佛說我們凡夫境界上一切的存在，都是以根本不存在爲基本特徵，這是對治我們凡夫的常見。一切法無生，哪兒找常？不常。但是佛陀這時候說法的對象是凡夫，爲了防止最初聽聞空性的凡夫落斷見——此時什麼叫斷見？一聽說空性：「哇！都是空，那殺人放火搶銀行也是空啊，我爲什麼不能殺人放火搶銀行？爲什麼殺人放火搶銀行，警員抓我具有合理性？」佛陀爲了防止初聞空性的凡夫墮這種惡見，也叫斷見——佛陀留後手，這個時候在世俗諦上保留名言，也就是凡夫境界在名言上是有善惡的，所以在勝義諦上，雖然是空性，但是世俗諦上名言還暫時保留。名言上有善惡，凡夫名言上搶銀行，如果你搶了銀行，警員抓你的時候，在名言上是具有合理性的。

勝義諦也叫作「眞諦」，世俗諦有時候也譯作「俗諦」，此即

「真俗二諦」。就第四重二諦而言，世俗諦僅保留了名言，因此第四重二諦的世俗諦，有時候也被稱為「名言諦」。勝義諦上是空性，是「離言空性」，世俗諦上是假有唯名。

世俗諦、勝義諦的四重二諦講完了。四重二諦是一個不斷解構的過程。「解構」是一個很現代的詞語，其實解構的過程，用佛教的語言表達就是一個字，「空」，就是空的過程，不斷地空的過程。佛教是個講空的宗教，甚至被稱為「空門」。佛教講空，是在不同層次上說空。前邊講空的時候，已然出現了兩個詞：「性空」和「空性」。這兩個詞由兩個相同的漢字組成的，只不過字的次序顛倒了一下。但是「性空」與「空性」有著不同的法義：什麼是性空？什麼是空性？

038 性空、空性與無常

　　性空與空性，兩個相同的字，只不過字序顛倒了一下。雖然只是字序顛倒了一下，但是一定要把這兩個詞的法義搞清楚，它們是有區別的。很多人講佛教課，性空與空性不分，混著講，問題其實是很嚴重的。

一、性空

　　什麼是性空？「性空」的「性」，是指獨立存在性，在佛陀的二時教法中，這個「性」指的是我們凡夫執著於凡夫境界的存在，具有常一不變的獨立存在性，這個字有時候也譯作「自性」，梵文是「svabhāva」，「bhāva」意思是「存在」，「sva」指「與其他沒有關係的」，「svabhāva」就是與其他沒有關係的那種獨立存在性。那麼性空的「空」在這裡說的是，沒有常一不變的獨立存在性，梵文是「niḥsvabhāva」，加了一個否定首碼，沒有常一不變的獨立存在性，無自性。在四重二諦當中，性空是第二重二諦的境界，第二重二諦的勝義諦是性空。安立「性空」的名言，對治的是我們凡夫的我執，破我執，無自性，沒有常一不變的獨立存在性，這是性空。

二、空性

　　「空性」的「空」，對應著梵文「śūnya」，「śūnya」是什麼意思？表示沒有，零，不存在。「空性」的「性」對應「śūnyatā」的詞尾「tā」，表示基本特徵，「śūnyatā」就是以什麼都沒有、以什麼都不存在為基本特徵。它在四重二諦中對應的是第四重二諦的境界，

第四重二諦的勝義諦是「離言空性」。講空性，破的是我們凡夫的實執。

三、性空與空性的關係

性空破我執，佛陀說無我，無自性；空性破實執，佛陀說無生，一切法壓根兒沒產生，凡夫境界的存在，是以什麼都不存在、壓根兒無生為基本特徵的。這是兩重境界，不能混淆。

那麼性空跟空性，我們不能混淆，但是這兩個名言有沒有聯繫呢？其實也是有聯繫的。我們前邊討論四重二諦的時候，我們說無自性就是不存在，所以在佛陀的二時教法當中，說凡夫境界的一切的存在，是以無自性為它的基本特徵，叫「無自性性」，梵文是「niḥsvabhāvatva」，以無自性為基本特徵，無自性性，其實就是空性。性空跟空性是兩個不同的名言，不能混淆；但兩者之間又存在著內在的聯繫。

四、解構者，非解構也

佛教講空，我們用了一個詞叫「解構」，那空什麼？解構什麼？這一點非常重要。解構什麼？解構本來沒有、凡夫誤以為有的東西。比如說「svabhāva」，自性。凡夫誤以為我們凡夫境界上一切的存在，是有常一不變的獨立存在性的，而佛陀想告訴我們的是，凡夫自以為的常一不變的獨立存在性，是根本沒有的。所以，說解構這個我，淡化我，淡化我執，並不是說原來有一個我，我們凡夫境界有個常一不變的獨立存在性，後來透過修行，把常一不變性、獨立存在性給空掉了，給解構掉了，不是的。常一不變的獨立存在性本來就沒有，而凡夫誤以為有。所以解構的是本來沒有、凡夫誤以為有的東西。自性是這樣，存在是這樣，實執也是這樣。

實執是凡夫的一種虛妄分別，是執，凡夫以為凡夫境界是存在

的，而佛陀想告訴我們的是：其實凡夫境界壓根兒無生，它沒產生，根本就是不存在。所以解構我們凡夫境界上的存在，不是說原來有個存在，後來透過修行，把這個存在給解構掉了，給解構沒了，不是的。空是空原本就沒有的，不是原本有把它空掉。所以我們講解構，「解構者，非解構也」。不要以爲原先有個什麼東西眞實存在，後來被我們解構了。我們說解構，這是一種方便，我們說淡化我們的我執，這也是我們的方便，「淡化者，非淡化也」。這一點非常重要，這是理解佛法的空的一個要害。

五、生滅無常

凡是略微聽聞過一點佛法的人，都聽說過「無常」這個詞。我們今天對無常做一個非常精細的分析。佛法講無常，是有層次的。

小乘法講的無常是什麼？概括爲四個字：「生住異滅」。一個事物產生了，產生之後，會保持一段穩定的狀態，叫「住」。但是這個相對穩定的狀態，是不可能永遠保持的，要「異」，異就是變化，要向滅亡的方向轉化。透過異的過程最終一定是「滅」，滅就是死亡。所以小乘講無常，講的是生住異滅的無常，是說一個生了的事物，它畢竟得滅，今天不滅明天滅，明天不滅後天滅，後天還沒滅，不定哪天就得滅，不可能不滅。所以小乘佛法講無常，是從這個意義上講無常，是一個生了的東西畢竟得滅。我們在生活中聽佛教徒說：「哇！老張昨天去世了，上禮拜還跟我一起吃飯，昨天晚上突然心肌梗塞死了，哎呀！人生無常啊！」佛教徒經常有這樣的感歎。佛教徒這種感歎，是從小乘佛法講的無常上的感歎。

佛陀的二時教法，出現了第二個層次的無常。二時教法四重二諦的前兩重二諦講無常，不是「生住異滅」的無常，是「當生即滅」的無常——不是生出來可以安住一段時間，然後不斷地轉化，最終一定得滅，而是生了就滅，生的那一時刻就是滅的那一時刻，「當生即滅」。這是佛陀二時教法前兩重二諦講的無常，叫作當生即滅的無

常。二時教法前兩重二諦所講的無常，比小乘佛法講的無常，要徹底得多、要精彩得多。但是要注意，不管是小乘佛法講的生住異滅的無常，還是佛陀二時教法前兩重二諦講的當生即滅的無常，這兩重無常有個共同的特點，這兩個層次說無常，都是一個事物生了而又滅了，即便是佛陀二時教法前兩重二諦講當生就滅了，但畢竟還是生了。所以這兩個層次講無常，可以概括爲叫「生滅無常」。生滅無常不是大乘佛法要講的無常。所以前面強調，如果只講到四重二諦的前兩重二諦，大乘佛法的門還沒入呢！

六、無生無常

那大乘佛法講的無常是什麼？就是佛陀二時教法後兩重二諦所要表達的無常。後兩重二諦要表達的無常，是「無生無常」。佛陀大乘教法要告訴我們，凡夫境界是無常的，爲什麼是無常？因爲它壓根兒就沒產生，所以就無所謂「常」——「無生無常」。在般若經裡面叫作「常無，故無常」。什麼是常無？根本就沒有。「常無，故無常」，根本就沒有，所以說無常，這是大乘佛法的無常，是佛陀二時教法第三重二諦和第四重二諦講的無常。

有人說，這樣來理解無常，有經典依據嗎？有的。玄奘法師翻譯的《大般若波羅蜜多經》第五會第五百五十八卷《經典品》中，佛陀明確說：「不應以色壞故，觀色無常。」色壞，指色受想行識的色法產生了，後來又滅掉了——不能以觀色產生而又滅掉了這個生滅，來觀色是無常。「不應以受想行識壞故，觀受想行識無常。」也不應該以觀受想行識產生而又滅了——不管是生住異滅，還是當生即滅，反正是生了後來又滅了，這叫「壞」——來看受想行識是無常。「但應以常無故，觀色乃至識爲無常。」應該以觀色受想行識「常無」——根本就沒有，壓根兒就沒產生——無生——來觀色受想行識這五蘊是無常。這就是經典依據。

佛陀教法講無常，分成三個層次。第一個層次是小乘佛法的生住

異滅的無常，第二個層次是佛陀二時教法，四重二諦的前兩重二諦、作爲大乘佛法前行法的無常，即當生即滅的無常。這兩個層次的無常，可以歸爲一類，叫作「生滅無常」。第三個層次的無常，是第二組二諦所講的無常，叫作「無生無常」，要觀凡夫境界一切的法，壓根兒沒產生，這是無常，所以叫作「常無，故無常」。

如果是在宣說大乘法，只講到了生滅無常，比如說只講到緣生性空，講到當生即滅，而沒有講到無生無常，這就犯了什麼過失呢？犯的過失，佛教叫作「說相似佛法」。什麼是相似佛法？就是似是而非的佛法。《大般若經》第五百五十八卷《經典品》中，佛陀是這樣說的：「爲發無上菩提心者說」——注意是爲一個發了大乘心的人說法——「說色壞故，名爲無常，非常無故名爲無常」，給人家講法，說五蘊的色產生了、後來又消亡了是無常，沒有跟人家講色原本就根本沒產生，「常無」，沒給人家講常無才是眞正的無常；說「受想行識壞故名爲無常，非常無故名爲無常」，給想聽大乘佛法的人說，受想行識產生了、後來又消亡了是無常，沒給別人講受想行識壓根兒就沒產生，無生是無常；而且「復作是說，若如是求，是行般若波羅蜜多」，而且還特別告訴人家，看色壞、受想行識壞是無常，就是行般若波羅蜜多；那佛陀說，如果這樣給一個發大乘心的人講法的話，「如是名爲顚倒宣說相似般若波羅蜜多」，如果是這樣給發了大乘心的人講所謂大乘法的無常的話，那就是顚倒了，給別人在說相似的佛法。說相似佛法的過失是非常嚴重的。

039 寧可法滅，不可法壞

一、相似佛法不是佛法

如果講法的時候非常明確地說，現在講的是佛陀小乘法，因此說生住異滅是無常，非常如法，沒有問題。如果講佛陀二時教法前行法，明確告訴大家這是前行，還沒有入大乘佛法的門，講緣生性空，講無常是當生即滅，如法，沒有問題。但如果聲稱是講大乘佛法，而不能夠講無生無常，甚至說大乘佛法的無常，最高境界、最後境界、最究竟境界是當生即滅，如果這樣來講大乘佛法的無常，就是講相似佛法。

如果把緣生性空，把當生即滅的無常，當作學習大乘佛法的一個階梯，是理解大乘佛法的一個前行次第的法，如果這樣講當生即滅的無常，這是說法的方便善巧，是隨順眾生的體現；但是如果把當生即滅的無常，緣生性空，說成是大乘佛法最究竟的境界，佛陀二時教法的最高境界，如果這樣講法，或者說講的法給別人帶來這樣的印象，那麼就是講相似佛法。相似佛法就是似是而非的佛法：「似是」，看著好像是，「而非」，不是佛法。所以要理解相似佛法不是佛法。比如對於大乘佛法來講，對於佛陀二時教法來講，不講無生，就不能證空性；證不了空性，就不可能見真實；見不了真實，就不可能成佛。

在這個問題上不能妥協。有人說講講相似佛法聽聽也可以，不可以。如果明確地告訴大家，現在講的法，只是大乘佛法的前行，四重二諦的前兩重二諦，是第一組二諦，後邊還有第二組二諦，沒有說完，只是前行法，是引導眾生進入大乘佛法的門徑、次第、階梯，這樣來講生滅無常，講當生即滅的無常，在大乘佛法的課上講，是如法

的，因為這是度眾生的方便。如果認為生滅無常、當生即滅的無常是佛陀大乘法、二時教法的最後境界，如果這樣講，就是相似佛法。相似佛法披著佛法外衣，不是佛法。

更重要的是，講相似佛法的後果是嚴重的，危害性是巨大的。在般若經中佛陀說，如果為別人宣說般若波羅蜜多法門，宣說大乘法門，但是講的是相似佛法，那麼聽法的眾生，「聞他宣說相似般若波羅蜜多」，結果是什麼？結果是「心便迷謬，退失中道」。所以講相似佛法的後果是嚴重的，甚至講相似佛法就是斷眾生的慧命。

二、人身難得，佛法難聞

佛教說「人身難得」，體現在哪兒？第一，印度人認為生死輪迴是在六道當中輪迴，這一生能夠輪迴成為人，在生命的相似相續當中，這一生能夠作為人的形態出現，這是極其難得的。得人身是非常難的，佛教裡有一個非常形象的比喻：這一生是人，死了以後還是人的可能性有多大？用手指蓋在地上挑起一塊土來，手指蓋這點土跟大地的土相比，所以得人身是如此之難啊！第二，為什麼說人身很難得？是因為六道眾生從修行解脫的狀態來講，人這種生命狀態是最適合的。天道眾生福報太大，生活太好，生不起出離心；畜生、餓鬼、地獄三惡道，生命又太苦，而且理解佛法的能力又很弱。因此天道跟惡道，都不是適合修行解脫的生命狀態。佛陀認為人身是最難得的，人身是修行解脫的最好狀態，因此說「人身難得」。

佛法難聞。得人身就很難了，得了人身又能聽聞佛法，那就更難得。為什麼呢？第一，佛法在我們這世間的流布歷史時期，是極其短暫的。我們這個世界上，有佛法流布的歷史時期，跟沒有佛法流布的歷史時期相比，佛教裡的比喻是，有佛教流傳的歷史時期，短到了如同天上打一閃電。所以得了人身，又能生在一個有佛法流布的歷史時期，這個概率有多低呢？比出門被雷劈死的概率還要低的多。生在了一個有佛法流布的歷史時期，同時還要生在一個有佛法流布的地域，

比如說今天還是一個有佛法流布的歷史時期，但是在我們這個世界上，並不是每個地區都有佛法流布。如果生到了衣索比亞，那個地方現在沒有佛法流布，得了人身也沒有用啊！生到了一個有佛法流傳的歷史時期，同時又生到了一個有佛法流布的地域，但是遇到法難了——什麼是法難？就是國家政權摧毀佛教，破壞佛教——沒有聽法的機會。如果又沒有遇到法難，能生起渴望去學習佛法的心，這件事其實更難。我們今天這個世界上，是佛法流布的時期，中國也是佛法流布的地域，現在又正值改革開放，佛法可以傳播，但是真正發心來學佛法的人，多嗎？比例高嗎？不高。而且能夠發心去學佛陀正法的人，那就更少。現在很多好像是來學佛的人，實際都是來求佛的人，都是祈福的人，都是跟佛、跟菩薩做生意的人，希望拜佛能給自己得點福的人，並不是真發心學佛。

人身難得，我們得了人身。佛法難聞，而我們生在有佛法流布的時期，生在有佛法流布的地域又沒遇著法難，又真正從內心生起渴望學習佛陀正法的心，這些因緣都具足了，來學佛法了，聽到的卻是相似佛法，聽到的是披著佛法外衣、而根本就不是佛法的東西。這個問題有多嚴重啊？這是斷眾生的慧命。

《金剛經》前面經文中，佛陀說，一個把佈滿三千大千世界的七寶都捐了的人，福德不如給別人講四句《金剛經》，法布施最重要，因為法布施滋養的是眾生的法身慧命，財布施只是滋養眾生的肉身生命，不可相提並論。法布施的福德是巨大的，從反面想，說相似佛法，斷眾生慧命，得到惡報那就太大太大了。現在講佛教的書籍很多，以講相似佛法為重、心靈雞湯為多，這是典型的末法時期的特徵，是個很嚴重的問題。

三、寧可法滅，不可法壞

我記得我這一生剛剛開始學佛，是在上世紀八〇年代初期。我的一個老師就告訴我一句讓我至今不能忘懷的話：「寧可法滅，不可法

壞。」寧可這世界沒有佛法流布了，也不能允許錯誤的佛法、相似佛法在世間流布，因為它會斷眾生的慧命，會讓真發心學佛的人——人家是渴望學習真正的佛陀正法，卻讓人家把相似佛法、假佛法當成了佛法——斷慧命，這個問題非常嚴重。這世間沒有佛法的流布，佛菩薩不是不度眾生了，地藏王菩薩就發願在無佛時期、沒有佛法流布的時期度化眾生。當然有佛法流布，有一個被稱為佛教的宗教形態在世間存在，確實是佛菩薩度化眾生的一種方便，這種方便確實很重要，我們要發願佛法久住世間，法輪常轉。但是，如果在世間傳播的佛法不是真實佛法，是披著佛法外衣的非佛法、相似佛法，就會斷眾生慧命，那麼還不如沒有這個法。所以「寧可法滅，不可法壞」。我們要護持佛法，要宣講佛法，要努力宣揚佛陀正法，而不要講相似佛法。

聽真實的佛法很難，有人說無生太難了，理解不了。現在為什麼很多人聽佛法感到很難？兩個原因。首先，顛倒夢想，佛陀是智者，佛陀對世界的理解，跟我們凡夫對世界的理解正好相反，所以作為凡夫，學習佛陀教法，特別是學習佛陀的大乘教法、學習無生，對我們凡夫來講確實是一件很難的事。造成我們現在很多人聽真實的佛法感到很困難的另外一個原因是什麼？是這一生相似佛法聽得太多，相似佛法已經充斥著我們的大腦。「真空妙有」、「亦空亦有」、「非空非有」，這都是相似佛法。佛陀給凡夫說法，有什麼？什麼都沒有，首先就要徹底解構。給凡夫說法要徹底解構，不留餘地，不能回頭。所以相似佛法聽太多，是造成我們今天理解真實佛法感到困難的一個原因。

聽到真實的佛法，聽到真實的大乘佛法，不能理解，其實這事挺正常的。講無生，講凡夫境界一切的存在都是根本不存在的，這個事如果一聽就能理解信受，說明是大根性的人。這理解起來確實是比較難的。所以大家一定要知難而進，不能知難而退，聽什麼好理解？聽相似佛法好理解，這世間很多似是而非的佛法，聽著好理解，聽著歡欣鼓舞。很多相似佛法的書、心靈雞湯的書，大家每天讀得歡欣鼓舞。為什麼我們凡夫讀相似佛法、聽心靈雞湯感到歡欣鼓舞啊？是因

為相似佛法、心靈雞湯，迎合了眾生，說得嚴重點，是因為跟我們凡夫內心的無明相應了，你才聽著很歡喜、很高興，其實這恰恰不是真實的佛法。

040 大乘法的不共

回到四重二諦。佛陀二時教法用了二諦模式，來解構顛覆凡夫境界，我們構建爲四重二諦。第一重二諦世俗諦是實有，這是起點，是徹頭徹尾的凡夫見。經過四重二諦的解構，到了第四重二諦勝義諦，空性——把凡夫境界的存在解構了，凡夫境界上的存在，是以什麼都不存在爲基本特徵的，空性。四重二諦，佛陀在解構我們的時候，是很善巧的，是有次第的。分爲兩個次第：第一，前兩重二諦，也叫第一組二諦，佛陀講緣生性空，講凡夫境界上的存在是無自性的，對治我執，佛陀說無我。第二，後兩重二諦，也叫第二組二諦，講緣起無生，講凡夫境界一切的存在，其實根本就是不存在，壓根兒就沒有產生，空性，對治實執，佛陀講無生。

一、緣生與緣起

這裡出現了兩個名言，「緣生」和「緣起」，它們是有些差異的。緣生，指的是緣生的法，具體的事物。凡夫認爲我們凡夫境界是存在的，而佛陀說，凡夫境界的存在，不過是種種的緣而生起的存在。所以凡夫境界的存在是緣生的法，這是緣生的意思，對應的梵文是「pratītyasamutpanna」。緣起不是指具體的事物，而是一個抽象的概念、抽象的理論。佛陀認爲我們凡夫境界上一切的存在，不過是緣生而性空的、無自性，無自性的法，其實就是空性，是以不存在爲基本特徵的，這個道理叫緣起。所以佛陀講緣起，是爲了說無生。「緣起」這個詞，對應的梵文，跟緣生對應的梵文不一樣，是「pratītyasamutpāda」。這兩個詞是有差異的，要分清楚。前兩重二諦是「緣生性空」，後兩重二諦是「緣起無生」。

四重二諦中，最難理解的是後兩重二諦，緣起無生──空性，凡夫境界一切的存在，都是以根本不存在爲基本特徵，那就是物我皆空，身心皆空，一切都是空。

　　佛說緣起的目的是解構凡夫境界，並不是說凡夫境界有什麼東西眞的因緣而生起了。緣生其實是無生──緣起無生。《楞伽經》中有四句偈：「因緣和合中，愚夫妄謂生，不能如實解，流轉於三有。」

二、大乘入門境界

　　當聽到一切都是空的道理時，有什麼感受？肯定有一些人不願意接受：「這怎麼可能呢？」這跟我們凡夫境界太不一樣了。當然還有第二類人願意接受，這畢竟是佛陀的教誨，但是不敢接受，一想到物我皆空、身心皆空，內心會生起一種恐懼感。《金剛經》說：「若當來世後五百歲，若復有人得聞是經，不驚不怖不畏，當知是人甚爲稀有。」到了後五百歲，也就是我們今天這樣一個末法時期，如果一個人能夠聽到金剛般若波羅蜜這樣的空性法門，內心不生起恐懼的心、怖畏的心，那是甚難稀有啊！有些人願意接受佛陀關於一切皆空的道理，但是內心是有恐懼感的。說到這兒，一個凡夫眞入佛門，眞正入大乘佛法的佛門，最初的修行境界是什麼？

　　有一些人學佛，剛入佛門沒幾天，就換上了一身中式服裝，泡上一杯普洱，喝著茶，望著窗外春色，「哇，我內心好寧靜哦！」以爲這是學佛的境界。如果追求這樣的境界，以爲這是凡夫入大乘佛法的門的境界的話，那就是相似佛法聽太多了。大家要知道，凡夫一入佛門，佛陀最初給我們講的道理是什麼？是解構，是顛覆。佛陀要解構我們凡夫自以爲的眞實世界。我們凡夫執著我們凡夫境界爲實有，佛陀就是要把它解構掉。我當年聽課時，我的老師總是重複一句話，他說：「凡夫的境界，從來沒有、壓根兒沒有、一點影子都沒有啊！」這是當年我老師反反複複不斷重複的一句話。那麼我談談我的心路歷程。

最初不理解，怎麼會沒有呢？這說的是什麼事呢？他爲什麼要說這件事兒呢？不理解。過了一段時間理解了，但不接受：哎喲，說桌子沒有，那怎麼可能呢？又經過了一段時間，願意接受了，但是不敢接受。從最初的不理解，到後來理解了不接受，再到後來願意接受了，就我個人來講，經歷了三年時間。聽老師講「凡夫境界從來沒有、壓根兒沒有、一點影子都沒有哇」，反反複複聽這句話，聽了三年，我才願意接受。一旦接受了，內心生起的就是恐懼，一切皆空啊！老作惡夢，從懸崖掉下去，什麼都抓不到，空落落的，最後從夢中驚醒。

　　所以，入大乘佛法的門，凡夫是什麼境界呀？是很痛苦的經歷，是一種撕心裂肺、刀子剜心的經歷。佛陀要把我們過去這幾十年 ——不只這幾十年，是過去多生累劫 ——在我們心中所積澱的、對凡夫境界的實有見解構掉，可是我們就是不願意讓他解構，抗拒。而眞正要被解構的時候，恐懼。這是以我個人的學佛經歷，告訴大家入佛門修行的眞實境界。要充分理解佛陀二時教法四重二諦的解構法義、顚覆法義。

四重二諦

	第一組		第二組	
	第一重	第二重	第三重	第四重
勝義諦	緣生	性空	名言假有	「離言空性」
世俗諦	實有	緣生	緣生性空	假有唯名
	緣生性空		緣起無生	
	破我執——無我		破實執——無生	

三、大乘佛法的不共

　　什麼是佛法？什麼是大乘佛法與小乘佛法和非佛法思想的不共？

大乘佛法思想的不共，首先體現在無生、空性。能不能理解，能不能接受無生、空性，是進入大乘佛法的門檻，也是佛教與非佛教思想的差異。

舉個例子。佛教與基督教的思想差異在哪兒？基督教是我們這個世界上最典型的有神論宗教，佛教與這樣的有神論宗教，思想差異在什麼地方？當然它們的思想差異體現在很多方面，但是最重要的思想差異，首先就體現在如何看待我們這樣一個世界。基督教首先承認我們人類所生存的世界是真實存在的，而佛教告訴我們，我們凡夫所生存的這個世界其實是根本不存在的，無生、空性。這是這兩個宗教在思想上的最大差異。

基督教首先相信我們人類所生存的世界是真實的，它又看到我們人類所生存的、以為真實的世界有一個特點：萬事萬物總是生生滅滅，有生有滅。比如最典型的是，人有生死，人要出生，而且肯定會死亡。一方面承認了這個世界的實有，同時又看到了這個實有的世界有生滅的特點，那就一定會產生一個哲學問題：我們整個這個世界最初是怎麼生的？最終將會如何滅？我們整個人類最初怎麼生的？最終將是怎樣滅？這是一個很自然的問題。

四、實有悖論

面對這樣的問題，有兩種回答方式。第一種試圖在我們人類所生存的生滅世界內部，去尋找最初的因，也叫「第一因」。舉個形象的例子，比如說要尋找長江的源頭，怎麼找？一定是順著長江往上游去找，見到水，就得問水哪兒來的。我們就捋著長江往源頭走。當然到了三江源，地質學上可以自認為找到了長江的源頭，哇，在一片草原上，地下有很多泉水，「咕嚕咕嚕」往外冒泉水，這就是長江的源頭。這是地質學的答案。哲學家是不接受的，他會問：泉水哪兒來的？還得繼續往下找啊，只要有水，就得繼續往下找源頭。我記得當年我的老師給我們講課的時候，開玩笑地說了這麼一句話：「你看人

真有意思，要想找長江的源頭，見了水就得問，這水從哪兒來的？只要有水就得往前問，問來問去，莫非人們非要找到一塊沒水的地方，哦，那就是長江的源頭？」在哲學上尋找長江源頭，最終是個悖論，因為找到水就必須接著往前找，除非找到沒水的地兒，那是長江的源頭，可是沒水的地兒成為長江的源頭，這是多麼荒唐的事情。

在我們這個世界內部去尋找最初的因，往往造成悖論。比如說我們人類已經講了幾千年的一個悖論：雞先生了蛋，還是蛋先生了雞？雞生蛋、蛋生雞這件事，人類已經講了三千多年了。據說，在分子生物學中，蛋先生雞這個觀點目前占上風。但是，這是分子生物學家的觀點。就像地質學家可以自認為找到了長江的源頭，但哲學家不接受。那麼蛋生雞還是雞生蛋？其實這是個思想悖論。所以當我們相信了這個世界的實有，又發現這個世界是生滅的，當我們尋求這個世界最初的因的時候，當我們努力在我們這個生滅世界本身，去尋求這個世界最初的因的時候，往往最後得出的結論是悖論。

第二種回答，是基督教的回答。基督教不試圖在這個生滅的世界內部，去找這個世界最初的因，它的解決方案，是把我們這個世界最初的因，歸結為世界外部的一個事物，比如說神、上帝。上帝可以創造這個世界，是最初的因。那有人問：誰創造上帝？這個問題在基督教裡是不能問的，上帝是不需要創造的，他不是我們這個生滅世界本身內部的東西，是超然於這個世界之外的。有了這樣超然於世界之外的神，很多問題確實也好解決了。比如說長江的源頭，最後結論是，長江的源頭，最初的源，是上帝創造的水。雞生蛋、蛋生雞，也可以有結論了：如果上帝先創造了雞，那肯定是雞先生蛋，而後蛋生雞、雞生蛋；如果上帝先創造蛋，那肯定就是蛋先生雞，而後雞生蛋、蛋生雞。這個理論也是自洽的。但是要注意，這一切討論的前提，是承認這個世界的真實存在。

佛教與這些學問最大的差別是，佛陀一開始就告訴我們，凡夫境界上的存在是根本就不存在的，去尋找一個不存在的事物的因，還要找最初的因，這是毫無意義的事情。舉個例子。老王夢中的老虎，當

老王不知道這是夢，他把老虎當眞實，就要問，這隻老虎的媽媽是誰？老虎的外婆是誰？這是很自然的問題。可是佛陀想告訴我們的是，問這隻老虎的媽媽、外婆是誰，是無意義的，這是戲論。爲什麼？因爲這隻老虎根本就不是眞實的存在，等從夢中醒來之後，會發現這隻老虎根本就不存在。去尋找根本不存在的老虎的媽媽、外婆是誰，這是無意義的。佛教管這種尋找不存在的事物的因，叫「戲論」。

這段討論，最終的落腳點在哪裡？也就是我們假定這個世界是存在的，當你要在這個存在的世界內部，去尋找這個世界最初的因的話，找出來的都是悖論。這個悖論說明什麼呢？其實恰恰反證出一件事：前邊假定這個世界的眞實存在，這個假定本身是有問題的。其實，我們世間很多邏輯悖論，都存在著一個默認前提：我們這個世界的眞實存在。而默認了世界的眞實存在，最終導致的是邏輯悖論，這個悖論其實恰恰否定我們凡夫世界的所謂的眞實存在。

差異與寬容

　　佛陀教法——特別是大乘佛法，與其他思想體系的最大思想不共在於無生，在於空性。與基督教這樣的有神論宗教進行比較，差異性首先體現在對我們人類所生存的這個世界的理解。基督教認為這個世界是真實的存在，而大乘佛法認為這個世界是以「根本就不存在」為基本特徵的——空性。

　　有了這個差異，必然引出第二個差異。在基督教，既然認為這個世界是真實存在的，而且我們又感受到這個真實存在的世界，顯現出生滅特徵，生生滅滅，就一定會產生一個問題：生滅的起點是什麼？最初的因是什麼？基督教給出了理論體系自洽的一個回答，這就是神創論。最初的因是什麼？是神，是超然於我們這個世界之外或之上的、一位不生不滅的神，他成為我們這個生滅世界的最初的因。而大乘佛法認為我們凡夫的境界根本就不存在，當然當凡夫不以為它不存在的時候，似乎在我們心中還顯現是一種存在，那麼佛陀告訴我們，這種存在不過是如夢如幻的存在。

一、佛教是無神論宗教

　　當我們認為我們凡夫境界的存在是真實存在的時候，這個真實存在的世界顯現的生滅特徵，導致我們去追尋這個生滅的起點，就會找最初的因。一旦我們像佛陀的教誨那樣，認識到我們凡夫境界的存在，不過是如夢如幻的存在，那麼如夢如幻的世間萬法，在我們凡夫心中所顯現出的生滅性，恰恰說明了我們凡夫境界的存在並不真實。因此，面對著一個如夢如幻的世界，它的生滅性使得我們堅信這個世界是如夢如幻。一個如夢如幻的存在，根本特徵是不存在，不需要在

這樣一個如夢如幻的世界之外或之上，去找一個神來創造它。從這個意義上講，佛教裡沒有基督教中創造世界的造物主，沒有創造世界的、可以成為這個世界第一因的這位神。因此，佛教從這個意義上講是無神論。

當然，從這個意義上講佛教是無神論，指的是沒有基督教中，可以創造世界、成為我們世界第一因的造物主那樣的神。佛陀教法裡沒有這樣的神——無神論。佛陀不是創造世界的神，佛陀是覺者。覺悟了什麼？首先就是覺悟了我們凡夫境界如夢如幻，覺悟了我們凡夫境界原本無生，覺悟了我們凡夫境界是以什麼都不存在為基本特徵的——空性。所以佛陀只是覺者，不是創造世界的神。這就是佛教與其他有神論宗教的最根本區別。

二、差異是價值體現

差異是價值的體現，一種文化的核心價值，應該體現在區別於其他文化的文化差異性上。那麼講佛法，要講佛陀教法的差異性，講區別於其他思想的不共，不共才是佛陀教法的核心價值體現。弘揚佛陀正法時，我們不認同三教合一、五教一統、萬教歸一這樣的思想方法。我們不認同所謂不同宗教最後會殊途同歸的看法。如果一個人宣講佛法，而又認為佛陀的思想與其他的宗教思想，最終可以殊途同歸，如果他是這樣來講法的話，一定是相似佛法。這是判別是不是相似佛法的重要判據之一。為什麼？因為宣導三教合一、五教一統、萬教歸一，對凡夫境界的存在總是要做唯一性的理解，而這種渴望對凡夫境界做唯一性理解的思想前提，就是徹頭徹尾的凡夫實有見。總是講三教歸一、五教一統、萬教歸一，講所有宗教最後都會殊途同歸，這種思想方法是典型的凡夫見解。

為什麼？舉個簡單的例子。老王夢見了一隻老虎，對老王夢中的老虎，在不以為是夢、不知道這是夢的時候，在把夢中的這隻虎當作一隻真實的虎來理解的時候，一定就會問：這隻虎的媽媽是誰？而且

更重要的是，不僅這隻老虎有媽，而且一定只能有「唯一」的媽，這一點很重要。因此一定會得出一個結論：不同的人，在給這隻老虎找媽的時候，最終我們排除掉那些錯誤的媽，必定大家會歸於一個媽，一個真實的媽，真媽只能是一個。因此不知道是夢中的虎而以為這隻虎是真實，這就是凡夫的實有見，而這個實有見導致的結果，就是唯一性，就渴望對這隻老虎的媽媽是誰這個問題的回答，趨向唯一性。所以，渴望對凡夫境界做唯一性理解，默認的思想前提就是實有見。不願意承認差異，不願意承認思想的不共，默認的前提，就是凡夫的實有見。依照佛陀的教誨，老王夢中的虎，它是夢中虎，原本就不是真虎，是假的，一隻根本不是真實的虎，根本就沒有媽；但是我們凡夫無明所障，不知道它是夢虎，以為是真虎，所以才去為它找媽，而且堅信存在著唯一的媽。佛陀告訴我們這是戲論。

推而廣之，從佛陀的觀點看，我們世間的種種學問，我們對世間的理解，僅僅是我們理解過程的產物。我們不要渴望對世間的理解得出一個唯一的結論，因為這個世界本身是虛幻的，它根本就不存在著唯一性，這也是要特別強調思想的不共與差異性的重要性的原因。當然，我們強調思想的不共，佛教裡叫「不一」，佛陀教法還要講「不異」。理解不了「不一」，就無法理解「不異」。對於「不異」，我們放到後邊去討論。

面對著世界呈現出種種差異的文化，佛教徒應該採取什麼樣的態度？比如說，佛教徒對其他宗教應該採取什麼樣的態度？佛教與其他宗教對世界的理解是全然不一樣的，因此就認定其他宗教的宗教徒為魔鬼，要消滅他們，可以嗎？不可以。佛教徒不應該採取這樣的態度，佛教徒應採取的態度是什麼？寬容。佛法對其他不同的宗教信仰，要有一種極大的寬容。

三、兩種不寬容

我們講寬容，就要理解什麼是不寬容。在我們人世間，不寬容有

兩種表現形態。第一種表現形態，就是當兩種思想存在著差異的時候，那就形同水火，激烈鬥爭，不是我消滅你，就是你消滅我。不同思想之間的思想衝突，表現爲一種思想的不寬容。這種不寬容的形態，可稱爲顯性不寬容。其實我們人類思想，還有另外一種不寬容的形態，可稱爲隱性不寬容。什麼是隱性的不寬容？明明兩個思想體系存在著巨大的思想差異，可是非無視這種思想差異、抹殺這種思想差異，非要把兩種完全不同的思想說成是同一種思想，殊途同歸的思想，三教合一、五教一統、萬教歸一。把不同思想的差異性抹殺後，把它們歸一，認爲這樣不同思想之間才能夠相互理解、相互尊重；這樣的貌似寬容，其實依然還是不寬容，是隱性的不寬容。這種不寬容是眞正的不寬容，比顯性的不寬容是更嚴重的不寬容。

四、眞正的寬容

什麼是眞正的寬容？眞正的寬容，是在承認差異性的前提下，而又能夠尊重對方。既要承認差異，而又尊重對方。不尊重對方不是寬容，而抹殺差異才能尊重對方，依然還是不寬容。佛陀的教法宣導眞正的寬容。其實在今天這樣一個信息、交通如此便捷的時代，在我們這個地球村裡，我們人類今天最需要的其實是寬容。

佛教徒應該怎樣傳揚佛法？有兩條。第一，要堅定不移地講佛陀教法的差異，講不共，而且完全可以在不同的思想、不同宗教思想之間做比較，而顯現佛陀教法的差異、不共，這是必須的。第二，討論與其他宗教思想的差異、不共後，同時又要對其他的宗教思想寬容，要尊重對方。怎麼才叫尊重對方呢？第一，不和稀泥，佛教與基督教最後殊途同歸，這不是眞正的寬容。第二，尊重對方，要體現在我們不用對對方思想的曲解，甚至是有意歪曲對方思想、貶低其他宗教思想的方式，來傳揚佛教，不能這樣，這才是對對方的尊重。當然，第三，更不能視其他宗教爲魔鬼。作爲一個佛教徒，在一點上是非常自豪的，哪一點？就是在佛教的歷史上，佛教徒從來沒有在傳揚自己佛

陀教法的過程中，以暴力的形式，以發動宗教戰爭的形式，來傳揚佛陀教法。佛教徒從來沒有發動過宗教戰爭，從來沒有因為自己的信仰而發動對別人的戰爭。佛教徒在歷史上從來沒做過這樣的事情，這是佛教徒應該引以為自豪的。

我們特別強調佛教徒應該對其他宗教，有一種寬容、尊重的態度。這種態度，不是虛偽，而是發自內心的一種真誠，這是佛教徒的寬容。為什麼佛教要採取寬容的態度？為什麼佛教會採取寬容的態度？這一點，我們在後續的課程中將進一步討論。

回到我們的主線。我們已經完成了佛陀二時教法理論體系中，四重二諦的構建。佛陀在二時教法中，給我們凡夫說法的一個非常重要的模式是二諦，我們把它構建成四重二諦，這四重二諦講完了。那麼提示大家一個重要的問題，四重二諦講完了，佛陀的二時教法講完了嗎？沒有。

前面的討論中，特別提到佛陀教法 —— 特別是大乘佛法，橫向的教法體系分為前後兩部分。前一部分佛陀重點幹什麼？重點在解構我們凡夫自以為的真實世界。佛陀想告訴我們，凡夫自以為的真實世界，其實一丁點都不真實，概括而言叫「破增益」。佛陀教法橫向體系的後一部分就是：透過前一部分的學習，有一些眾生已經被佛陀解構了，已經意識到凡夫境界的存在都是不真實的，甚至是根本不存在的，是空性，那麼佛陀給這些眾生講第二件事 —— 什麼才是佛陀證悟的真實。這就叫「補損減」。佛陀二時教法中，四重二諦僅僅是佛陀二時教法的前一部分，重點在於解構，二諦是解構模式，是破增益。佛陀的二時教法，其實還有後一部分。這後一部分補損減，將在後邊的課程中學習討論。

042 以第四重二諦再解經文

學習完四重二諦，可以用第四重二諦的境界，回過頭來再解讀一下已經學習過的《金剛經》前面的幾段經文，這是非常重要的。

一、再解第三段

第三段經文（參130頁），佛陀說，那些大菩薩們面對一切眾生發了個心，「我皆令入無餘涅槃而滅度之」。重要的是，當這些大菩薩們「如是滅度無量無數無邊眾生」後，他還要覺得「實無眾生得滅度者」。這是《金剛經》第三段的重要經文。從這段經文上講，大菩薩們既然發心度一切眾生入無餘涅槃，那麼大菩薩們度沒度眾生？「如是滅度」了「無量無數無邊眾生」。確確實實菩薩度眾生了。但是，從第四重二諦的境界來解讀，什麼是菩薩度眾生？那是如夢如幻的名言上的菩薩，度了如夢如幻的名言上的眾生。在勝義諦上，能度、所度，皆是空性。所以「實無眾生得滅度者」。勝義諦上實無眾生得滅度，那是不是就可以不度？不可以。世俗諦上，如夢如幻的名言菩薩，必須得去度化如夢如幻的名言眾生。只有切切實實地度化的過程，才能增長如夢如幻的名言菩薩的名言福德。但是在勝義諦上，同時必須觀空性，度了還得當沒度，「實無眾生得滅度者」。這是用第四重二諦的境界重新解讀《金剛經》的第三段經文。

二、再解第四段

第四段（參158頁）經文講無住布施。其實布施只是一個舉例，是用布施代表六度，所以第四段經文是講無住地修六度。世俗諦上，

如夢如幻的名言菩薩修行六度，勝義諦上的空性，就使得如夢如幻的名言菩薩的六度是無住而修。爲什麼無住？因爲空性，所以無住。有一丁丁點不空，都不可能是無住。所以世俗諦的要求是，發菩提心的如夢如幻的名言菩薩，必須得行六度。勝義諦上，行六度的同時觀空性，所以無住而修六度。這就叫悲智雙運，叫福慧雙修。

三、空性與行善

這裡要解釋一個問題。有的人聽了空性以後說：「什麼都空了，那我就可以什麼都不幹了，什麼都不做了嘛，既然都是空，我幹什麼？」大家注意，目前你只是知道了空性，聽說了空性，並未證得空性。從聽聞知道空性，到能夠證得空性，這個過程是需要付出艱辛努力的，是要經過無住而修六度才能實現的。所以聽了空性，就覺得自己可以什麼都不幹了、什麼都不做了，是爲原本就不想幹、不想做、原本就很懶惰的心態找個藉口而已。從聽聞到空性，到能夠證得空性，這中間要無住修六度，這是要付出艱辛努力的。所以聽了空性，不是什麼都不幹，而恰恰要努力地去幹。即便就我們目前僅僅聽聞空性的境界而言，如果沒有聽聞到空性的道理，不懂得空性的道理，也許我們世間的善法——即一切利益眾生的事，還可以有選擇性地去做，也就是說可做可不做，做也是有條件地做。因爲沒有聽過空性的眾生，心中一定有著強烈的我執。現在終於聽聞到了空性，知道了空性，不是因此什麼都不做，而恰恰相反：世間的一切善法，一切利益眾生的事，這個時候不僅得做，而且必須得做，反而是沒有選擇的了，是無條件的了，因爲無我。這就是世俗諦菩提心。

所以聽聞到空性，不是什麼都不做了，而是要基於空性而發起度一切眾生的世俗諦菩提心，基於這個世俗諦菩提心，要沒有選擇地、沒有條件地去利益一切眾生。其實世俗諦菩提心，是基於空性而發起的，基於空性發起的世俗諦菩提心，才是眞實的菩提心。那些大菩薩們發願度一切眾生，而度了眾生還要覺得自己一個沒度，行布施還要

無住而布施，無住修六度，這就是世俗諦菩提心與勝義諦菩提心的不二，這是基於空性而生起的真實菩提心。正是基於空性而生起的菩提心，才使得我們度了眾生實無眾生得度，才是無住而行布施。因為空性所以無住，無住修六度，因此成佛的涅槃是無住涅槃，是智不住生死，悲不住涅槃。這是大乘佛法的根本境界。

四、再解第五段

看第五段（參165頁）。「凡所有相，皆是虛妄」。「凡所有相」的「相」是凡夫境界，包括佛陀的三十二相、八十種好，「皆是虛妄」，不過是名言上的如夢如幻。所以「見相非相」，才能見如來。見相，從第四重二諦來分析，在世俗諦上，名言上的如夢如幻，在此時的凡夫境界上見了，但是「非相」，根本沒有相。勝義諦上是空性，見了還得當沒見，因為要觀能見、所見皆是空性。這是對第五段經文的解讀。

五、再解第七段

看第七段經文（參184頁）。「如來有所說法耶？」佛說法了嗎？在世俗諦名言上說了，佛陀正在說。但是在勝義諦的「離言空性」上，「無有定法，如來可說」。

六、再解第九段

第九段經文（參192頁）以大乘法境界去解讀小乘四果。有了第四重二諦的境界，回來再看這段經文，會感覺很親切。佛說：「於意云何？須陀洹能作是念，我得須陀洹果不？」一個證了須陀洹的人，能說我證了須陀洹果了嗎？「須菩提言：『不也世尊，何以故？須陀洹名為入流，而無所入，不入色聲香味觸法，是名須陀洹。』」一個

證了須陀洹果的人，在勝義諦上、在空性上，要觀能入、所入皆是空，「名爲入流而無所入，不入色聲香味觸法」，而在世俗諦上不過是名須陀洹，只是個如夢如幻的名言上的須陀洹。

「斯陀含名一往來，而實無往來，是名斯陀含。」斯陀含是一往來，而在第四重二諦的勝義諦上、在空性上，要觀能來、所來皆是空性，因此實無往來。只不過在世俗諦上、在假有唯名上，名爲斯陀含，只是名言斯陀含。「阿那含名爲不來，而實無不來，是故名阿那含。」勝義諦是空性，世俗諦上安立名言「阿那含」。四果阿羅漢，「實無有法名阿羅漢」，根本就沒有一個阿羅漢的法。在第四重二諦的勝義諦空性上而言，實無有法名阿羅漢，但是在世俗諦上，「須菩提實無所行，而名須菩提是樂阿蘭那行者」，說須菩提證了阿羅漢，其實在勝義諦上是空性，根本沒有阿羅漢可得。不過在世俗諦上、在名言上，名須菩提爲阿羅漢，名須菩提是樂阿蘭那行。

七、再解第十段

《金剛經》第十段（參200頁）。我們就是在學習第十段經文的時候，引申出去討論了佛陀二時教法的第三重和第四重二諦的教理。《金剛經》第十段經文，可以分爲三個部分。

第一部分，「佛告須菩提，於意云何？如來昔在然燈佛所，於法有所得不？」老師問須菩提，須菩提呀，你覺得我過去在我的老師燃燈佛那裡聽法，聽到法了嗎？於法得到了沒有？須菩提回答說：「世尊，如來在然燈佛所，於法實無所得。」——老師，過去在燃燈佛那裡，對於佛法，您什麼都沒有得。

我們學習了四重二諦，在第四重二諦上，大家就好理解了，爲什麼須菩提回答說「如來在然燈佛所，於法實無所得」？在勝義諦上能得、所得皆是空性，因此實無所得。這是金剛經第十段的第一部分。

第二部分，「須菩提，於意云何？菩薩莊嚴佛土不？」前面討論了，所謂大乘菩薩的修行，其實概括爲一句話就是「莊嚴佛土」。阿

彌陀佛的成就是莊嚴佛土而成就的，藥師佛的成就也是莊嚴佛土而成就的，十方一切諸佛的成就，都是莊嚴佛土而成就的。但是到了《金剛經》，佛陀問須菩提，菩薩莊嚴佛土了嗎？須菩提回答說：「不也，世尊。」──老師，沒有。「何以故？」──爲什麼這麼說呢？「莊嚴佛土者，即非莊嚴，是名莊嚴。」

　　前面講到這句話的時候，我們停下來引申出去，開始講佛陀二時教法二諦中的第三重和第四重二諦的教理。不在教理上通達，這段經文是無法理解的。學習了第三重和第四重二諦後，再回過頭來看這段經文，其實不用解說也可以理解了。「莊嚴佛土者」，佛陀在好多經裡邊都講，所謂大菩薩的修行就是莊嚴佛土，但是在《金剛經》裡，須菩提回答說「即非莊嚴，是名莊嚴」。在勝義諦上是空性，能莊嚴、所莊嚴皆是空性，所以非莊嚴，是名莊嚴。佛陀爲什麼要在很多經典裡講修行是莊嚴佛土呢？佛陀只不過是在世俗諦上，爲了度化眾生的方便，名言上說菩薩莊嚴佛土，只是名莊嚴。

043 無住生心

一、清淨心

「是故須菩提，諸菩薩摩訶薩，應如是生清淨心。」

老師說，須菩提啊，那些大菩薩們，應該按照我下邊說的去生起他的清淨心。清淨心的「心」，指什麼心？結合《金剛經》後邊的經文，這個心指的是阿耨多羅三藐三菩提心，即無上正等正覺的心，通俗地講，就是成佛的心。當然大乘佛法的成佛，不是自我的成佛，而是度一切眾生成就無上正等正覺。所以這個心是世俗諦菩提心。什麼是「清淨」？佛教說清淨，對應的那個詞叫「染汙」或「雜染」。那什麼是清淨不染汙？基於空性而發的菩提心，就是清淨的心。所以生清淨心，就是生起菩提心。大菩薩們應該怎麼樣生起菩提心呢？

二、無住生心

「不應住色生心，不應住聲香味觸法生心，應無所住而生其心。」

不住色聲香味觸法生心。色聲香味觸法叫「六塵」，不管是在十二處，還是十八界裡，六塵表徵的都是凡夫所感知的、自以為存在的外部世界，又叫「外境」。那麼大菩薩們生起的菩提心，不住於

六塵，不住於外境。為什麼？因為在勝義諦上，六塵是空性。因此「應無所住而生其心」。所以菩提心是無住而生，也就是基於空性而生，如果有一丁丁點的不空，那就是有所住。所以「應無所住而生其心」，是基於空性而生起度一切眾生的世俗諦菩提心。「應無所住而生其心」，這句話在中國很出名，因為禪宗六祖惠能就是在這句話上見性大悟的。

惠能禪師和《金剛經》這句話很有緣。他老人往昔相似相續的多生累劫的修行，在這一生即將見道了，《金剛經》這句話觸發他老人家見性，這是惠能老人家與《金剛經》這句話的緣分，因此這句話出名了。但是，我們看這句話法義的時候，不要因此對這句話作過度詮釋，把這句話解釋出很多原本沒有的法義。「應無所住而生其心」，就是基於空性而生起度化眾生的菩提心。基於空性而發的菩提心是真實菩提心，在大乘佛法裡，這是大乘菩薩修行之所依。

《金剛經》第十段的第二部分講了兩件事。第一件事，菩薩的修行就是莊嚴佛土，但是莊嚴者非莊嚴，只是名莊嚴。第二件事，菩薩的修行之所依，是菩提心，菩提心是無住而生的菩提心，是基於空性而生的菩提心。這是這一段的法義。

三、須彌大身

看第十段經文第三部分：

> 「須菩提，譬如有人，身如須彌山王，於意云何？是身為大不？」

老師問須菩提一個問題：假如有一個人，身體大得跟須彌山一樣，你說他的身體大不大？須彌山是印度古人認為的我們這個世界的中心最高的那座山。如果用今天的話語比喻的話就是喜馬拉雅山，珠穆朗瑪峰。誰的身體大的會像須彌山一樣呢？在大乘佛法裡，見道的

菩薩、見實相的菩薩，身體莊嚴無比，大如須彌山王。沒有見道、沒有見實相的菩薩，他們的身體，跟我們凡夫沒有太大差別。真正見道的菩薩，見了諸法真實性的菩薩，用佛陀的二時教法叫見「實相」的菩薩，也就是登地菩薩、修道位的菩薩，從大悲的願力和修行的無量功德上，會成就法性身，而法性身大如須彌，非常的殊勝莊嚴，而且對我們凡夫有著巨大的加持力，巨大的攝受力。所以大菩薩講法對眾生是有攝受的。但遺憾的是，菩薩這個大如須彌的法性身，我們凡夫看不見。大菩薩們在我們凡夫眼前顯現的是化身，是我們凡夫能見到的肉身。這裡講的「譬如有人身如須彌山王」，指的是見道大菩薩的法性身。老師問須菩提，他的身體大得跟須彌山一樣，身體大不大？看下邊的經文：

> 「須菩提言：『甚大，世尊。』」

哎喲，老師，太大了。

> 「何以故？佛說非身，是名大身。」

即便他身體大得跟須彌山一樣，但是佛說根本就沒有身，菩薩的法性身，依然是空性，「是名大身」，只不過是佛陀為了度化眾生，在名言上說他身大，說他具有大身。

這是《金剛經》第十段第三部分的法義。

總結一下，第十段講了三件事：菩薩聽法無所得，菩薩修行無所得，菩薩證果無所得。第十段我們學習圓滿了。

四、恒河沙數

11.「須菩提，如恒河中所有沙數，如是沙等恒河，於意云何？是諸恒河沙，寧為多不？」須菩提言：「甚多，世

尊。但諸恒河尚多無數，何況其沙？」「須菩提，我今實言告汝，若有善男子善女人，以七寶滿爾所恒河沙數三千大千世界，以用布施，得福多不？」須菩提言：「甚多，世尊。」佛告須菩提：「若善男子善女人，於此經中，乃至受持四句偈等，為他人說，而此福德，勝前福德。」

下面看第十一段，老師說：

「須菩提，如恒河中所有沙數，如是沙等恒河，於意云何？是諸恒河沙，寧為多不？」

這句話什麼意思？恒河是印度非常著名的一條河，佛陀他老人家就是在恒河邊說法。恒河有個特點，就是沙子非常細小。在這裡，佛陀說恒河中所有的沙數，「如是沙等恒河」，恒河裡一顆沙子代表一條恒河，恒河裡沙子數的恒河。老師問，恒河裡一顆沙子代表一條恒河，恒河裡沙子數那麼多的恒河裡的沙子，多不多？看須菩提怎麼回答：

「須菩提言：『甚多，世尊。但諸恒河尚多無數，何況其沙？』」

老師，沙子太多了，為什麼呢？恒河裡一顆沙子就代表一條恒河，恒河沙子數的恒河，這恒河數我已經數不清了，更何況我數不清的這麼多恒河裡的所有沙子，那就太多太多了。看下一句經文，老師說：

「須菩提，我今實言告汝，若有善男子善女人，以七寶滿爾所恒河沙數三千大千世界，以用布施，得福多不？」

老師說，我今天眞眞切切地告訴你，如果有個善男子善女人，把七寶鋪滿了前面所講的恒河沙數恒河的所有沙子數的三千大千世界。前面佛陀有過一段類似的表述，說有一個人的七寶，可以佈滿一個三千大千世界，我們當時說世界首富跟那位先生一比，簡直是窮光蛋。那麼那位先生與現在講的這位先生一比，又是窮光蛋。這位先生可以把七寶佈滿恒河沙數恒河的所有沙子數的三千大千世界，而且把這些七寶布施了，老師問，他得的福多不多？

「須菩提言：『甚多，世尊。』」

當然太多了。但是：

「佛告須菩提：『若善男子善女人，於此經中，乃至受持四句偈等，爲他人説，而此福德，勝前福德。』」

一個善男子善女人，在《金剛經》裡哪怕取出四句話「爲他人說」——對照梵文，是兩個法義：第一是宣說；第二是解釋、講解。如果能從《金剛經》中哪怕找出四句話來宣講，來爲其他人解釋，那麼所獲得的福德，比前面那個把恒河沙數恒河的所有沙子數的三千大千世界裡鋪滿的七寶都布施的人，所獲得的福德還要多。

佛陀用了極度誇張的比喻，爲什麼？佛陀這段話想表達什麼法義？在前面佛陀說，有一個人把鋪滿一個三千大千世界的七寶布施了，所獲得的福德，比不上給別人講四句《金剛經》的福德。有人就會想了，一個三千大千世界七寶布施了，不如講《金剛經》四句話，那如果布施了兩個三千大千世界的七寶呢？三個三千大千世界的七寶呢？十個三千大千世界的七寶呢？或者布施了一百個鋪滿三千大千世界的七寶呢？是不是福德就可以趕上爲別人講《金剛經》四句偈的福德呢？佛陀在這裡用這個極度誇張的比喻，就是讓你死了這條心吧，別說用一百個三千大千世界裝滿七寶布施，一千個、一萬個、十萬

個、百萬個、千萬個、一億個，現在說是恒河沙數恒河的所有沙子數的三千大千世界，死了那條心吧，布施了多少七寶，都不如講《金剛經》四句偈。什麼意思？佛陀想告訴我們，法布施與財布施不是量上的差別，而是質上的差別。

這就是佛陀在經典裡反複強調的，法布施為最。對一個發大乘心修行大乘佛法的人，修六度，布施度排第一。布施是大乘佛法修行的第一個法門。在布施中，又以法布施為最重要。所以還是強調，一個修行大乘佛法的人，每天都應該問問自己，法布施了嗎？當然，如果真正地法布施，還得當沒布施。

044 身命布施

一、所在之處如佛塔廟

　　12.「復次，須菩提，隨說是經，乃至四句偈等，當知此處，一切世間天人阿修羅，皆應供養，如佛塔廟，何況有人，盡能受持讀誦。須菩提，當知是人，成就最上第一稀有之法。若是經典所在之處，即為有佛，若尊重弟子。」

下邊開始學習第十二段經文。

　　「復次，須菩提，隨說是經，乃至四句偈等，當知此處，一切世間天人阿修羅，皆應供養，如佛塔廟，何況有人，盡能受持讀誦。」

　　老師跟須菩提說「隨說是經」——「隨說」，對照梵本是兩個意思：第一，「宣講」；第二，「解釋」。如果有人能夠宣講、解釋哪怕《金剛經》裡的四句話，要知道，這個講經的地方，一切世間的天人、阿修羅，這些眾生都應該供養，要把它看作佛的塔廟一般。印度人建佛塔，主要目的是在塔裡供養佛的舍利，就是佛的遺骨，因此在佛教徒心中，佛的塔廟是非常神聖的。佛陀說，有人能夠宣講《金剛經》哪怕四句話，這個地方，在我們佛教徒心中、在眾生心中，都應該把它看作佛的塔廟一樣，要尊重，要供養。「何況有人盡能受持讀誦」，何況有人能夠受持讀誦整部《金剛經》——對照梵文，實際上是四個動詞：第一，受持，就是「抓住」；第二，讀誦；第三，通

曉法義；第四，爲其他人詳細解說。更何況一個人能夠把整部《金剛經》都能受持讀誦，通曉法義，爲別人詳細解說？那就更值得供養尊重。這是佛陀對《金剛經》的極度讚歎。

「須菩提，當知是人，成就最上第一稀有之法。」

「當知是人」，什麼人？就是對整部《金剛經》都能夠受持、讀誦、通曉法義、爲別人進行詳細解說的人。佛陀說這樣的人，「成就最上第一稀有之法」。這句話，玄奘法師譯作：「如是有情，成就最勝稀有功德。」義淨法師譯作：「當知是人，則爲最上第一稀有。」

「若是經典所在之處，即爲有佛，若尊重弟子。」

所以大家要理解，我們對《金剛經》的法本，要非常珍惜，因爲佛陀在這裡說，只要這部經典所在的地方，就如同有佛——梵文裡這個詞是「śāstā」，就是「導師」，佛教裡導師就是釋迦牟尼佛。「若尊重弟子」，什麼是「尊重弟子」？梵文是「vijñaguru-sthānīyaḥ」，指具有智慧老師資格的人。其實在這裡指的是佛陀的弟子。有這部《金剛經》之處，就如同有佛在，有佛陀的那些尊重的弟子在。所以依據這段經文，我們一定要珍惜《金剛經》的法本，學習完了要把它合起來，要把它供養起來。因爲有經典在，就如同有佛在，有佛的弟子在。

第十二段經文學習圓滿了。

二、經名由來

13.爾時，須菩提白佛言：「世尊，當何名此經？我等云何奉持？」佛告須菩提：「是經名爲金剛般若波羅蜜，

以是名字，汝當奉持。所以者何？須菩提，佛說般若波羅蜜，則非般若波羅蜜[1]。須菩提，於意云何？如來有所說法不？」須菩提白佛言：「世尊，如來無所說。」「須菩提，於意云何？三千，大千世界所有微塵，是為多不？」須菩提言：「甚多，世尊。」「須菩提，諸微塵，如來說非微塵，是名微塵。如來說世界，非世界，是名世界。須菩提，於意云何？可以三十二相見如來不？」「不也，世尊，不可以三十二相得見如來。何以故？如來說三十二相，即是非相，是名三十二相。」「須菩提，若有善男子、善女人，以恒河沙等身命布施，若復有人，於此經中，乃至受持四句偈等，為他人說，其福甚多。」

看《金剛經》第十三段經文：

> 「爾時，須菩提白佛言：『世尊，當何名此經？我等云何奉持？』」

須菩提又提了一個新的問題：您老人家講了這樣甚深法義的一堂課，日後我們結集起來，這就是一部經。當然從勝義諦上是空性，但是在世俗諦上，對於這部法，還得假安立一個名字，日後才好依此奉行，依此奉持。老師對須菩提這個問題回答：

> 「佛告須菩提：『是經名為金剛般若波羅蜜，以是名字，汝當奉持。』」

老師告訴須菩提，這部經叫什麼？叫《金剛般若波羅蜜經》。經的名字，一般都是佛說，所以要對經的名字有高度的尊重。如果今天

---

[1] 通行本此句後有「是名般若波羅蜜」。

沒有時間誦一部完整的經，誦一誦經名，也是功德無量，因為一般經的名字，就是對這一部經的法義的高度概括和濃縮。當老師說這部經叫「金剛般若波羅蜜」後，老師緊接著說：

「所以者何？須菩提，佛說般若波羅蜜，則非般若波羅蜜。」

對照梵文原本，其實後邊還有一句「是名般若波羅蜜」，是最典型的《金剛經》三段論。老師在這裡說，這部經是般若波羅蜜，但是不要因為老師說了個「般若波羅蜜」，大家就以為有一個實有的般若波羅蜜可得，其實只是在世俗諦上安立了一個「般若波羅蜜」的名言而已，所以「佛說般若波羅蜜，則非般若波羅蜜，是名般若波羅蜜」。第四重二諦上理解《金剛經》三段論，「佛說什麼、則非什麼、是名什麼」，就很好理解了。第四重二諦，世俗諦又叫「名言諦」，勝義諦是空性；佛陀隨順眾生，這時候在世俗諦上保留的僅僅是名言，這個名言沒有所指的實義。這是《金剛經》第十三段的第一部分經文。

「須菩提，於意云何？如來有所說法不？」

老師問須菩提，你覺得如何？佛說法了嗎？看須菩提的回答：

「須菩提白佛言：『世尊，如來無所說。』」

佛陀說凡夫境界一切都是空性，如來說「凡夫境界一切都是空性」，這個說法本身空不空？依然是空。所以須菩提回答說：「如來無所說。」從第四重二諦的勝義諦而言，如來無所說，「離言空性」。佛說一切都是空性，「空性」本身依然僅僅是個名言，而無實義，「空性」還得空。

三、微塵非微塵

　　「須菩提，於意云何？三千大千世界所有微塵，是爲多不？」

　　這裡出現兩個概念，兩個名言：第一，「世界」；第二，「微塵」。什麼是世界？就是我們凡夫自以爲存在的、我們正在生存著的環境、外境的總體。什麼是微塵？微塵在佛教裡，表示最小的基本元素。佛陀爲什麼在這裡提出這個問題呢？在印度，佛教徒——特別是小乘佛教徒，證人我空，而法我空不空這個問題是懸置的，沒有深入討論，因此就產生了分歧。有的人說，我們生存的整個環境，這個世界，可以認爲是因緣所生，是假有，不是實有。當然有一些小乘佛教的佛教徒認爲世界是實有。但是不管認爲整個世界是假有還是實有，小乘佛教的學者都堅持認爲，這個世界是由那些最基本的元素生起的，這個基本元素叫「微塵」，而微塵肯定得是實有。這是印度小乘佛教的普遍觀點，所以佛陀提出這個問題。看須菩提怎麼回答的：

　　「須菩提言：『甚多，世尊。』」

　　構成三千大千世界的這些種種的微塵，當然很多。但是老師說：

　　「須菩提，諸微塵，如來說非微塵，是名微塵。」

　　所以佛陀針對小乘佛教的觀點，要告訴大家，你們認爲世界的最基本元素，極微或微塵，其實如來說微塵，這個微塵依然是空性，沒有什麼實有的微塵可得，僅僅是安立一個微塵的假名而已。「諸微塵，如來說非微塵，是名微塵。」這是破小乘佛教對微塵的實有見，既然微塵實有見破了，那麼如來「說世界，非世界，是名世界」。由

這些微塵所緣生的整個世界，本性依然是空性。佛陀說世界，你不要以為有個世界實有，只不過是為了度化眾生的方便，在世俗諦上，在名言諦上，安立了一個「世界」的名言而已。這是這段經文的法義。

「須菩提，於意云何？可以三十二相見如來不？」

老師問須菩提，可不可以以見到如來的三十二相這樣的身體形象，就算看見如來了？看須菩提怎麼回答的：

「不也，世尊，不可以三十二相得見如來。」

老師，不可以，不可以以見到三十二相就算見到如來了。

「何以故？」

我為什麼這麼回答呢？

「如來說三十二相，即是非相，是名三十二相。」

如來雖然講人間示現的佛陀具有三十二相，但是在勝義諦上，空性上，沒有什麼真實的三十二相可得。所以說三十二相「即是非相，是名三十二相」。只是在世俗諦上，在名言諦上，假名安立了「三十二相」這個名言而已。「三十二相」這個名言，沒有所對的真實的三十二相的實義。

四、身命布施

看下面的經文，老師說：

「須菩提，若有善男子、善女人，以恒河沙等身命布施，若復有人，於此經中，乃至受持四句偈等，爲他人說，其福甚多。」

這裡出現了一個名言：「身命布施」。大乘佛法修行六度，排在第一位的是布施度。佛教典籍對布施種類的劃分，有不同的劃分方法。最主要的布施有四種：財布施、無畏布施、身命布施和法布施。財布施就是施與眾生以錢財，無畏布施就是給眾生以生活的勇氣、力量，身命布施是以自己的身體和生命去布施眾生，法布施就是爲眾生說佛法。四種布施除去法布施之外，另外三種布施中，最難做到的是身命布施。行布施是把自己所擁有的布施給眾生，錢財還是相對容易的，很多人都能夠做到財布施，但是以自己的身命去布施，這就有點困難。捨財容易捨命難。佛經裡講，釋迦牟尼在往昔多生累劫的相似相續中，做過無量的身命布施，最典型的就是捨身飼虎。有人說這個做不到。

可以退一步講講身命布施。比如說，佛教徒經常爭論一個話題：蚊子要不要打？有的佛教徒說蚊子是害蟲，傳播腦炎病毒，當然得打，但是當你說蚊子是害蟲的時候，在你心中蚊子似乎傷害了我們人類，你認爲它是很壞的東西。可是大家想一想，在豬的眼裡，這世界上最壞的眾生是誰啊？其實就是我們人類。以這種觀點看，這世界上的最應該打死的是人類。有的佛教徒說：那好，蚊子不該打，那我避蚊，比如說我睡覺掛蚊帳，或者在臥室裡點上一枝驅蚊香，把蚊子驅趕到其他房間裡。當然這也是一種方式。但是歷史上有這樣的修行者，他們專門選擇盛夏之夜，到山野之中，脫光衣服坐下來：「可憐的蚊子們吃吧！」身命布施啊！有人一聽，這個我也做不到。如果還做不到，那我們就再退一步，無償獻血做得到不？身命布施啊！立個遺囑，死了以後，奉獻自己的身體，這一點做得到嗎？一個大乘佛教徒應該能做到。

前邊的經文，佛陀兩次提到財布施，就是把佈滿三千大千世界的

七寶布施，在這裡，佛陀提出了身命布施。

「以恒河沙等身命布施」，對照梵文原本，指經恒河沙等劫，布施了恒河沙等的身體。如果有人這樣做了，而還有人在《金剛經》中受持四句偈，那麼受持《金剛經》四句偈的人，福德比那個經恒河沙等劫數，布施了恒河沙等身命的人的福德還要多。不需要多解釋，佛陀還是要表達法布施為最。

第十三段學習圓滿了。

045 二時教法修行次第

一、涕淚悲泣

14.爾時，須菩提聞說是經，深解義趣，涕淚悲泣，而白佛言：「稀有世尊，佛說如是甚深經典，我從昔來所得慧眼，未曾得聞如是之經。世尊，若復有人得聞是經，信心清淨，則生實相。當知是人成就第一稀有功德。世尊，是實相者，則是非相，是故如來說名實相。世尊，我今得聞如是經典，信解受持，不足為難。若當來世，後五百歲，其有眾生，得聞是經，信解受持，是人則為第一稀有。何以故？此人無我相、人相、眾生相、壽者相，所以者何？我相即是非相，人相、眾生相、壽者相即是非相。何以故？離一切諸相，則名諸佛。」佛告須菩提：「如是如是。若復有人，得聞是經，不驚不怖不畏，當知是人甚為稀有。何以故？須菩提，如來說第一波羅蜜，非第一波羅蜜，是名第一波羅蜜。須菩提，忍辱波羅蜜，如來說非忍辱波羅蜜[1]。何以故？須菩提，如我昔為歌利王割截身體，我於爾時，無我相、無人相、無眾生相、無壽者相。何以故？我於往昔節節支解時，若有我相、人相、眾生相、壽者相，應生瞋恨。須菩提，又念過去於五百世作忍辱仙人，於爾所世，無我相、無人相、無眾生相、無壽者相。是故，須菩提，菩薩應離一切相，發阿耨多羅三藐三菩提心。不應住色生心，不應住聲香味觸法

---

❶通行本此句後有：「是名忍辱波羅蜜。」

生心，應生無所住心。若心有住，則為非住。是故佛說菩薩心，不應住色布施。須菩提，菩薩為利益一切眾生❷，應如是布施。如來說一切諸相，即是非相。又說一切眾生，則非眾生。須菩提，如來是真語者、實語者、如語者、不誑語者、不異語者。須菩提，如來所得法，此法無實無虛。須菩提，若菩薩心住於法而行布施，如人入暗，則無所見。若菩薩心不住法而行布施，如人有目，日光明照，見種種色。須菩提，當來之世，若有善男子、善女人，能於此經受持讀誦，則為如來以佛智慧，悉知是人，悉見是人，皆得成就無量無邊功德。」

第十四段：

「爾時，」

就在這個時候，

「須菩提聞說是經，深解義趣，涕淚悲泣，而白佛言：」

到了這個時候，須菩提聽了佛陀前面的教誨，「深解義趣」，什麼叫深解義趣？也就是領受了空性的道理。須菩提聽了空性的道理，「涕淚悲泣」，通俗地講，鼻涕眼淚往下流，哭了。我們體會一下，為什麼須菩提聽了《金剛經》的義趣，會如此地落淚？

第一，慚愧之心；須菩提原來修行的是聲聞乘的法，是小乘佛法，證了阿羅漢，聽了佛陀的大乘法，聽了一切法空的道理，一定是生起了慚愧心。第二，感激之情；聽了覺者佛陀為他開示了空性的甚

---

❷通行本此句作：「菩薩為利益一切眾生故。」

深法義，內心充滿了感激之情。第三，法喜充滿，喜極而泣；聽了佛陀的空性的甚深法義，須菩提一定是法喜充滿的。印度的祖師認為聽到空性的道理能歡喜落淚的人，是大乘根性的人，所以須菩提此時迴小向大。

那對比一下，我們聽聞了《金剛經》前邊的法義，有什麼感受？有沒有喜極而泣？會有這樣的人的。然而更多的人，也許內心生起了歡喜，但還沒達到喜極而泣的程度。當然還有一些人，內心生起的是恐懼。聽空性，很多人是恐懼的。但是更多的人，聽空性的道理，其實是抵觸的。所以對照須菩提，我們倒是應該內心生起慚愧之心呐！

「稀有世尊，佛說如是甚深經典，我從昔來所得慧眼，未曾得聞如是之經。」

讚歎老師「稀有」，然後說，老師，你講這麼甚深的經典；在般若經裡，能夠稱為「甚深」，就是能夠講到空性這樣的道理。「我從昔來所得慧眼」，「慧眼」，現在先不做過多的解釋，後邊要講五眼，慧眼是五眼之一。實際上慧眼就是聲聞乘、小乘佛教修的最高果位 ── 證阿羅漢所得的智慧叫慧眼。須菩提說，我在過去證得阿羅漢以來，「未曾得聞如是之經」，我從來沒有聽到老師您講如此甚深法義的經典啊！

二、信為道元功德母

「世尊，若復有人得聞是經，信心清淨，則生實相。」

這句話要重點理解一下。有的人聽聞了《金剛經》前面的法義，能夠「信心清淨」。首先說信心。《華嚴經》說：「信為道元功德母。」其實學習佛陀的教法，根本就在一個「信」字。比如說，你信

不信佛陀是圓滿的覺者？這一點從心底裡信了嗎？第二，對佛陀說的法，相信不相信一定能夠引領著眾生走向解脫的？這一點信了嗎？

很多人，包括很多佛教徒，其實沒有信，頂多是半信半疑，學佛這個信，是很難建立的。爲什麼？就是因爲顛倒。佛陀這位覺者對世界的理解，跟我們凡夫對世界的理解，正好相反。我們凡夫所認爲的眞實，佛陀認爲根本就不眞實，而且不僅是不眞實的問題，是凡夫境界根本就不存在。而佛陀證悟的眞實，我們凡夫又一點影子沒有見過，正好相反。對於我們凡夫的境界，雖然印度古代很多佛教學者、很多論師，想了各種各樣的辦法，透過我們凡夫可以理解的方式，比如說運用我們凡夫的邏輯推理的模式而推出一個悖論，以此來證明凡夫境界的存在其實是不存在的，凡夫認爲凡夫境界存在的前提是錯誤的。即便如此，想了各種各樣的辦法，來幫助我們凡夫理解佛陀的教誨、理解空性，但是我們凡夫對於凡夫境界上，一切的存在其實是根本不存在這一點，總是將信將疑。爲什麼？因爲我們多生累劫的相似相續的過程當中，在我們心中所熏習積澱下的對凡夫的實有認識，太堅固了，太難以打破了。

三、三世佛冤

前邊講教理，講了四重二諦，概括起來，歸根結底就一個字：「空」。前兩重二諦講性空（參12、13兩節，80-89頁），後兩重二諦歸結爲空性（參35、36兩節，211-221頁）。什麼是空？空就是解構，就是解構我們凡夫自以爲的眞實世界。有人跟我說：「你講佛教課的時候，能不能先別老講空？能不能先講點不空？能不能像其他老師那樣，講點妙有？」我問爲什麼？他說：「因爲我們是凡夫，老聽這空，心裡難受。」可是要知道，佛陀講空，是說給誰聽的？佛陀講空，恰恰就是說給我們這些凡夫聽的。你要不是凡夫，見道了，是登地以上的菩薩了，到了那個時候，佛陀給你說法的時候，就不再這樣沒完沒了說空了。正是因爲你是凡夫，所以才要講空。空什麼？空凡

夫自以為的真實世界，空凡夫誤以為有個凡夫境界的真實世界這個誤以為的錯誤認識。

所以一定要理解，佛法修行的次第，橫向的教理體系，一定是分前後兩部分：第一部分解構我們凡夫自以為的真實世界；第二部分，佛陀給那些透過第一部分的學習，把凡夫境界的存在已經解構了的眾生說第二件事：什麼才是佛陀證悟的真實。這是次第，不能顛倒，因為妨礙著凡夫見到佛陀證悟的真實的最大障礙，就是我們凡夫死死地抓住了在佛陀看來根本不真實的、甚至根本不存在的世界當作真實的存在。這個障礙不根除，是不可能見到佛陀證悟的真實。

為什麼特別強調這一點呢？因為佛教界的普遍現象就是，沒有把凡夫境界空乾淨就去講佛陀證悟的真實 —— 法性、真如、如如、實相、如來藏，這個現象太普遍了。一定要注意，這些在佛法中描述佛陀證悟的真實的名言 —— 法性、真如、如如、實相、如來藏，一定是要把凡夫的境界徹底解構完了之後才能安立、才能表達。凡夫境界沒有被徹底解構，沒有解構乾淨的時候講真如、法性、如來藏，凡夫一定把為表述佛陀證悟的真實而安立的這些名言，類比於我們凡夫境界的實有去理解，那是「三世佛冤」。

四、信心清淨

「信心清淨」，什麼叫清淨？佛法裡與清淨對應的叫「雜染」或「染汙」。清淨跟雜染，是一對概念，一對名言。那什麼是清淨？什麼是雜染？最初步的第一重解釋，清淨就是離相，雜染就是著相。什麼是相？就是凡夫自以為的真實世界，著相就是死死地執著著凡夫自以為的真實世界為實有。那什麼是離相？清淨就是離相，離相就是知道凡夫境界如夢如幻，根本就不真實，進而還要知道，凡夫境界不僅不是不真實的問題，還是根本就不存在 —— 空性。所以，「信心清淨」，什麼是清淨？直接講，證空性就是清淨。所以信心清淨，就是對佛陀說的凡夫境界一切的存在都是根本不存在的這件事，從心底裡

生起了信心，絕對相信，能夠證悟這種空性，叫信心清淨。

信心清淨的結果是什麼？「則生實相」。實相這個名言要格外注意，這是佛陀二時教法常用的一個名言。什麼是實相？實相就是佛陀作為智者證悟的真實。我一再強調佛陀教理分前後兩部分，第一部分解構凡夫自以為的真實世界，第二部分當把凡夫自以為的真實世界解構完之後，佛陀告訴我們佛陀證悟的真實是什麼。佛陀證悟的真實，在佛陀的二時教法中，用了一個常用的名言來表達，就是「實相」。「信心清淨，則生實相」。能夠證諸法空性——這是前提，而後生實相，而後能夠見證佛陀證悟的真實。這就是次第。

五、二時教法修行次第

總結一下佛陀二時教法的修行次第。對於我們凡夫而言，是三件事：悟無我，證空性，見實相。悟無我，就是知道我們凡夫境界上一切的存在，都是沒有常一不變的、獨立存在性的存在——性空，無自性，這是第一個次第，是前行法，為進入大乘佛法奠定基礎。進入大乘佛法修什麼？就是第二步，證空性。沒有常一不變的獨立存在性的存在，其實就是不存在。凡夫境界以一切都不存在為基本特徵，悟無我破我執，證空性破實執。證了空性，就為修行次第的第三件事奠定了基礎，第三件事就是見實相。實相是佛陀證悟的真實。所以悟無我，證空性，就是破增益，見實相就是補損減，這是修行的次第。如果不講悟無我，不講證空性，直接講實相，講佛陀證悟的真實，這種不講次第的說法，其實依然屬於說相似佛法。

046 忍辱波羅蜜

　　佛陀二時教法中，從方便說上講，實相是佛陀作爲智者證悟的眞實；從究竟意義上講，實相是遠離我們凡夫眞實與虛假這一對相待概念的境界。不眞不假。不眞不假即是中道。

　　須菩提說，如果有人聽了《金剛經》，信心清淨，內心能生起實相，「當知是人，成就第一稀有功德」。這句話玄奘譯作：「當知成就最勝稀有。」義淨法師譯作：「當知是人，最上稀有。」這是極度的讚歎。

　　　「世尊，是實相者，則是非相，是故如來說名實相。」

　　須菩提不愧爲是「解空第一」的弟子，安立了「實相」這個名言，怕我們凡夫立刻執著實相爲實有，所以他運用了佛陀說法著名的三段論：實相者即是非相，是名實相。佛陀安立「實相」的名言，只是作爲方便，度化眾生。須菩提繼續說：

　　　「世尊，我今得聞如是經典，信解受持，不足爲難。若
　　　當來世，後五百歲，其有眾生，得聞是經，信解受持，是人
　　　則爲第一稀有。」

　　須菩提講說，我今天聽了這個甚深的般若法門，我信解受持，不難，因爲我親聞佛陀您老人家說法。但是等您滅度以後，到了後五百歲（參173頁），到了末法時期——佛陀講過，佛法在世間的傳播是走下坡路的，離佛陀越遠的眾生，領受佛陀教誨的能力越弱；我們今天就是後五百歲，這就指末法時期，如果有眾生聽聞金剛般若這個甚

深的法門，他能夠信解受持的話，這樣的人是第一稀有。我們在這裡共同學習《金剛經》，如果你對這個甚深的般若波羅蜜法門能夠信解受持，那麼須菩提表揚的就是你。

「何以故？此人無我相、人相、眾生相、壽者相，所以者何？我相即是非相，人相、眾生相、壽者相即是非相。」

為什麼說能夠信解受持《金剛般若波羅蜜經》的人是第一稀有？因為他沒了我相、人相、眾生相、壽者相。「我相即是非相」，這句話要特別注意。無我相，是不是原來有一個我相，後來透過修行，把這個我相給修掉了、捨去了，所以「無我相」了？不是的。這個我相，原本就根本不存在，所以「我相即是非相」。同理，「人相、眾生相、壽者相即是非相」。

「何以故？離一切諸相，則名諸佛。」

佛是遠離一切相的，什麼是相？就是我們凡夫所執著的凡夫自以為的真實世界。

第十四段從一開始，「須菩提涕淚悲泣而白佛言」，他一直說到這兒為止，這一大段話，都是須菩提講的。用我們今天的話講，這是須菩提聽了佛陀前邊的甚深般若波羅蜜法門的教誨之後，他很受感動，做了一段自己學習的分享。須菩提分享之後，佛陀說什麼？

「佛告須菩提：『如是如是。』」

就是這個樣子，就是這個樣子呀！前面講過，什麼是佛經？經一定都是釋迦牟尼佛親口所說。但是，是不是句句都是佛陀親口所說呢？也不盡然。有一些是佛陀親口所說，但還有一些是佛陀的弟子說。比如說在這裡，就是須菩提說。但是佛陀的弟子說完之後，佛陀

印可了弟子的說法。比如在這裡，佛陀說「如是如是」，這就是對前面須菩提這一大段的分享的印可。被佛印可的弟子所說，依然也算佛說。看下邊的經文，佛陀繼續說：

> 「若復有人，得聞是經，不驚不怖不畏，當知是人甚為
> 稀有。」

一個人，一個凡夫，聽了甚深的金剛般若波羅蜜法門，能夠「不驚不怖不畏」，這樣的人是「甚為稀有」的，為什麼呢？因為大乘佛法──特別是般若波羅蜜的甚深法門，是對我們凡夫境界的徹底顛覆，這種徹底顛覆性的法門，凡夫聽了以後，往往是有抵觸的，甚至內心是驚恐的。比如說，對空性的領受，多數眾生是驚恐的。有人說，我念《金剛經》就沒驚恐，那是因為你沒從心底裡領受佛陀的般若波羅蜜的甚深法門。繼續看下邊的經文：

> 「何以故？須菩提，如來說第一波羅蜜，非第一波羅
> 蜜，是名第一波羅蜜。」

「第一」，梵文是「parama」，意為「最高」，玄奘法師和義淨法師都譯作「最勝波羅蜜」。六波羅蜜裡哪個是最高的、最勝波羅蜜呢？般若波羅蜜。所以前面佛陀講，聽了般若波羅蜜甚深法門的眾生會驚恐，而佛陀馬上又說，如來說般若波羅蜜，非般若波羅蜜，是名般若波羅蜜。眾生又不能執這個般若波羅蜜為實有，它不過是假安立的名言，是度眾生的方便。

第十四段經文第一部分結束了。

一、忍之四義

第十四段第二部分，進入了一個新的話題。釋迦牟尼說：

「須菩提，忍辱波羅蜜，如來說非忍辱波羅蜜。」

在前面的經文中，佛陀更多的講的是布施波羅蜜，講的是般若波羅蜜，在這裡提出了忍辱波羅蜜。忍辱波羅蜜排在波羅蜜的第三位，排在布施、持戒之後。

什麼是忍辱？忍辱波羅蜜，梵文是「kṣānti-pāramitā」，「kṣānti」就是「忍」的意思，沒有「辱」，是「忍波羅蜜」。「忍」是「忍耐、忍受」的意思。忍受種種的苦難。那麼作為一個修行者，要忍受哪些苦難呢？

第一，我們作為一個眾生，首先有風寒暑熱之苦，這些苦作用到身體上，我們還會有種種的病痛之苦，這是我們需要忍的，佛教管這個忍叫「法忍」。

第二，我們這一生生於人間，要生存，就要從事種種的社會生活。在社會生活當中，會有種種的不如意。其實隨著人生的經驗越來越多，會發現人生當中的不如意多於如意。所以生活當中有種種的苦需要忍，佛法管這樣的忍叫「生忍」。

第三，當我們感到生命中有法忍、有生忍，有很多痛苦需要去忍，我們需要解脫，就來聽聞佛法；但是當我們聽聞大乘佛法的時候，當聽說一切法無生，我們凡夫境界上一切的存在根本是不存在，壓根兒就沒產生，凡夫聽了無生，內心痛苦啊！《大智度論》裡形容「如刀傷心」，就像拿刀子剜心一般的苦、痛苦。所以聽聞大乘佛法、聽空性、聽無生，對於凡夫而言是痛苦的事，需要忍，這個在佛法裡叫「無生忍」，也叫「無生法忍」。

第四，當我們學習修行大乘佛法的時候，我們要發大心，也就是發菩提心，誓願度一切眾生。可是眾生難度啊，只要發心度眾生，就會發現，會產生種種的痛苦。眾生不接受你的度化，你去度眾生，反而帶來很多非議，帶來很多障礙。所以度眾生是很難的一件事情。而且既然發的是菩提心，那就是荷擔了眾生一切的苦難，把眾生的苦難當作自己的苦難，這才是菩薩行。所以要知道，菩薩行概括為八個

字：「難行能行，難忍能忍。」

　　所以，大乘佛法的修行，很重要的修行法門，就是這個「忍」字。大乘六度這個第三個度，忍波羅蜜的法義是很寬泛的。但是作為一個普通的人，首先面對的，最讓他難以忍受的是什麼？是欺辱，是侮辱。所以佛法講忍波羅蜜的時候，往往總是拿忍「辱」──忍耐欺辱、侮辱，作為例子講忍波羅蜜，所以往往把忍波羅蜜也譯作「忍辱波羅蜜」。看經文，這裡佛陀說：

>　　「忍辱波羅蜜，如來說非忍辱波羅蜜。」

　　如來安立了「忍辱波羅蜜」這樣的名言，眾生不要執著忍辱波羅蜜為實有。下邊佛陀講了一個自己往昔相似相續中的修忍辱的例子。

二、佛陀修忍

>　　「何以故？須菩提，如我昔為歌利王割截身體，我於爾時，無我相、無人相、無眾生相、無壽者相。何以故？我於往昔節節支解時，若有我相、人相、眾生相、壽者相，應生瞋恨。」

　　佛陀在往昔相似相續中的某一生，那個國王叫「歌利王」，據說是個很暴虐的國王。有一次，國王帶著侍從、妻妾、宮女，進山林遊玩打獵。國王累了坐在樹下休息，睡著了。可是睡了一覺醒來之後，他發現侍者、宮女、妻妾都不見了，他去尋找，發現這些妻妾、宮女在圍繞著一個人，聽那個人說法。歌利王內心生起巨大的嫉妒，過去問那個人：我剛才睡了這麼一大覺，我的這些漂亮的妻妾、宮女都圍繞著你，你幹什麼壞事沒有？那個人說：我沒有，我只是在說法呀，給她們在說佛法。歌利王不信，說：你證阿羅漢沒有？他說我沒證阿

羅漢。沒證阿羅漢，就證明你還有欲望，你剛才怎麼可能是清淨的？歌利王問他：那你在這裡幹什麼呢？他說：我在這裡修忍辱呢。歌利王一聽：那太好了，既然你修忍辱——歌利王拿起刀來，就把他的手剁掉了，問他：你現在恨不恨我？這位修忍辱的說：我不恨你呀。他又把他的腿剁掉。這就叫「節節支解」。問他：你恨我嗎？他說：我真的不恨啊，不僅我現在不恨你，日後我成佛了，我證道了，就因為你今天支解了我這個因緣，我還要最先度化你。這個被支解的、修忍辱的，就是釋迦牟尼往昔的某一生的經歷。

後來佛陀證道了、成佛了，在他第一次說法的聽眾裡，就是那著名的五位聖者當中，有一位叫憍陳如。佛陀說，歌利王相似相續的這一生就是憍陳如。

047 無實無虛

「須菩提，又念過去於五百世作忍辱仙人，於爾所世，
無我相、無人相、無眾生相、無壽者相。」

在這裡佛陀說，他往昔修忍辱，作忍辱仙人，就作了五百世，所
以大家要理解修行成佛的艱難。作為資糧位的凡夫，我們要修忍辱，
見道之後的第三地菩薩主要的修行功夫，就是安住於空性修忍辱波羅
蜜，這是大乘佛法修行的重要法門。為什麼要修忍辱？對我們凡夫而
言，修忍辱就是為了破我執，而能修忍辱，不生瞋恨，也就在於無
我。前面的經文講得很清晰，佛陀被歌利王支解，而不生瞋恨，為什
麼？因為無我相、無人相、無眾生相、無壽者相。所以修忍辱的要點
是無我，是因無我而不起瞋恨。

忍辱波羅蜜是大乘佛法修行的法門，是構建在發願度一切眾生的
菩提心之上的修行法門，因此不要誤解了忍辱。比如說面對社會上給
眾生帶來種種苦難的那些黑暗邪惡的勢力，面對社會上給眾生帶來種
種苦難的那些社會不公的現象，一個修行大乘佛法的人，一個佛教
徒，應該如何？不要忘記發的菩提心，菩提心是度一切眾生出離苦難
的心，這個出離苦難，包括世間的出離與出世間的出離，當然從究竟
意義上講，佛教的出離苦難是出世的出離，但我們不能否定在我們修
行的過程中，世間意義上的出離苦難，不能夠迴避，不能否定。很多
人，包括很多佛教徒，面對黑暗、邪惡和社會不公，往往選擇沉默，
為什麼？因為對黑暗、對邪惡、對不公去發聲、去有所作為，那是有
風險的；由於害怕風險，擔心自己的利益受到損害而不敢發聲，不願
去有所作為，其實這是自私的表現，而自私的背後是我執，這明明是

因為自私，是因為我執而不敢發聲、不願作為，可是有些佛教徒卻把這種沉默美其名曰修忍辱，這是巨大的誤會，這絕不是修忍辱，這是忘失菩提心。

這是第十四段經文的第二部分。

一、離相生心

下邊開始第三部分：

> 「是故，須菩提，菩薩應離一切相，發阿耨多羅三藐三菩提心。」

這句話當然是兩個要點。第一，離一切相，離一切什麼相？狹義的說，我相、人相、眾生相、壽者相，廣義的說，凡夫所執著的凡夫誤以為的真實世界。修行大乘佛法的菩薩，要「離一切相」，這就是要證空性，是勝義諦菩提心，但同時要在「離一切相」的時候，發切切實實的無上正等正覺的心，也就是要度化一切眾生、成就無上菩提的心，這是世俗諦菩提心。所以「菩薩應離一切相，發阿耨多羅三藐三菩提心」，是世俗諦菩提心與勝義諦菩提心的不二。佛陀進一步解釋什麼是離一切相而發心：

> 「不應住色生心，不應住聲香味觸法生心，應生無所住心。」

色聲香味觸法，是我們凡夫的外境，也叫「六塵」，這是我們凡夫境界這個相的典型代表。「離一切相」，就不應該住色聲香味觸法，應該無所住。但無所住，還要生心，生的什麼心？菩提心。第十段有一句非常重要的經文：「應無所住而生其心。」中國禪宗六祖惠能大師，就是在這句話上見道大悟的，但我們不應因此對這句話作過

度詮釋。第十段「應無所住而生其心」的「生其心」，其實就是世俗諦菩提心，依據是哪裡？依據就是這第十四段經文。佛陀講的很清楚：「應生無所住心」，這是什麼心？就是阿耨多羅三藐三菩提心，就是菩提心。看下邊的經文：

> 「若心有住，則爲非住。」

如果一個發菩提心的人，心有所住，那就不是眞正發心之人應該的住。

> 「是故佛說菩薩心，不應住色布施。須菩提，菩薩爲利益一切眾生，應如是布施。」

菩提心是無住的，因此生起菩提心，修六度——這裡又是以布施爲例——依然還是無住的，要爲利益一切眾生，無住而行布施。下邊佛陀做了總結：

> 「如來說一切諸相，即是非相。」

前面的經文說「我相即是非相，人相、眾生相、壽者相，即是非相。」這裡做了總結：「一切諸相，即是非相。」我們凡夫境界上，凡夫自以爲的眞實存在，其實根本就是不存在。看下一句經文：

> 「又說一切眾生，則非眾生。」

凡夫自以爲的眞實世界不存在，那麼執著著這個凡夫境界爲實有的眾生本身，依然也是不存在。《金剛經》反複強調，發大心的菩薩，度了眾生，實無眾生得度，因爲「一切眾生，則非眾生」。

這是第十四段第三部分。下面看第四部分，老師說：

「須菩提，如來是眞語者、實語者、如語者、不誑語者、不異語者。」

第四重二諦勝義諦是「離言空性」，但世俗諦是假有唯名。佛陀在世俗諦上安立種種名言，度化眾生，而在這裡佛陀說，佛陀這些名言的安立，都是眞實的，這裡用了五個詞語：「眞語者」，梵文是「bhūta-vādī」，指說眞實語的人；「實語者」，「satyavādī」，「satya」就是道理，所以實語者就是說眞正道理的人；「如語者」，「tathāvādī」，「tathā」是「如」的意思，本來的樣子，說如實語的人；「不誑語者」，「vitatha-vādī」，就是不說欺騙的虛妄的話的人；「不異語者」，「ananyathāvādī」，就是不說怪異、荒謬話的人。

二、無實無虛

繼續看下邊經文，老師話鋒一轉，說：

「須菩提，如來所得法，此法無實無虛。」

鳩摩羅什譯的語言很簡單，叫「如來所得法」，其實對照梵文，是如來所證法、所說法。在這裡老師說，如來的法，「此法無實無虛」，鳩摩羅什用的是「實」和「虛」，千萬不要在這裡跟道家思想的虛實學說往一起扯，沒有關係。這裡的實和虛，什麼意思？實，對應的梵文是「satyaṃ」，就是眞實，眞的；虛，對應的梵文是「mṛṣā」，就是虛假，假的。所以「無實無虛」，就是既不是眞實，也不是虛假，不眞不假。玄奘法師譯作「非諦非妄」，義淨法師譯作「非實非妄」。怎麼理解佛陀的法？既不眞，也不假。

首先從二諦上可以理解，在勝義諦上不眞，在世俗諦上不假。在勝義諦空性上一切法是空，但是在世俗諦、名言諦上，佛陀爲了度化

眾生，安立了種種的名言。雖然我們說「只有能詮名言，沒有所詮實義」，也就是佛陀所安立的種種名言沒有對應的真實，叫「非如其言而有其義」，但是佛陀安立這種種的名言，又是有針對性的，佛陀安立這種種的名言，是對治我們眾生種種的病，「亦非無事而有所說。」所以在世俗諦、名言諦上，又不假。從二諦的角度來理解，佛陀說的法，既不真也不假，這就是中道。

這句話還可以從更深的一層法義上去理解，從究竟空性上去理解，因為真實與虛假、真與假，原本就是我們凡夫境界的一對相待而生的名言。在究竟的空性上，沒有真與假的分別，不真不假。

第十四段第四部分經文，分前後兩部分，第一部分是佛陀在世俗諦、在名言諦上講，佛陀安立的種種名言，都是真實的，佛陀是真語者、實語者、如語者、不誑語者、不異語者。但是第二部分又說，從究竟勝義上講，佛陀所說的法，其實非真非假，是中道。

048 信心不逆

第十四段第五部分，老師說：

> 「須菩提，若菩薩心住於法而行布施，如人入暗，則無所見。」

「心住於法而行布施」，首先說，還是行了布施的，只要是行了布施，就是善法，但是這個善法是心住於法的善法，佛教管它叫世間善法，爲什麼？因爲心住於法的布施，雖然是布施，但是這樣的布施，不能淡化我們凡夫心中的我執，不能引領著我們去證悟空性，更不能引領著我們去見實相，這樣的布施是善法，它種下的善因，只能讓我們在未來死了再來、死了再來的生生死死的輪迴中，得個善報而已，不能令眾生解脫，因此是世間善法，是有漏的善法。佛陀這裡形象比喻：「如人入暗，則無所見。」

> 「若菩薩心不住法而行布施，如人有目，日光明照，見種種色。」

如果菩薩的布施是心不住於法的布施，那麼就像一個人有了眼睛，在陽光的照耀下能夠見到種種的顏色。什麼是「心不住法而行布施」？其實就是在般若統攝下去行布施。大乘六度，前五度布施、持戒、忍辱、精進、禪定，如果失去了第六度即般若波羅蜜的攝受，佛教經典裡說，前五度爲盲，而在第六度般若波羅蜜的攝受下，就如同一個人有了眼睛，有了光明。所以心不住法的布施，是在般若統攝下的布施，「如人有目，日光明照，見種種色」。

第十四段經文第六部分，老師說：

「須菩提，當來之世，若有善男子、善女人，能於此經受持讀誦，則爲如來以佛智慧，悉知是人，悉見是人，皆得成就無量無邊功德。」

鳩摩羅什的譯本語言非常簡潔，在這裡他譯作「受持讀誦」，對照梵本，其實是五個動詞：第一是獲取，第二是受持，第三是讀誦，第四是通曉法義，第五是爲別人詳細解說，也就是獲取、受持、讀誦、通曉、解說五個動詞。做到這五件事，「則爲如來以佛智慧，悉知是人，悉見是人」。我們共同在這裡受持、讀誦、學習《金剛般若波羅蜜經》，佛陀以他老人家的智慧、以佛的眼睛，能夠看到我們，能夠知道我們，皆得成就無量無邊的功德。所以大家要理解，我們現在共同學習《金剛般若波羅蜜經》，功德是無量無邊的。爲什麼？因爲金剛般若波羅蜜的法門，能夠引領著我們證空性，見實相，走向解脫。

第十四段經文學習圓滿了。

一、初中後三分

15.「須菩提，若有善男子、善女人，初日分以恒河沙等身布施，中日分復以恒河沙等身布施，後日分亦以恒河沙等身布施，如是無量百千萬億劫，以身布施。若復有人，聞此經典，信心不逆，其福勝彼。何況書寫、受持、讀誦、爲人解說？須菩提，以要言之，是經有不可思議、不可稱量、無邊功德。如來爲發大乘者說，爲發最上乘者說。若有人能受持讀誦，廣爲人說，如來悉知是人，悉見是人，皆得成就不可量、不可稱、無有邊、不可思議功德。如是人等，則爲荷擔如來阿耨多羅三藐三菩提。何以故？須菩提，若樂小法

者，著我見、人見、眾生見、壽者見，則於此經，不能聽受讀誦、為人解說。須菩提，在在處處，若有此經，一切世間天人阿修羅，所應供養。當知此處，則為是塔。皆應恭敬，作禮圍繞，以諸華香而散其處。」

第十五段第一部分，佛陀說：

> 「須菩提，若有善男子、善女人，初日分以恒河沙等身布施，中日分復以恒河沙等身布施，後日分亦以恒河沙等身布施，如是無量百千萬億劫，以身布施。」

這裡佛陀講身命布施。什麼是初日分、中日分和後日分呢？我們現在把一天分為二十四小時，中國古人把一天分為十二個時辰，而印度古人把一天分為六時，所以佛教徒經常祝願大家「六時吉祥」，六時就是一天；這六時又分「日三時」和「夜三時」。用現在的時間計量單位看，早晨六點鐘到下午六點鐘，是日三時；從傍晚六點鐘到第二天早晨六點鐘，是夜三時。初日分，指日三時的第一時，大概是早晨六點到上午十點；中日分，指日三時的第二部分，大概是上午十點到下午兩點；後日分指日三時的第三時，下午兩點到下午六點。

佛陀在這裡又用了一個極度誇張的手法：初日分，也就是上午，以恒河沙等身布施 —— 一個上午，能夠做像恒河沙子一樣多的身命布施；中日分就是中午，又用恒河沙子一樣多的身命去行了布施；後日分就是下午，還是以恒河沙數的身命去行布施。這是極端誇張的手法。更重要的是下一句，上午布施了恒河沙等身命、中午布施了恒河沙等身命、下午布施了恒河沙等身命，這件事做了多久呢？「如是無量百千萬億劫，以身布施」。什麼是劫？通俗地講，我們這個世界壞一回叫一劫。百千萬億劫都是每天上午恒河沙等身命布施、中午恒河沙等身命布施、下午恒河沙等身命布施。前面佛陀講財布施也用了一個極度誇張的手法：恒河沙數恒河的所有沙子數的三千大千世界裡鋪

滿七寶，把這些七寶都布施了。只不過在這裡是用身命布施來作比喻。一個人做了這麼多的身命布施，看下一句經文：

二、信心不逆

> 「若復有人，聞此經典，信心不逆，其福勝彼。」

如果還有一個人，他聽聞了《金剛經》，「信心不逆」，逆就是「倒退」，佛教常用語。對金剛般若波羅蜜法門的信心，只要不退轉，那麼所獲得的福德，比前邊那個做了那麼多身命布施的人的福德還要多。注意，佛陀是用了一個非常誇張的手法。這樣的誇張手法用意是什麼？前邊已經討論過了，佛陀要強調法布施為最。法布施與身命布施相比，是質的差別，不是量的差別，所以不管做多少身命布施，都不如對金剛般若波羅蜜法門的信心不逆。鳩摩羅什在這裡譯作「信心不逆」，對照現存的梵本，是「不誹謗」，玄奘法師即譯作「不生誹謗」，義淨法師亦譯作「不生譭謗」。從這個角度而言，一個人聽聞了金剛般若波羅蜜法門，只要不生誹謗，那麼所獲得的福德，比前面做了那麼多身命布施的人還要多。

有人說這件事太容易了，說我就不會誹謗《金剛經》。但是大家注意，這件事看似很容易，實際上有的時候無意當中就會誹謗。在講第三重、第四重二諦之前，也就是講無生、講空性之前，特別強調，對大乘佛法，可以理解、可以不理解，聽了以後，可以接受、也可能暫時接受不了，這都是可以的。但是當不能理解、不能接受的時候，千萬不要誹謗。那麼有人說，那我不誹謗，沒有誹謗，能做到，但是有的時候，有意的誹謗可以不做，但是由於無明所障，由於我們凡夫愚癡，無意的誹謗，還是很容易發生的。

三、法門無量誓願學

　　一個修行大乘佛法的人，要發心，要發四弘誓願。四弘誓願裡有一願：「法門無量誓願學」。為什麼要發這個誓願？因為菩提心是度一切眾生入無餘涅槃的心，由於眾生有種種的差別、眾生有種種的病，因此度化眾生就得有種種的藥、種種的方便，因此佛陀才說了種種有差別的法門。為了度無量眾生，要誓願去學佛陀所說的無量法門。但是有人說，我的能力有限，目前還做不到法門無量都要學，讀一本經都感到很困難，學一個法門都很吃力，因此現在拿出所有的精力，專精學習一部法，學習一部經，可以不可以？當然是可以的。但是大家一定要理解，為什麼現在做不到法門無量可以學，為什麼感到自己力不從心？因為往昔的業障。所以可以專精去學一部經或者專精去修某一部法，但是一定要生起懺悔的心，一定要生起慚愧的心──為什麼別人可以學習無量的法門而我做不到呢？要懺悔，要慚愧。其次，當我們見到別人能夠學習無量的法門，我們必須要讚歎，要隨喜，要生起歡喜的心。

049 違緣與證量

一、不要學一經、輕一經

　　一個行菩薩道的人要發四弘誓願，四弘誓願之一是「法門無量誓願學」。但是如果你感到這一生學無量的法門，力不從心，那麼專精於某一部經或者某一個法門的學習，這也是完全可以的。但是要生起懺悔的心，要生起慚愧的心，為什麼做不到法門無量誓願學呢？這都是往昔的業障。如果別人能夠學習眾多的法門，能夠對佛陀的初時、二時、三時教法有著全面的理解，能夠讀懂《阿含經》，讀懂《金剛經》，讀懂《法華經》、《華嚴經》、《無量壽經》、《藥師經》、《地藏十輪經》等等，我們要對這些能夠學習眾多佛法法門的人，生起讚歎隨喜的心。

　　為什麼要提出這個問題呢？就是因為我們漢傳佛教，現在有一些狀況其實是很令人痛心的。比如有的人熱愛一部經，如《金剛經》，認為《金剛經》是甚深般若波羅蜜的法門。佛在《金剛經》裡說：「一切諸佛及阿耨多羅三藐三菩提法，皆從此經出。」所以他要弘揚《金剛經》。但是弘揚《金剛經》，不能輕視了其他的佛教經典。比如說有人熱愛《無量壽經》，喜歡念阿彌陀佛，而一些弘揚《金剛經》法門的人，就會看不起他們：「你學那幹什麼？《金剛經》才是甚深般若波羅蜜。」可是，《無量壽經》也是佛親口所說，不能輕視。因此不能學一經、輕一經，甚至學一經、輕一切經，這是過失。有人熱愛《無量壽經》，喜歡念阿彌陀佛，這非常好，世上多一個念阿彌陀佛的人，我內心都多一分歡喜，我會舉一萬隻手表示贊成，讚歎隨喜。末法時期，念佛法門確實是成就眾生的一條大法船，但是很

多喜歡《無量壽經》的人、念阿彌陀佛的人會說：「這是佛陀唯一的本懷，只這一部經就可以了。」你要去勸他學習《金剛經》，學習《法華經》，學習《楞伽經》，他會很不屑，你去勸他學學二諦，聽聽無我，證證空性，他會很不耐煩，很不屑：「你要當佛學家是嗎？我一句佛號解脫生死。」所以大家能理解嗎？這就是在不經意當中，學一法、輕一法，學一法、輕一切法。說得更嚴重點，就是學一經、謗一經，學一經、謗一切經。這是過失，是非常嚴重的過失。所以《金剛經》說要對佛陀說的法門不生誹謗。有人覺得這一條很容易做到，其實有意的誹謗不會做，但是由於無明、由於愚癡，這些無意中對佛陀親口所說經典的輕視與誹謗，我們漢傳佛教每天都在發生著。所以今天再次強調，一個發菩提心的人，一定要誓願「法門無量誓願學」。

再多說幾句。同樣的，應該怎麼樣看待善知識？末法時期一個很重要的特點是善知識難遇，也就是好的老師不多。但是從目前情形來看，往昔發了大心的菩薩們，有很多菩薩現在都在這世界上弘法。如果能夠找到一位有正知正見的、有修有證的好的老師去追隨學習，這是福德的顯現，非常好。但是，千萬注意，就像前面講的，不能學一法、輕一法，不能學一法、輕一切法，同樣不要因為追隨這個老師而輕視其他的善知識。現在佛教界的狀況是，很多佛教徒追隨某一位法師，或者追隨某一位堪布、某一位仁波切、某一位大德居士，有著強烈的執著，認為只有我追隨的這位老師，似乎才是唯一正確的老師，對其他的善知識輕視、排斥甚至誹謗，這是嚴重的過失，其實這是在無意中謗法。所以我今天強烈呼籲，在這裡跟我學習佛法的各位朋友們，一定要對我們這個世界上一切的善知識，具有正知正見、有修有證、能夠弘揚佛陀正法的法師們、堪布們、仁波切們、大德居士們，都要尊重、隨喜、讚歎、供養，這是學習大乘佛法的人應有的心態。

回到經文，佛陀說：

「若復有人，聞此經典，信心不逆，其福勝彼。」

一個人聽了《金剛經》信心不退轉、不生誹謗，他的福德，比那個做了無量的身命布施的人的福德還要多。

　　「何況書寫、受持、讀誦、爲人解說？」

　　信心不逆、不生誹謗都具有那麼大的福德，那麼能夠書寫——書寫就是流通，還能受持、讀誦，還能爲人解說，這個福德是不可思議的。看下一句經文，老師說：

　　「須菩提，以要言之，是經有不可思議、不可稱量、無邊功德。」

　　《金剛經》的功德是不可思議、不可稱量的，是無邊的功德，爲什麼？因爲《金剛經》所弘揚的甚深般若波羅蜜法門，能夠讓我們眾生知一切法無生，能夠令我們證空性、見實相，走向解脫，是眾生成佛的大法船。這麼具有不可思議、不可稱量、無邊功德的法門：

　　「如來爲發大乘者說，爲發最上乘者說。」

　　「大乘者」、「最上乘者」，對應著梵文「agra-yāna」、「śreṣṭha-yāna」。「agra」和「śreṣṭha」，意思都是「最上、最好」，所以在這裡不必分別什麼是發大乘者，什麼是發最上乘者。在這裡佛陀不過是用重複性的、強化性的語氣，表示般若的甚深波羅蜜法門，是說給發大乘心的人的，這是一種強調語氣。看下一句經文：

　　「若有人能受持讀誦，廣爲人說，如來悉知是人，悉見是人，皆得成就不可量、不可稱、無有邊、不可思議功德。如是人等，則爲荷擔如來阿耨多羅三藐三菩提。」

這段經文從字意上很好理解，不需要做過多的解釋，就是「荷擔如來阿耨多羅三藐三菩提」。佛教有一句話叫「荷擔如來家業」，用肩挑起佛陀的法，也就是傳承佛法的意思。下一句經文：

「何以故？須菩提，若樂小法者，著我見、人見、眾生見、壽者見，則於此經，不能聽受讀誦、為人解說。」

什麼是「樂小法者」？指後邊所說「著我見、人見、眾生見、壽者見」的眾生。什麼樣的人是著了我見、人見、眾生見、壽者見呢？是不願意學習無我法的人，也就是不願意發心走向解脫的人。其實小法指的就是人天乘的法，喜歡輪迴、熱愛生死而不希求解脫的人，就是「樂小法者」。這些不希求解脫的眾生，對於這部《金剛經》是不能聽受讀誦的，更不能為人解說。看下邊的經文，老師說：

「須菩提，在在處處，若有此經，一切世間天人阿修羅，所應供養。」

只要有這部經在的地方，一切的天人阿修羅，都應該供養，為什麼？

「當知此處，則為是塔。」

因為有這部經在的地方，如同就是佛塔。前面解釋過，印度人建塔主要是為了供養佛的舍利、佛的遺骨，所以塔是非常神聖的地方。佛陀在這裡又一次強調，只要有這部經在的地方，就如同有佛的舍利。

「皆應恭敬，作禮圍繞，以諸華香而散其處。」

對這個地方必須生起恭敬的心，要作禮，要圍繞——這個圍繞具體講是右繞，所以大家注意，到了佛教的場所，到了寺院、塔廟，凡是遇到需要供養恭敬的佛教聖處，一定要注意，要右繞，右繞是增上。「以諸華香而散其處」，華就是「花」，用花跟香散在那個地方，以示供養。

第十五段經文學習圓滿了。

二、違緣表證量

> 16.「復次，須菩提，善男子善女人，受持讀誦此經，若為人輕賤，是人先世罪業，應墮惡道。以今世人輕賤故，先世罪業則為消滅，當得阿耨多羅三藐三菩提。須菩提，我念過去無量阿僧祇劫，於然燈佛前，得值八百四千萬億那由他諸佛，悉皆供養承事，無空過者。若復有人於後末世，能受持讀誦此經，所得功德，於我所供養諸佛功德，百分不及一，千萬億分，乃至算數譬喻，所不能及。須菩提，若善男子、善女人，於後末世，有受持讀誦此經，所得功德，我若具說者，或有人聞，心則狂亂，狐疑不信。須菩提，當知是經義不可思議，果報亦不可思議。」

第十六段經文，老師說：

> 「復次，須菩提，善男子善女人，受持讀誦此經，若為人輕賤，」

一個人受持讀誦《金剛經》，但卻被別人輕視、屈辱——「輕」就是輕視，「賤」就是侮辱、屈辱。看下一句經文：

> 「是人先世罪業，應墮惡道。以今世人輕賤故，先世罪

業則爲消滅，當得阿耨多羅三藐三菩提。」

正是因爲受持讀誦《金剛經》而被人輕賤，往昔多生累劫的相似相續中所造種種的惡業，這些惡業原本會驅使你，在未來的相似相續中，墮於惡道去受苦，但是這一世由於受持讀誦了《金剛經》而被人輕賤的緣故，往昔多生累劫相似相續所造的、種種應讓你墮入惡道的種種罪業，就消滅掉了，也就是未來惡道可以不去了，不僅如此，最終還會引領著你得到無上的正等正覺。

所以要注意，有人學了佛，覺得一學佛，有了佛菩薩的加被，一切就應該變得順利、變得吉祥，發現學佛後出現了種種不如意的事情，比如說遭人輕賤，那麼有人就想不通：「我學習了佛法，那麼虔誠地每天誦持《金剛經》，那麼虔誠地念佛，怎麼還遭遇種種不吉祥的事情呢？」《金剛經》這段經文就解釋了這個問題。這在佛教裡叫違緣。學佛的過程中有可能出現違緣，即學佛過程中出現種種障礙，出現種種不如意。但是，對一個發了大心的菩薩、一個眞正的修行者而言，出現違緣恰恰是修行有所證量的表現。一個大修行者出現違緣的時候，內心是生起歡喜的。當然對於我們普通的凡夫而言，很多人接受不了，不願意接受違緣，甚至承受不了違緣的打擊。

當然也可以修一些法，暫緩違緣的出現，或者降低違緣的程度。比如說，在藏傳佛教的修行裡，一個初入藏傳佛教法門的人，都要修四加行，比如說磕大頭十萬、供曼紮十萬、誦金剛薩埵百字明十萬遍、修上師相應法十萬，這些加行的法，很重要的作用就是消我們眾生往昔的業，怕我們正式修行大法的時候，出現太多的違緣而我們凡夫承受不了。但是要再強調一遍，眞正發大心的菩薩是不忌諱違緣的，違緣的出現，恰恰是修行有所證量的表現。

050 修行五位

一、末世修行

金剛經第十六段經文的第二部分，老師說：

> 「須菩提，我念過去無量阿僧祇劫，於然燈佛前，得值
> 八百四千萬億那由他諸佛，悉皆供養承事，無空過者。」

釋迦牟尼說，他在往昔相似相續的過程中，在過去無量阿僧祇劫——「阿僧祇」，梵文「asaṃkhya」的音譯，「無量」、「無數」的意思，玄奘法師譯作「無量劫」，義淨法師譯作「無數劫」。在這裡鳩摩羅什爲了這種語氣的強調，譯作「無量阿僧祇劫」。「阿僧祇」就是無量，只是語氣的強化。「於然燈佛前」，燃燈佛是先於釋迦牟尼在娑婆世界成佛的佛，是釋迦牟尼往昔相似相續、多生累劫行菩薩道修行時期的老師。「於然燈佛前」的「前」，不是空間上的「面前」，而是時間上的「之前」。釋迦牟尼說，我還沒有遇到我的老師燃燈佛之前，已經「得值八百四千萬億那由他諸佛」，我已經見到了那麼多的佛。「八百四千萬億」，是印度人一種習慣的表達方法，表示很多。「那由他」，梵文「niyuta」的音譯，什麼意思？就是多到了不可計算的程度。就是釋迦牟尼在遇到燃燈佛前，已經遇到了簡直沒法數的、沒法計算的那麼多佛。重要的是「悉皆供養承事，無空過者」，遇到這麼多的佛，釋迦牟尼都供養承事，沒有一個漏掉。這個功德太大了。

「若復有人於後末世，能受持讀誦此經，所得功德，於我所供養諸佛功德，百分不及一，千萬億分，乃至算數譬喻，所不能及。」

　　這句經文的要點是，於末世受持讀誦此經。末世，就是末法時期，就是後五百歲，那麼也就是今天；佛陀總是強調末世受持讀誦《金剛經》的功德，要知道末世是佛法在世間相當衰落的時期，我們眾生聽聞正法難，修行正法更難。但是大家注意，正是因為在末法時期，正是因為很難，聽聞正法、修行正法的障礙很多，因此，末法時期修行的功德才更大，弘法的功德才更大。所以一定要注意，不要一聽說是末法時期而信心就減退了，不應該這樣。我們應該珍惜末法，末法正是修行的最好時機。在末法時期能夠弘揚佛陀正法的，都是往昔發了大心、發了大願的菩薩。在末法時期能夠來聽聞正法、如法修行的眾生，也都是往昔發了大心、發了大願的菩薩。也正因為如此，越是末法時期，越是要弘揚《金剛經》，越是要弘揚甚深的般若波羅蜜法門。

　　如果一個人在末法時期能夠受持讀誦《金剛經》，鳩羅摩什的譯本是：「所得功德，於我所供養諸佛功德，百分不及一，千萬億分，乃至算術譬喻，所不能及。」鳩羅摩什的這個翻譯，是當時的語言習慣，因為我們現代的很多人讀到這句話，就會理解為：好像我在末法時期受持讀誦《金剛經》的功德，跟佛陀多生累劫相似相續供養諸佛的功德相比，讀誦《金剛經》的功德，百分之一、千萬億分之一，都不及，好像是供養佛的功德大，受持讀誦《金剛經》的功德小。鳩羅摩什的翻譯，容易造成我們現代人這樣的理解。實際上對照原來的梵本，不是這個法義。玄奘法師的翻譯是：「我先福聚」——往昔供養了無量的佛的福德，「於此福聚」——跟末法時期受持讀誦《金剛經》所獲得的福德相比，「百分計之，所不能及」，這是玄奘法師的翻譯。義淨法師的翻譯是：「以前功德」——過去供養了無量諸佛的功德，「比此功德」——比在末法時期受持讀誦《金剛經》的功德，

「百分不及一，千萬億分，亦不能及。」所以在這裡，佛陀強調的是，我往昔供養諸佛的功德，如果跟末法時期受持讀誦《金剛經》的功德相比，我供養佛的功德百分之一都不到，千萬億分之一都不到，以至於我們能計算的、能夠譬喻的、能夠比擬的，都不能及。佛陀還是在強調末法時期讀誦受持《金剛經》的功德。末法時期受持讀誦《金剛經》的功德，是無比巨大的。大到什麼程度呢？

> 「須菩提，若善男子、善女人，於後末世，有受持讀誦此經，所得功德，我若具說者，或有人聞，心則狂亂，狐疑不信。」

佛陀在這兒還是強調「於後末世」，末法時期受持讀誦《金剛經》的功德，「我若具說者」，如果我要全部講出來的話，有人聽了以後，「心則狂亂」，心會癲狂、會迷亂，「狐疑不信」，會困惑，無論如何都不會相信的。前面的經文講，滿恒河沙數恒河裡的所有沙子數的三千大千世界的七寶，都布施了，不如一個人受持讀誦、為人解說四句《金剛經》的功德。前面還講，每天初日分、中日分、後日分以恒河沙等身命布施，而且布施了無量劫所獲得的功德，都不如對《金剛經》信心不逆、不生誹謗的功德。老師前面的兩個比喻，其實已經相當誇張、相當具有震撼性，但是老師在這裡講，「我若具說者」，我前面做了如此誇張的比喻，其實還沒有能夠把在末法時期讀誦受持《金剛經》的功德完全講出來，如果完全講出來，很多人聽了以後，是無論如何都不會相信的。看下一句經文，老師做了總結：

> 「須菩提，當知是經義不可思議，果報亦不可思議。」

這部經的法義，能夠引領著眾生去證悟空性、去見到甚深的諸法實相，因此這部經的法義是不可思議的。最不可思議的是這個甚深的般若波羅蜜法門，能夠引領著眾生獲得無上正等正覺，所以果報是不

可思議的。

《金剛經》第十六段學習圓滿了。

二、菩薩道修行五位

《金剛經》共有三十二段經文，從段落的數量上講，我們已經學習了《金剛經》的一半。印度的古德，在第十六段和第十七段經文之間做了一個了結，認爲這是個轉捩點，是什麼轉捩點呢？下面要引出一個新的話題，就是一個凡夫開始發心、修行大乘佛法，以至最終能夠證道、成佛，整個菩薩道的修行，在階段的劃分上，是如何？大乘佛法不同的經典，對菩薩道修行的階段劃分，有不同的劃分方法。最常見的劃分方法，把從凡夫到成佛整個菩薩道的修行歷程，分成五個階段，也叫五位，分別起名叫資糧位、加行位、見道位、修道位和證道位，描述了一個凡夫從發心到最後成佛的完整修行歷程。而這五位中的關鍵點，是排在第三位的見道位。見道位是凡聖的分界綫。

前邊討論過，佛陀認爲我們凡夫是無明所障，是顛倒夢想。我們凡夫沒有見到眞實，我們凡夫自以爲的眞實世界，在佛陀看來一丁點都不眞實。佛陀說，你要想走向解脫，根本的修行是什麼？就是要打破無明見眞實。見道位，就是透過前邊資糧位與加行位的修行，在那一時刻機緣成熟了、福慧資糧圓滿了，在那一時刻見道了，什麼意思？就是見到了佛陀這樣的智者證悟的眞實了。所以見道之前，還是凡夫，見道之後就是聖者。因此見道位是修行轉折的關卡，見道位之前的資糧位和加行位，都是爲了見道而努力的。見道位之後叫修道位，因爲只有見了道，才能修道，直至證道位。

什麼是資糧位？資糧，就是準備糧草，就是爲了見道，爲了見眞實，積累福慧資糧。資糧位的修行，也叫「信解行」。資糧位就是透過聞思佛陀的正法來生起對佛法的信心，生起對佛陀教法的正解——大乘佛法，佛陀要讓我們知一切法無我、知一切法無生。因此生起菩提心，在菩提心的驅使下，行菩薩行、修六度，就是資糧位。

透過資糧位的修行，當資糧積攢的差不多了，就進入了加行位。什麼是加行位？就是透過資糧位的修行，資糧積攢的差不多了，即將要見道了，見道之前的那個要精進地去努力修行，去仔細地體察諸法的法相，就是臨近見道之前的那一時刻，形象地講就是馬上要見道了的那個衝刺階段。加行位也叫「諦察行」，就是仔細地、細緻地去觀察諸法的法相，爲馬上見道做最後的準備，這就是加行位。

　　從這樣的分析可以理解，現在我們大家千千萬萬的修行者，其實都是在資糧位。透過資糧位、加行位而後見道位。見道佛教也叫「現證眞實」，就是見到了佛陀證悟的眞實。之後，進入修道位。見道之後，也叫「登地」的菩薩，就進入了初地、二地、三地、四地、五地以至十地，然後等覺、妙覺，這樣一系列不斷深入的階位的修行。見道之後的這些登地菩薩的修行，是基於諸法的眞實性而發心、而修行六度，跟資糧位的發心、修行六度，境界是不一樣的。

　　經過修道位，最後達到證道位，證道位也叫「究竟位」，也就是最終徹底覺醒了。見道位只是「見」道，形象地講，就是還是在夢中，卻已然見到了醒之後的眞實景象，因此就跟凡夫不一樣了，那麼所獲得的結果，就是完全確認了凡夫境界是不眞實的。這個時候再講凡夫境界是眞實的，無論如何都不會相信了，因爲見到了眞正的眞實。再舉個比喻。見道位雖然還是在夢中，見到了夢醒之後的景象，因此對我們凡夫現在是在夢中這件事，完全確認了，但也只是見到了夢醒之後的境界，還沒有完全地醒。經過修道位漫長的修行，至所謂證道位，最後徹底地從凡夫的大夢中醒來，這就是成佛。

第五章

究竟中觀

051 無相發心

　　大乘佛法的修行，從凡夫發心直到最後成佛，整個修行歷程可以分為五個階段，分別是資糧位、加行位、見道位、修道位和證道位。要補充一點，加行位的「加行」，千萬不要和藏傳佛教入手修行的「四加行法」混淆，這是兩件事情。

一、《金剛經》結構

　　為什麼在這個時候，把大乘佛法修行五個階位提出來呢？因為這涉及對整部《金剛經》結構的理解。佛陀說法，主要的聽眾是我們這些凡夫，這是前提。但是佛陀給我們這些凡夫說法的時候，所表達的法的境界是有差別的。依照印度古德的理解，《金剛經》前十六段，是佛陀為我們凡夫說資糧位的修法，說資糧位的修行境界；從第十七段開始，佛陀開始說加行位、見道位和修道位的修法。印度古德把第十七段分為四個部分，認為第一部分和第二部分是給我們凡夫講加行位的修行境界，第三部分說見道位的境界，第四部分以及後邊的段落，是給我們這些凡夫說修道位的境界的修法。這是印度古德對整部《金剛經》說法的結構做的大概的一個劃分。但是要注意，這個劃分不是絕對的，每個段落，不同的段落，所表述的修行境界，表述的修行的法，是互有交叉、互有重複的。不要做太絕對的理解，這只是一個大概的劃分。

二、無相發心

17. 爾時須菩提白佛言：「世尊，善男子善女人，發阿耨多羅三藐三菩提心，云何應住？云何降伏其心？」佛告須菩提：「善男子善女人，發阿耨多羅三藐三菩提心者，當生如是心，我應滅度一切眾生，滅度一切眾生已，而無有一眾生實滅度者。何以故？須菩提，若菩薩有我相、人相、眾生相、壽者相，則非菩薩。所以者何？須菩提，實無有法發阿耨多羅三藐三菩提心者。須菩提，於意云何？如來於然燈佛所，有法得阿耨多羅三藐三菩提不。」「不也世尊，如我解佛所說義，佛於然燈佛所，無有法得阿耨多羅三藐三菩提。」佛言：「如是如是，須菩提，實無有法如來得阿耨多羅三藐三菩提。須菩提，若有法如來得阿耨多羅三藐三菩提者，然燈佛則不與我授記：『汝於來世，當得作佛，號釋迦牟尼。』以實無有法得阿耨多羅三藐三菩提，是故然燈佛與我授記，作是言：『汝於來世，當得作佛，號釋迦牟尼。』何以故？如來者，即諸法如義。若有人言，如來得阿耨多羅三藐三菩提，須菩提，實無有法，佛得阿耨多羅三藐三菩提。須菩提，如來所得阿耨多羅三藐三菩提，於是中無實無虛。是故如來說：一切法皆是佛法。須菩提，所言一切法者，即非一切法，是故名一切法。須菩提，譬如人身長大。」須菩提言：「世尊，如來說人身長大，則為非大身，是名大身。」「須菩提，菩薩亦如是，若作是言，我當滅度無量眾生，則不名菩薩。何以故？須菩提，實無有法名為菩薩。是故佛說，一切法無我、無人、無眾生、無壽者。須菩提，若菩薩作是言，我當莊嚴佛土，是不名菩薩。何以故？如來說莊嚴佛土者，即非莊嚴，是名莊嚴。須菩提，若菩薩通達無我法者，如來說名真是菩薩。」

下邊開始學習第十七段經文：

「爾時須菩提白佛言：『世尊，善男子善女人，發阿耨
多羅三藐三菩提心，云何應住？云何降伏其心？』」

這段經文，覺得熟悉不？很熟悉。這是整部《金剛經》開始的時候，須菩提給釋迦牟尼提的第一個問題。當然，從譯本上看，跟前面的問題是一樣的，鳩摩羅什譯本是兩問：「云何應住？云何降伏其心？」玄奘譯本是：「諸有發趣菩薩乘者，應云何住？云何修行？云何攝伏其心？」義淨譯本是：「若有發趣菩薩乘者，應云何住？云何修行？云何攝伏其心？」是三問。

這個問題前邊已經討論過了。那麼大家注意，《金剛經》一開始就是須菩提的這個問題，經過前面這麼多段落的討論，須菩提把這樣一個老的問題，重新向釋迦牟尼老師提出來。釋迦牟尼老師在新的境界上，是不是有更重要的表述？看老師是怎麼回答的？看經文：

「佛告須菩提：『善男子善女人，發阿耨多羅三藐三菩
提心者，當生如是心，我應滅度一切眾生，滅度一切眾生
已，而無有一眾生實滅度者。』」

這是老師的回答。老師說，一個人發了阿耨多羅三藐三菩提心，發這樣心的人，是怎麼生起他的心的呢？就是要誓願滅度一切眾生，但當真正滅度了一切眾生的時候，「無有一眾生實滅度者」，根本就沒有什麼眾生得到真實的滅度。

如果從前面的教理來討論，一個發阿耨多羅三藐三菩提心的人，心是要怎麼生起？他要發心度一切眾生，而且切切實實滅度了一切眾生，這是從世俗諦、從名言諦而言，是世俗諦菩提心──在世俗諦、名言諦上，如夢如幻的名言菩薩，發心度如夢如幻的一切名言眾生，而且如夢如夢的名言菩薩，切切實實度化了如夢如幻的一切的名言眾

生。但是在勝義諦上、在「離言空性」上，佛要說，菩薩者非菩薩，眾生者非眾生，一切是空，根本就沒有能度所度，所以，「無有一眾生實滅度者」。這就是世俗諦菩提心與勝義諦菩提心的不二。

> 「何以故？須菩提，若菩薩有我相、人相、眾生相、壽者相，則非菩薩。」

為什麼發了大乘心的菩薩們，當切實滅度了一切眾生之後，還是「實無有眾生得滅度」呢？因為既然說他們是菩薩，那麼菩薩已然沒了我相、人相、眾生相、壽者相，所以，度了眾生，「實無眾生得滅度」。

討論到這兒，這個境界並沒有比前面的經文討論的境界要高，但是要害是下一句話：

> 「所以者何？須菩提，實無有法發阿耨多羅三藐三菩提心者。」

大家注意，「實無有法發阿耨多羅三藐三菩提心者」，這是一句要害的語言。玄奘法師翻譯為：「無有少法名為發趣菩薩乘者。」義淨法師翻譯為：「實無有法可名發趣菩薩乘者。」對照梵本，如果用現代漢語白話文翻譯這句話就是：沒有絲毫、沒有一丁點可以名為發願修行菩薩乘者的法。這個法一丁點都沒有，「實無有法」。如果不是前面用心學習佛陀的四重二諦，不理解大乘佛法的一個重要的法義——一切法無生，凡夫境界一切的存在，都是以什麼都不存在為它的基本特徵的——空性，如果沒有前面這樣一些法義的鋪墊，那這句話我們根本就無法理解。有了那些理論的鋪墊，這句話我們大概、好像可以理解。

「實無有法發阿耨多羅三藐三菩提心者」，才是真正的無相發心的起點，這才是真正的勝義諦菩提心，這是真正的立足於空性而發菩

提心。所以這重境界比前邊討論的經文的境界，其實是加深了。這是第十七段的第一部分，印度古德認爲，這部分教法，是給我們凡夫說加行位菩薩所修行的法義。

三、獲得與證得

下邊看第二部分：

「須菩提，於意云何？如來於然燈佛所，有法得阿耨多羅三藐三菩提不。」

第十段經文（參200頁）有類似的表達：「佛告須菩提，於意云何，如來昔在然燈佛所，於法有所得不？」跟這句話是類似的。大家注意，這兩段經文的翻譯，鳩摩羅什都用了一個字，「得」。第十段經文是：「如來昔在然燈佛所，於法有所得不？」第十七段經文是：「如來於然燈佛所，有法得阿耨多羅三藐三菩提不？」都是「得」。但是，鳩摩羅什都翻譯成一個「得」字，對應著梵文的詞，是不一樣的，第十段經文的「得」，對應的梵文是「udgṛhīta」，是「獲得」的意思，詞根是「gṛh」，是「抓取」、「獲得」的意思。第十段經文，玄奘法師把這句話翻譯成：「如來昔在然燈如來，應正等覺所，頗於少法有所取不？」義淨法師的翻譯是：「如來昔在燃燈佛所，頗有少法，是可取不？」玄奘法師和義淨法師用的都是「取」，「獲取」、「獲得」的意思。所以第十段經文鳩摩羅什翻譯的「得」，可以理解爲是「獲得」。

到了第十七段經文，雖然鳩摩羅什依然翻譯成「得」，但是對應的梵文詞不一樣了，這裡對應的是「abhisambuddha」，「覺知」、「證得」的意思。所以大家看，玄奘法師是怎麼譯的？玄奘法師翻譯：「如來昔於然燈如來，應正等覺所，頗於少法能證阿耨多羅三藐三菩提不？」義淨法師的翻譯是：「如來於燃燈佛所，頗有少法是所

證不？」義淨法師的是用「證」，玄奘法師也是「證」。

所以第十段經文和第十七段經文，雖然鳩摩羅什都翻譯為「得」，但是第十段經文的「得」，是「獲得」，第十七段經文的「得」，是「證得」。這點一定要分別清晰。其實這就是境界上有所差別。「獲得」是比較初步的境界。前邊討論了，到了加行位，眼看著要到見道位了，馬上要證得諸法的眞實性了，不是獲得什麼法，而是要證得什麼境界。「證得」比「獲得」的境界要更接近於見道位。所以，印度古德認為，這段經文，是佛陀給我們凡夫講加行位的修行境界。看須菩提怎麼回答的：

> 「不也世尊，如我解佛所說義，佛於然燈佛所，無有法得阿耨多羅三藐三菩提。」

注意，這個「得」還是「證得」。看下一句經文：

> 「佛言：『如是如是，須菩提，實無有法如來得阿耨多羅三藐三菩提。』」

根本就沒有什麼絲毫的法、一丁點的法，佛能夠證得阿耨多羅三藐三菩提。佛陀對須菩提的回答做了充分的肯定。《金剛經》到了這個段落，已經漸漸地趨向於從諸法的空性上，講發阿耨多羅三藐三菩提心，這是為見道做準備。

052 無生法義

「須菩提，實無有法如來得阿耨多羅三藐三菩提。」

這是第二次出現「實無有法」，玄奘法師譯作「無有少法」——「無有少法能證阿耨多羅三藐三菩提」。看下一句經文：

「須菩提，若有法如來得阿耨多羅三藐三菩提者，然燈佛則不與我授記：『汝於來世，當得作佛，號釋迦牟尼。』」

授記，是佛對發心修行的弟子，將來要證得什麼果位的預記。在這裡釋迦牟尼跟須菩提說，如果我當初有那麼一丁丁點的法，似乎是證得了阿耨多羅三藐三菩提的話，那麼燃燈佛就不會預記我說，你在來世會成佛，號釋迦牟尼。

「以實無有法得阿耨多羅三藐三菩提，是故然燈佛與我授記，作是言：『汝於來世，當得作佛，號釋迦牟尼。』」

第三次出現「實無有法」，玄奘法師依然翻譯為「無有少法」，沒有一丁丁點的法，能夠證得無上正等正覺。正因為這樣，燃燈佛才預記我說，你在來世，你會成佛，號釋迦牟尼。

一、諸法如義

「何以故？如來者，即諸法如義。」

鳩摩羅什翻譯的「諸法如義」，令人不太容易理解。什麼是如來？諸法如義就是如來。那什麼是諸法如義？我們對照梵文原本、玄奘法師和義淨法師的譯本來看一下。玄奘法師譯作：「如來者，即是真實真如增語」。增語就是別名，就是異名。義淨法師譯作：「言如來者，即是實性真如之異名也。」異名，就是不同的名字。實際上看梵文原文，所謂如來，就是真實的、真如的一個別名，直截了當地說，如來就是真實，就是真如。

從這句經文上看，佛陀二時教法，般若經、《金剛經》，講不講真實？前面一再表述，佛陀教法橫向體系分前後兩部分，第一部分，佛陀想盡一切辦法要告訴我們，我們凡夫自以為真實的世界，其實一點都不真實，甚至是根本就不存在；第二部分，那些聽到第一部分教法之後透過學習、透過修行，而從心底裡徹底認同了佛陀關於凡夫境界自以為真實的世界都是不真實的，甚至是不存在的，佛陀對這些眾生講什麼才是真正的真實。

在般若經中，真正的真實叫「實相」，在這裡就是真實的真如，梵文是「bhūtatathatā」。二時教法講不講橫向教理第二部分的真實？這在佛教界千百年來是有著激烈的爭論的。有的人說二時教法只在解構凡夫境界，只是告訴凡夫什麼是不真實的，而佛陀證悟的真實、智者所緣的真實，二時教法不講，只有等到佛陀講三時教法的時候，再透過八識、透過阿賴耶識、透過依他起性這樣一套體系，當解構了凡夫自以為的真實世界之後，三時教法才直陳真實。很多佛教界人士認為三時教法才講真實，二時教法不講真實。但是從《金剛經》這句法義上講，二時教法還是講真實的，只不過比較隱晦，不如三時教法直截了當。如來就是真正真實。好的，我們看這一句經文：

「如來者，即諸法如義」。

第十四段經文中有一句話：「離一切諸相，則名諸佛。」什麼是佛？離一切諸相是佛。如來就是佛。那什麼是如來？真正的真實性，就是如來。所以第十四段經文「離一切諸相，則名諸佛」，告訴我們佛的一個重要特徵：凡夫境界的一切存在，這個諸相是不存在的，離一切諸相，那才是佛。第十四段經文是從證空性的角度講什麼是佛。而在這裡直截了當地說，佛、如來，就是真實的真如，是從見實相證真實的角度講什麼是佛。這兩段經文在境界上是有差異的。因此第十七段開始講加行位，十七段之前是資糧位。第十七段第一部分經文和目前正在學習的第二部分經文，印度古德認為是加行位的法，這是要引導著我們去見真實的法。因此在這裡邊經文非常明確地告訴我們：「如來者，即諸法如義」。「如來者，即是真實真如增語」，這是玄奘的翻譯，是有真實的，見道就是見這個真實。義淨法師譯作：「何以故？妙生，言如來者，即是實性真如之異名也。」義淨法師的翻譯好理解一些。

二、無生法義

但是，玄奘法師在「如來者即是真實真如增語」之後，還有三段對什麼是如來的定義，鳩摩羅什譯本跟義淨譯本沒有，現存梵本是有的。後邊的三個定義，非常重要：

「言如來者，即是無生法性增語。」

什麼是如來？什麼是佛？一切法無生的特徵，是佛。注意，「無生」。

「言如來者，即是永斷道路增語。」

玄奘譯的「永斷道路」，梵文「dharmo-cchedasya」，直譯是「破除一切法」。什麼是如來？破除我們凡夫一切法的存在，就是如來。

「言如來者，即是畢竟不生增語。」

什麼是如來？就是一切法畢竟、根本就沒產生，它是這件事的異名。所以玄奘譯本，「言如來者」是四段。鳩摩羅什和義淨的譯本是一段。玄奘譯本這四段「言如來者」之後，有個總結，梵文本也是有的：

「何以故？善現，若實無生，即最勝義。」

什麼意思？確確實實的一切法根本就沒產生——無生，這才是甚深般若波羅蜜法門裡的最勝法義，叫「paramārtha」，最勝的法義。玄奘譯本多出的這一段譯文，梵文原本是有的。這段譯文為什麼要提出來講？因為對理解甚深般若波羅蜜、理解無生，是非常重要的。在這裡，佛陀幾乎就是明明確確地告訴大家：什麼是佛？佛就是無生法性，佛就是破除凡夫境界的一切的真實，佛就是畢竟根本就沒產生凡夫的這一切的法。隨後佛告訴大家，無生才是甚深般若波羅蜜法門中最勝的法義。

所以透過這段對《金剛經》的學習，大家應該能夠理直氣壯了，甚深的般若波羅蜜法門，大乘法門的根本法義，就是無生。如果一個人，不管是誰，聲稱是講大乘佛法，聲稱是在講甚深般若波羅蜜法門，是在講印度歷史上，對甚深般若波羅蜜法門進行全面闡釋的中觀思想的話，只要不認同無生、不接受無生，甚至認為一切法無生是斷滅見，如果這樣認為的話，那麼就是不折不扣的相似佛法，就是不折不扣地斷眾生慧命，就是不折不扣地種下了來生墮地獄的種子。把這個話講得如此清晰、如此堅定，為什麼？因為當今佛教界講相似佛法

過於氾濫。

看下一段經文：

> 「若有人言，如來得阿耨多羅三藐三菩提，須菩提，實無有法，佛得阿耨多羅三藐三菩提。」

這是第十七段經文第四次出現「實無有法」，沒有一丁點的法。接著看，老師說：

> 「須菩提，如來所得阿耨多羅三藐三菩提，於是中無實無虛。是故如來說：一切法皆是佛法。」

「無實無虛」，在第十四段（參267頁）出現過。實就是眞實，虛就是虛假，「無實無虛」，就是既不是眞實，也不是虛假，非眞非假。怎麼理解？前邊討論過了，至少可以從二諦上作理解，勝義諦非眞，世俗諦非假。重要的是下一句話：

> 「是故如來說：一切法皆是佛法。」

這句話就嚴重了。佛法是佛法，外道法也是佛法？儒家、道家、基督教、科學，都是佛法？布施、持戒、忍辱、精進，這些善法是佛法，沒有問題；那惡法，比如說殺人放火搶銀行，也是佛法？如來爲什麼說「一切法皆是佛法」？這是個大問題，需要認眞地討論。

053 二諦與中觀

「須菩提，如來所得阿耨多羅三藐三菩提，於是中無實無虛。是故如來說：一切法皆是佛法。」

「一切法皆是佛法」，怎麼理解？用前面學習過的二諦模式解讀，這句話可以理解爲：在世俗諦名言上，佛法是佛法，外道法是外道法，涇渭分明，世俗諦名言上有取有捨，布施、持戒這些善法是所取之法，殺人放火搶銀行這些惡法是所捨之法；但是，在勝義諦，在「離言空性」上，佛法與外道法，善法與惡法皆是空性，殺人放火搶銀行亦是空性，仍不離佛法，所以在勝義諦上，佛陀會說一切法皆是佛法。二諦模式對這句話可以做出這樣的解讀。但是前面討論過，印度古德認爲《金剛經》到了第十七段經文，已經進入加行位的境界，要引導大家向見道位過渡，那麼對「一切法皆是佛法」，僅作二諦上的理解，在教理的深度上是不夠的。因此，我們要暫時地離開一下經文本身，再次深入地討論一下佛陀的教法。

一、二諦對治

前邊已經討論過，佛陀二時教法二諦模式的教理體系，叫四重二諦。佛陀爲什麼要用二諦這樣的模式來說法？爲什麼是二諦——兩條道理——不是一諦、不是三諦、不是五諦、不是八諦？爲什麼佛陀二時教法用二諦的模式說法？這是一個問題。

佛陀在印度被稱爲「大醫王」，佛陀說法是對治，眾生有什麼病，佛陀說什麼法；眾生有什麼病，佛陀就用什麼形式來說法。佛陀

今天說的法，以及佛陀今天用什麼形式來說法，都是對治。所以要理解，佛陀二時教法，根據印度古德們的總結，用二諦模式說法；這一定是對治，對治眾生的一種病。什麼病呢？我們眾生犯了一個通病，叫「邊見」或「二邊見」（參90頁）。我們這些凡夫有一個很重要的認知——凡夫世界的認知模式：總是試圖用一對一對的相待的名言，來理解、表達、描述我們凡夫自以爲的眞實世界，表達爲一對一對的相待的名言。比如說大與小、長與短、高與矮，比如說善與惡、美與醜、好與壞、明與暗，或者有與無、生與滅、常與斷，再比如煩惱與菩提、生死與涅槃，都是一對一對的相待的名言。它們是相待而生，比如說大是對小而言、小是對大而言，沒有大就沒有小，沒有小就沒有大；善是對惡而言，沒有善哪找惡？沒有惡哪裡有善？美醜、好壞、明暗都是這樣的，相待而生。所謂相待，是指它們只能在相互關聯中而施設，不能獨立地存在。凡夫就是這樣，總是落於兩邊，總是用這種落於兩邊的認知模式，來理解和表達這個世界，那麼這叫二邊見。

佛陀智者看我們凡夫就有這樣一個基本特點，通俗地講，佛陀看我們這些凡夫就是二，我們凡夫很二。注意，只要是二，就是凡夫，這是凡夫認知世界的一個基本特點。所以佛法要解構我們凡夫自以爲的眞實世界，這個解構得有入手處、得有善巧。而佛陀的二時教法，甚深般若波羅蜜的法門，根據印度學者總結，解構我們凡夫自以爲的眞實世界，解構的巨大善巧是什麼？就是緊緊抓住我們凡夫這個「二邊見」作爲把手，以解構我們凡夫這個二邊見的方式，來達到徹底地解構凡夫境界的目的。龍樹是印度對佛陀二時教法、對般若波羅蜜法門最傑出的詮釋者。那麼龍樹對甚深般若波羅蜜的見解，叫作中觀見，「madhyamaka」。什麼是中？指不著凡夫二邊。什麼叫中觀？即遠離凡夫二邊的中道。

回到二諦模式。其實爲什麼二時教法用二諦的模式？這是一個善巧，用二諦是對治凡夫的二邊見，就是用二諦的模式，透過對凡夫二邊見的對治，來構建起解構我們凡夫自以爲的眞實世界的這樣一個解

構模式，這就是用二諦來說法的原因。前邊討論了四重二諦，在四重
二諦裡面，佛陀是怎麼用二諦的模式，來對治我們凡夫二邊見的？

　　一般講佛法，都首先從常見與斷見說起，也就是佛陀認爲我們凡
夫最容易犯的一對邊見，是常與斷的邊見。首先我們凡夫有常見，執
著於常一不變的獨立存在性，認爲我們凡夫境界一切的存在有自性、
有我，因此在第二重二諦的勝義諦上，佛陀要說性空、無我，也就是
凡夫境界一切的存在，都是沒有常一不變的、獨立存在性的存在。用
性空無我，來對治凡夫的常見，因此說不常。凡夫一聽，沒有常，
沒有常一不變的獨立存在性，無我，前邊討論過，凡夫就有可能墮入
斷見：既然沒有常一不變性，沒有獨立存在性，那我爲什麼不能搶銀
行？我搶了銀行，明天早上員警抓我的時候，合理性喪失，因爲無
常，剎那都是變化的。你抓也要抓昨天晚上正搶的那個人，過了一夜
了，七八個小時了，早不是我了。

　　爲了防止眾生落斷見，在二諦的體系裡，第二重二諦要在世俗諦
上保留緣生性。在凡夫境界上，雖然沒有常一不變的獨立存在性，但
是在凡夫境界上存在的因果的相似相續性，這個時候是不能破壞的。
破壞了因果的相似相續性，就稱爲「斷見」。世俗諦的緣生性，確保
著因果的相似相續性的保留。不斷對治凡夫的斷見。因此可以看到，
就得出一個結果，在勝義諦上說不常，對治常見；在世俗諦上說不
斷，對治斷見，既不常也不斷，用不常和不斷，對治凡夫的常見與斷
見。

　　同樣地，凡夫還容易犯一對邊見：有見與無見。凡夫的有見，即
認爲我們凡夫境界的法，是眞實存在的實有見。第四重二諦的勝義諦
講「離言空性」，講一切法根本無生，凡夫境界的存在，是以根本不
存在爲基本特徵的，因此說「非有」──沒有有。非有對治的是我們
凡夫的有見。當凡夫一聽說空性，沒有存在──銀行也是空，搶銀行
的事也是空，那我爲什麼不能搶銀行？爲了防止凡夫墮入這種「無
見」，這時我們必須在世俗諦上要有所保留，保留「假有唯名」。在
世俗諦上如夢如幻的名言，這個時候是不能破壞的。如夢如幻的名言

的盜賊，搶了如夢如幻名言的銀行，第二天，如夢如幻的名言的員警，是有理由抓昨天晚上如夢如幻的名言的搶銀行的人。所以假有唯名，就是「非無」，眾生又不能墮入無見。所以用非有、空性、無生，對治凡夫的有見；但同時佛陀有所保留，在世俗諦上假有唯名，用如夢如幻的名言的有，講非無，對治凡夫的無見。因此，從二諦模式來講，就是用二諦對治我們的有無的二邊見。勝義諦上說非有，世俗諦上說非無，既非有也非無，用非有與非無來對治凡夫的有見與無見。

這是對前邊四重二諦的回顧。

大家注意剛才的表達，二諦模式用對治的模式，來對治眾生的二邊見；對治的結果是，既不常也不斷，既非有也非無。這樣建立起來的對二邊的對治，是不是就是中觀？剛才前面講，遠離凡夫二邊，是為中道，這是中觀見。那麼既不常也不斷，既非有也非無，是不是遠離了凡夫的二邊呢？這是一個非常重要的問題。大家注意，在勝義諦上說不常，對治的是常；在世俗諦上說不斷，對治的是斷。用不常和不斷對治了凡夫的常與斷的二邊，確確實實常與斷的二邊被既不常也不斷對治了。但問題是，常與斷的二邊是被對治了，但此時此刻我們凡夫手裡又抓住了一個「不常與不斷」的新的二邊，此時此刻還是二。既然還是二，那就依然還是凡夫見解。

二諦模式是對治模式。講不常不斷，既不常也不斷，不是在常與斷之外，安立一個第三種狀態叫「不常不斷」。有人就是這樣來解讀的：不常不斷，就是在常和斷兩個邊見中間，又找到了一個既不常也不斷的中間狀態，把這個視為中觀。實際上，這是用了一對新的二，來替代了一對老的二。當然這個替代的過程，起到了逐步解構我們凡夫自以為真實世界的作用，但最後還是二，並沒有真實地遠離兩邊，因此這不是真實的中觀。同樣的道理，勝義諦上說非有，對治有，世俗諦上說非無，對治無。不是在有見與無見之外，又安立了一個第三種狀態叫「非有非無」。其實用非有對治了有，用非無對治了無，確實「有無」被對治了；但問題是，二諦模式的這個對治模式造成的結

果是，又出現了「非有與非無」這麼一對新的二邊。其實並沒有眞正地遠離二邊。

　　所以大家一定要理解，二諦模式的重心，在於解構我們凡夫自以爲的眞實世界。用二諦對治凡夫的二邊見的時候，對治的結果是由一組新的二替代了一組老的二，依然還是二，並未遠離凡夫的二。所以二諦模式不能夠眞正建立起遠離凡夫二邊的中觀見。

054 徹底泯滅二邊

　　二諦模式透過二諦對治凡夫二邊見，是用一對新的二，來替代、對治老的二，結果還是二邊見。因此，二諦不能真正建立遠離二邊的中觀。

一、偽斷見

　　再換個角度分析一下二諦模式。以常斷二邊為例。什麼是常？反覆討論過了，在二諦裡邊，比如說第二重二諦中，常一不變的獨立存在性——自性，不變的我執——是常。佛陀在二諦裡用了一個非常大的善巧——緣生——解構了自性，解構了我執。在第二重二諦的勝義諦上，佛陀說，沒有常一不變的獨立存在性，不常。

　　用不常對治了常，凡夫就有可能墮入與常見相待的斷見。既然沒有了常，為什麼就可以搶銀行呢？因為他不相信因果了。因此，這種斷見有時候也叫作「斷滅見」。斷滅見，總是給我們一種很不好的感覺，很可怕的感覺，似乎落入斷見的人，往往總是要作惡，總是要危害眾生，總是要危害社會。比如說講第二重二諦的時候，我們舉例子，舉的就是搶銀行。正是因為我們總覺得落入斷見的眾生會做惡，這也是要努力防止人們入斷見的一個重要理由，對斷見總是要有那麼一分提防的心，就是因為似乎落斷見就會作惡，這是第一。

　　第二，為什麼會落入斷見？通常的觀點是，是因為破斷見的對立面即常見，破常破得太猛了，破過頭了，所以導致了斷見。舉個例子，開車壓左線跑，不對，當知道壓左線跑不對的時候，打輪一下打猛了，又壓了右線跑，還是不對。因此必須再往回打打輪，行於中道。我們一般都是這樣來理解的。大家注意，落入斷見就會作惡，為

什麼會落入斷見？是因爲破常見破過頭了。

這兩條其實都是經不住仔細推敲的。首先說，落斷見一定要作惡嗎？什麼是作惡？就是做爲了自己的利益而不惜去傷害其他眾生利益的事。既然破了常，無我了，既然無我了，爲什麼不會出現這樣的情形：一個人聽了無我，哇，今天我才知道原來無我啊！於是他馬上拿著銀行卡到銀行，把自己所有的存款都取出來，拿著這些錢在大街上逢窮人便給，逢要飯的便送。給不出去，送不出去，站在十字路口撒，實在撒不完，捐慈善基金會。既然無我，我憑什麼還佔有那麼多財富啊？全都捐了。

大家想一想，破了常見，破了我執，既然無我，爲什麼不去撒錢去捐錢，而往往是破了我執後起的念頭居然是搶銀行？搶銀行是爲了自己的利益不惜傷害其他眾生的利益，傷害社會的利益。一個想搶銀行的人，是因爲心中的我、心中的常給破沒了才想去搶銀行的嗎？想搶銀行的人心中有沒有我？有沒有常？有我，有常。正是因爲心中的我、常，太有了、太堅固了，所以才要去搶銀行的。

所以說，破了常見，破了我執，會搶銀行，那不是因爲把常把我破了而倒向了與常相待的斷見，而恰恰是常、我根本就沒破。如果常、我真正破掉的話，那應該是發菩提心、行菩薩道，應該是時時處處利益眾生，怎麼可能會是搶銀行呢？一個人起心動念想搶銀行，就是心中還有我，還有常。所以，我們害怕的斷見，其實恰恰是常、我沒有被破的表現，根本不是常破過頭了，我破過頭了，倒向了常的對立面的斷。可以講，這裡所說的能夠起心動念去想搶銀行的所謂斷見，根本就不是斷見，我把它起名叫「僞斷見」。它根本不是常的對立面那個相待而生的斷，而它就是常本身。

二、惡趣空

有與無何嘗不是如此？在勝義諦上講空性，講無生——非有，用非有對治我們的有見，對治了有見，就會倒向有的相待方——無見，

甚至有時候把無見描述爲「惡趣空」，很可怕的一個名字。墮落了無見，墮入了惡趣空，不相信因果，會幹很多很多的壞事，比如說搶銀行。大家想一想，一個人起心動念要去搶銀行，是因爲空過頭了嗎？一個想搶銀行的人，銀行在他心中空嗎？銀行裡的那些鈔票，在他心中空嗎？恰恰是不空，恰恰是有見沒有破。所以這樣的想搶銀行的無見，其實不是眞正的與那個有見相待的無見，其實它就是有見本身，不是有見破過頭了入的無見，而是那個有見根本就沒有被破，而進入了一個「僞無見」。

三、權便中觀

講到這兒大家能理解了，二諦模式是說給誰聽的？是說給剛剛進入大乘法門的資糧位眾生聽的，是給那些最初剛剛聽聞到無我、空性——注意只是聽聞，並未眞實證悟無我、證悟空性的眾生聽的。這樣的凡夫，他原本內心的我執與實執，在這個時候往往就會披上無我、空性的外衣跑出來，打著無我、空性的旗號，去做有我不空、利益自己而損害別人的種種惡行。所以，安立二諦模式，是爲了防止眾生這種披著無我外衣而行有我惡行的出現，這是一個說法的方便，是隨順眾生的體現。

所以從這個角度，也會得出一個結論：二諦模式，是無法眞正建立起遠離二邊的中觀見的。既不常也不斷、既非有也非無的二諦對治模式，只是度化眾生的階段性方便善巧，還不能夠建立眞實的中觀見。因此，既不常也不斷、既非有也非無這樣的中觀，我把它起名叫作「權便中觀」。

四、二邊皆泯

怎麼樣才能建立起眞正的、遠離有無常斷二邊的中觀見呢？這裡邊兩個問題，第一，我們首先要非常清晰地界定什麼是有無、什麼是

常斷；第二，解決怎麼樣遠離有無、遠離常斷。

　　首先說有無。什麼是有？有很好理解，就是實有，就是存在，就是凡夫所執著的、自以為存在的世界。問題是什麼是無？看看龍樹是怎麼解讀無的。龍樹《中論》第十五品《觀有無品》，第五頌有這樣一句話，鳩摩羅什譯為「因有有法故，有壞名為無」。這句話，近代的佛學家呂澂先生是這麼翻譯的：「世人謂有物，變異為無故。」北京大學葉少勇先生依據梵本做了現代漢語的翻譯，他把這句話翻譯為：「因為有之變異性，人們即稱之為無。」所以大家就能理解了，龍樹引導我們去理解甚深般若波羅蜜，他說什麼是無？是因為有，即凡夫自以為存在的世界，有了變化了，有變成了沒有，這個叫作「無」。有變成了沒有，叫作「無」，因此無是相待於有而施設的。無是有的變壞，就是無是「有變為沒有」。因此，無是有的否定，也可以說無是一種特殊的有。因此我們說有無相待，有無是二邊。

　　我們怎麼遠離有無二邊？《中論頌》第十五品第五頌另一句話是：「有若不成者，無云何可成？」葉少勇先生的翻譯是：「事物之有若不成，無亦即是不成立。」什麼意思呢？有如果從來、壓根兒就是沒有，那還會有無嗎？因為無是從有變沒有，那麼壓根兒就沒有有，也就不存在著有能夠變成沒有。因此從來就沒有有的話，無也就不會成立。只要能證悟到凡夫境界的一切法本來無生——空性，根本沒有，這個有不存在，那麼也就不存在著一個從有變為沒有的無。

　　因此，這個時候就可以概括為「因非有，故非無」——因為從來、壓根兒就沒有有，因此無也就無從安立了。此時「有無雙泯」，才是有和無徹底地全都沒有了。

　　與二諦比較一下。二諦是用非有對治有，非無對治無，是既非有也非無，所以它是一種對治模式。而龍樹告訴我們真實的般若波羅蜜甚深的遠離二邊，如何遠離？要泯滅二邊，透過泯滅二邊而遠離二邊，而且是以徹底的泯滅一邊，比如說泯滅有邊，而達到二邊皆泯，有無皆泯。

　　這跟二諦模式完全不一樣。這裡不是有破過頭了而落入了無，而

是要徹底地破有，要一如既往、始終如一地破有，以至於把有破成根本沒有；有變成根本沒有，反而不會落入無，因爲無隨著有的沒有，也泯滅掉了。無泯滅了，也就沒有無可落了。因此是透過泯滅二邊而達到遠離有無二邊，這是中觀見的建立。

再看常、斷。首先什麼是常？龍樹在《中論》第十五品第十頌有這樣的話，鳩摩羅什翻譯：「定有則著常。」葉少勇先生對這句話的翻譯是：「認爲存在則執常。」也就是凡夫認爲我們凡夫境界上有事物存在就是常，爲什麼？前邊討論過，當我們凡夫認定凡夫境界有存在的話，這個認定是有兩個默認前提的，這兩個默認前提就是常一不變性和獨立存在性。因此一旦認定一個事物在凡夫境界上是存在的，那麼這個存在一定是有自性的存在，是常一不變的獨立存在的存在，因此它一定是常。

前邊討論無常的時候，我們說無常可以分爲三個層次。第一，小乘佛教說無常，是生住異滅。生了，安住了，變化了，走向消亡了。注意，它生了。大乘佛法的前行法，講「當生即滅」，生了就滅。這兩種無常，叫作「生滅無常」。但是從大乘佛法上講，這不是無常，這依然是常，因爲它生了。即便是「當生即滅」，它也是生了，生就是存在，只要有生，就是常。所以前邊討論大乘佛法眞正的無常，是無生。根本就沒有存在，「常無故無常」。「常無」的「常」是絕對沒有——常無，絕對不存在，那才是無常。認爲存在，就是常。

什麼是斷？《中論》第十五品第十一頌有這樣一句話，鳩摩羅什譯作：「先有而今無，是則爲斷滅。」這句話葉少勇先生翻譯爲：「認爲先前曾出現，而今不存則成斷。」看龍樹是怎麼定義斷的：原來存在——當然這就是常，後來不存在了，這叫斷。所以斷與常是相待的，這才叫邊見。

因此就可以理解了，龍樹解讀甚深般若波羅蜜的中觀見，什麼是中觀？如果原來壓根兒就不存在，這是不常；如果壓根兒就不存在，也就不存在從存在變爲不存在這件事，因此也就不斷。

所以大家可以理解，依然還是無生。如果我們能夠領受凡夫境界

一切的法原本無生，壓根兒就沒有產生過，就沒有存在過，這就是無常，這就是不常。那麼斷，是要從存在變為不存在，而它根本就沒存在過，因此就不存在著怎麼能從存在變為不存在，因此就沒有了斷。因不常，故不斷。

因此，遠離常斷二邊，最終是泯滅了常斷二邊，而且是以徹底地消滅一邊──常邊，而達到常斷二邊的雙泯。所以這裡完全不會常破過頭而落入斷，而是要徹底地、完完全全地、堅定不移地去破常。一切法無生，根本就不存在，無常，常徹底沒有了，與它相待的斷，也就自然消亡了。斷隨著常的泯滅而泯滅，沒有了斷，何談落斷見？

055 ▶ 權便中觀和究竟中觀

　　智者發現，我們這些凡夫，有一個對凡夫自以爲的、眞實世界的特殊認知模式：總是構建一對一對的相待名言，去理解、描述我們凡夫自以爲的眞實世界。佛法把凡夫的這種認知模式叫二邊見。通俗地講，智者看我們凡夫是二，凡夫一定二，只要二就是凡夫。所以把凡夫的二解構了，也就是把凡夫自以爲的眞實世界解構了。因此大乘佛法的二時教法，緊緊抓住我們凡夫的這個特點，以解構二爲入手處，以解構二爲方便善巧，以達到徹底解構我們凡夫自以爲的眞實世界。讓我們這些二的凡夫能夠不二，從二走向不二，就是由凡入聖的過程，就是修行解脫的過程。所以大乘佛法二時教法的甚深般若波羅蜜法門，還有一個別名就叫「不二法門」。

一、兩種不二

　　在大乘佛法的二時教法的甚深般若波羅蜜法門當中，不二有兩個層次，或者兩重境界。第一種不二，基於二諦模式而建立的不二，表述爲「既不怎麼怎麼樣，也不怎麼怎麼樣」。不常不斷，這是不二，就是既不常也不斷。非有非無，也是不二，非就是不，說不有不無也可以，只不過習慣上說非有非無，從這一重不二上理解非有非無，是既非有也非無。這種基於二諦而建立起來的不二，最重要的功能是透過二諦漸進、遞進的解構模式，來解構我們凡夫自以爲存在的眞實世界，重在解構，就是要把我們凡夫的實有見，一步步解構掉，讓我們凡夫逐步地去領受無我、無生的法義。

　　但是這個層次的不二，並未讓我們這些凡夫眞正地脫離二；它是用一對新的二，對治一對老的二。這個對治的過程，確實是解構我們

凡夫境界的過程，功德無量。特別是對於末法眾生，二諦模式這個解構的善巧，是非常必要的，如果沒有了二諦模式漸進的、次第的解構模式，對於末法眾生來說，度化的工作就會變得更爲艱難。但是大家要看到，二諦模式的這種不二，並沒有眞正地讓凡夫徹底擺脫二。既然還是二，就一定還是凡夫的見解。因此這個層次的不二，就是「既不什麼什麼、也不什麼什麼」的不二，還不能夠算是眞正意義上的遠離凡夫二邊見的中觀。我們把這個層次的不二，給它安立個名言，權且叫作「權便中觀」。那有人說，既然這個層次的不二，不是眞正意義上的中觀，爲什麼還要安立「權便中觀」這個名言呢？還要用「中觀」這個名呢？這是因爲在過去千百年來，包括印度的很多古德，都是在這個層次上，甚至都只是在這個層次上講中觀，大家似乎都認可了這也是一種中觀，因此隨順古德，權且安立個名言，叫「權便中觀」。這是不二的第一個層次。

下面說不二的第二個層次。我們大家要特別注意，印度古德龍樹，不僅是在印度，以至於到今天爲止，在這個世界上，都被認爲是對佛陀二時教法的甚深般若波羅蜜法門的最權威闡釋者，這一點沒有非議。龍樹的著作非常清晰地告訴我們，對於甚深的般若波羅蜜法門的眞實中觀見的施設，不是建立在二諦模式上的不二。有更深層次的不二，完全區別於二諦模式所安立的不二。這種不二，表達爲「因不什麼什麼，故不什麼什麼」。比如說，因不常故不斷，因非有故非無。這種不二，不是用一對新的二對治老的二，而是要徹底泯滅二，並且是以完全泯滅一邊，而達到二邊雙泯，透過徹底泯滅二而達到遠離凡夫二邊見的中道。這是龍樹對佛陀的甚深般若波羅蜜法門的深刻解讀。這個層次的不二，我也給它安立了一個名言，叫「究竟中觀」。

不二分兩個層次，就是權便中觀和究竟中觀。佛教講不二，出現頻率很高的不二是不生不滅。那問題是，佛陀說不生不滅，究竟是從哪個意義上講不生不滅？是既不生也不滅？還是因不生故不滅？很多人對不生不滅的解讀，都是說我們凡夫境界是生滅的境界，生住異

滅、生生滅滅，佛陀說不生不滅，是說既不生也不滅，這個既不生也不滅，是有別於凡夫境界生和滅的第三種很微妙的狀態，這一種狀態不是凡夫可測度的，這種既不生也不滅的第三種狀態就是中道、就是中觀——很多人都是這樣理解的。但是這種理解，完全有悖於龍樹對甚深般若波羅蜜的解讀，龍樹認同的是因不生故不滅。

龍樹認為，凡夫自以為真實的世界，從來、壓根兒就沒有生，無生，這是不生的法義。既然生都沒有生，也就無從談滅，這就徹底地泯滅了生滅二邊，這是龍樹對甚深般若波羅蜜的中道解讀，是龍樹所安立的中觀見地。龍樹所施設的中觀見地，我們叫作「究竟中觀」，是對凡夫境界的徹底解構。起點是一切法無生，因為無生，生都沒有生，哪裡還有滅？滅是生的滅，無生而滅也就無從談起，不生不滅，因不生故不滅。進而既然是無生，那就是非有。什麼是有？凡夫境界的真實存在叫有。既然無生，從來就沒有生，因此就把凡夫境界的存在性給解構了，它根本就沒有——非有。既然非有，那一定非無，因為無就是從有變成沒有，有都沒有了，就不存在著有變為沒有這個問題了。因此非有就一定非無，非有非無，因非有故非無。

既然非有，那就不常。因為從大乘佛法講，什麼是常？存在就是常。只要是存在，只要產生了，就是常。非有，就是根本不存在，這就是無常，這就是不常。既然不常，肯定就不斷。什麼是斷？先是存在，後來變為不存在，現在連存在都不存在，也就不存在著從存在變為不存在，因此斷就無從安立。所以不常不斷，是因不常故不斷。所以，究竟中觀的要害是無生。能夠領受無生，是進入大乘佛法的門檻，不能理解無生，永遠在大乘佛法的門之外遊蕩。

《中論》第一頌，也叫「皈敬頌」，這一頌排在第一品第一頌之前，也就是一開章，龍樹首先說了兩句話，鳩摩羅什翻譯為：「不生亦不滅，不常亦不斷，不一亦不異，不來亦不出。」這就是「八不」。有人說，龍樹一開章說不生亦不滅，怎麼就認為，龍樹說的「不生亦不滅」，一定是「因不生故不滅」？怎麼就沒有可能是「既不生也不滅」呢？看《中論頌》第一品第一頌，鳩摩羅什翻譯為：

「諸法不自生，亦不從他生，不共不無因，是故知無生。」龍樹早就預料到我們凡夫會有這樣的疑問，所以皈敬頌一開口說「不生亦不滅」，然後第一品第一頌就告訴我們，諸法——我們凡夫境界存在的一切——不自生、他生、不共生、不無因生。印度的哲人們認為，凡夫境界一切的存在，如果是一種存在的話，它就得產生，而產生的方式僅此四種，絕沒有第五種。所以這是龍樹解釋什麼叫「不生亦不滅」的「不生」。在龍樹看來，凡夫境界一切的存在、一切諸法，根本不可能從這四種方式產生，「是故知無生」，根本就沒產生。所以從《中論頌》一開章，我們就可以理解，龍樹一入手就是在講究竟中觀。在整部《中論頌》中，龍樹雖然說過二諦，但是他在整部《中論頌》中沒有運用二諦。

　　龍樹講中觀見，直截了當從無生說起，是究竟中觀的見解。所以一切法無生，是理解、學習大乘佛法的一個綱領性觀點，能不能接受無生，是能不能認同大乘佛法的一個試金石。所以大家對無生這件事，要給予高度的重視。

056 ▸ 空性即中道

　　不二法門分兩個層次：權便中觀和究竟中觀；龍樹是以究竟中觀而建立遠離凡夫二邊見的中觀見的。究竟中觀的要害是無生，一切法無生。那麼佛陀是怎樣讓我們凡夫能夠理解一切法無生的？佛陀是用什麼方法、善巧來教化我們凡夫，讓我們知道無生的？這個善巧，就是緣起。

一、究竟中觀

　　上一講我們引述龍樹《中論頌》一開章的《皈敬頌》的前兩句，我們看《皈敬頌》的後兩句，鳩摩羅什翻譯成：「能說是因緣，善滅諸戲論，我稽首禮佛，諸說中第一。」北京大學葉少勇先生的翻譯是：「佛說（如是之）緣起，戲論息滅而妙善，是諸說者中最勝，於彼我致恭敬禮。」《皈敬頌》前邊兩句講「八不」，一上來就說「不生亦不滅」，為什麼？這兩句解釋得很清楚，是因為佛說了緣起。鳩摩羅什譯作「能說是因緣」；「因緣」這個詞，葉少勇先生翻作「緣起」，對照梵文，就是「緣起」這個詞，「pratītyasamutpādaṃ」。也就是因為佛說了緣起，那麼一切凡夫的戲論都熄滅了，而這位說緣起者也就是佛陀，一切說法中排第一、最勝，因此龍樹說，我恭恭敬敬地頂禮他。這就是龍樹《中論頌》一開章的《皈敬頌》，其實就兩個要點：第一、無生；第二、佛陀是怎麼讓我們了知無生的呢？因為佛陀說了緣起。

　　前邊的討論曾經概括為八個字：「緣生性空，緣起無生」。佛陀安立緣生法的概念，說如果凡夫境界上還有什麼是存在的話，那只可能是緣生；但是緣生的法，是性空，是獨立存在性沒有，是無自性，

這就出現了悖論：存在是有自性，無自性也就是不存在。所以緣生性空，其實佛陀想告訴我們的是，我們凡夫境界上所謂存在，是無自性的，無自性的存在，其實是根本不存在，因此落腳處是緣起無生。佛陀在大乘佛法裡爲什麼要說緣起？其實是爲了說無生，因爲只有講了無生，才能安立究竟中觀。

只要認同佛陀的緣起法，最終就得接受「一切法無生」這個結論。有很多人說，我學習大乘佛法，覺得很多道理說的都特別好，比如說緣起法說的特別好，但是我就是最後接受不了無生。爲什麼？因爲我們凡夫境界，這桌椅板凳，這山河大地，不都是我親眼所見嗎？這不是看得清清楚楚嗎？爲什麼非要說它從來就沒產生呢？無生，接受不了。所以我們眼睛見到了這樣一個凡夫的世界，就成爲我們不願意接受無生的最重要理由。

看龍樹是怎麼回答這個問題的。《中論頌》第二十一品第十一頌，鳩摩羅什翻譯：「若謂以眼見，而有生滅者，則爲是癡妄，而見有生滅。」一個人認爲現在眼睛看見了，有種種的生滅，就認爲這個生滅是存在的，龍樹說「則爲是癡妄」。鳩摩羅什譯得很雅，「癡妄」，對應的梵文是「moha」，「傻瓜、傻子」的意思。這是什麼意思？就是經常有人說，哎呀，你講佛法講緣起，講得天花亂墜，講得好像理論上無懈可擊，說到最後讓人聽著，的確是無生，可是再怎麼說無生，我這不是親眼見到了這樣一個真實的世界嗎？是不是這個問題？絕大多數人都是這個問題。龍樹回答說，這就對了嘛，這不就證明了你是一個傻子嘛！所以，我們以眼見這個世界有生滅，而認爲有一個生滅世界的存在，恰恰說明我們是無明所障的凡夫，我們是傻子，我們顛倒夢想。所以大家要理解，究竟中觀是以徹底泯滅二邊而達到真正遠離二邊的中觀見，佛陀運用了一個巨大的善巧——緣起，進而告訴我們緣起就是無生，無生就是凡夫境界一切的存在，壓根兒就根本沒產生過，因此凡夫境界一切的存在，是以根本不存在爲它的基本特徵，這就叫空性。因此什麼是中道？空性就是中道。

《中論頌》第二十四品第十八頌，這是一個非常有名的頌

子，鳩摩羅什翻譯爲：「眾因緣生法，我說即是空，亦爲是假名，亦是中道義。」在這個偈子裡，龍樹回答了什麼是中道。葉少勇先生的翻譯是：「我們主張彼緣起，（本身）即是此空性，此即假託而施設，此者亦即是中道。」這裡鳩摩羅什說的「眾因緣生法」，對照梵文，葉少勇先生翻譯成：「主張彼緣起」，梵文是「pratītyasamutpādaṃ」，就是「緣起」這個詞。主張緣起，即凡夫境界一切的存在，鳩摩羅什翻譯是「空」，對照著梵文是「śūnyatā」，就是空性。葉少勇先生翻譯成「本身即是此空性」，就是空性，緣起就是空性。「此即假託而施設」，說空性，也不過是爲了度化眾生而假施設的名言安立。所以大家注意，我們在總結二時教法的修行口訣的時候，四有四無第三句：「只有能詮名言，沒有所詮實義」，「空性」這個詞，也只是能詮，沒有所詮的義，不要把空性當爲一個眞實的存在。所以口訣第四句：「只有『離言空性』，沒有絲毫法生」，「離言空性」是打上引號的，這是一個方便說法。第四句強調的是沒有絲毫的法生，強調的是無生。龍樹在這兒說，什麼是中道？緣起是空性，而空性也不過是一個假名安立，空性還得空，這就是中道。這是龍樹解讀甚深般若波羅蜜法門的中觀見解。究竟中觀的法義，暫時先討論到這裡。

二、二時教法完整體系

下邊就出現了一個問題，一定會有人問：爲什麼要施設究竟中觀這段法義？學權便中觀，學在二諦上講中觀，講不二，我能理解，既不常也不斷，多好啊，就是既不壓左線跑也不壓右線跑，偏了左就往右打打輪，偏了右就往左打打輪，走在中間，多形象啊！這個中道，我願意理解、願意接受。你非要推出一個究竟中觀、泯滅二邊，實在是太不好理解了。我只學權便中觀，不學究竟中觀，可以不可以？我要回答：不可以。爲什麼？因爲安立究竟中觀這重法義，是爲了見實相，見諸法的眞實性。

大家都應該很清楚，在我們這個課上我反覆強調，佛法——特別是大乘佛法——橫向教理體系，分爲前後兩部分。第一部分，佛陀幹什麼？佛陀他老人家掰開了、揉碎了，想盡了一切的辦法，從不同角度、不同層次安立了不同的名言系統，要幹一件事，就是要告訴我們：凡夫自以爲的眞實世界，其實根本不眞實，甚至不是不眞實的問題，是根本就不存在，這也就是我們要反覆強調的，佛陀在解構我們凡夫自以爲的眞實世界，這叫「破增益」，這是教理的前一部分。後一部分，那些透過前一部分的教理學習，已經從心底裡徹底認同了佛陀，關於凡夫境界一切的存在都是不眞實的、都是根本不存在的道理，認同了佛陀這段教理的思想見解的人，佛陀給他們講第二件事：佛陀證悟的眞實是什麼？安立了一個名言叫「補損減」。

講到這兒，二時教法完整的體系就清晰了。權便中觀，即以二諦模式來構建的教理體系，是佛陀二時教法的橫向教理體系的第一部分，目的在於解構，就是「破增益」。爲什麼還要安立究竟中觀呢？究竟中觀，是佛陀二時教法橫向教理體系的第二部分，基於空性，進而引導著凡夫去見眞實，指向佛陀證悟的眞實、實相，這是究竟中觀這段教理的法義，也就是「補損減」。所以權便中觀是「破增益」，究竟中觀是「補損減」，這兩部分合起來，才是完整的佛陀二時教法體系。

這裡出現一個歷史上有爭議的問題：佛陀在二時教法裡，承認不承認有佛陀證悟的眞實？我們可以理直氣壯地回答，佛陀在二時教法中，是承認有佛陀證悟的眞實的。比如說，《金剛經》第十七段經文：「如來者，即諸法如義。」玄奘譯作：「言如來者，即是眞實眞如增語。」義淨法師譯作：「言如來者，即是實性眞如之異名。」《金剛經》這句話非常清楚，什麼是如來？如來就是諸法的眞實性。所以二時教法是承認佛陀證悟的眞實的，可以假名安立這個眞實的存在，這是第一點。

三、言語道斷，心行處滅

第二，在佛陀二時教法裡，佛陀證悟的這種眞實，肯定不是凡夫的言語可詮表的，不是我們凡夫的思辨可觸及的。龍樹在《中論頌》第十八品第七頌中說：「諸法實相者，心行言語斷。」這是鳩摩羅什的翻譯。從這句話可以理解，龍樹承認有佛陀證悟的眞實，叫「實相」。實相這個詞，是佛陀二時教法對佛陀證悟的眞實用的最多的名言。但從《中論頌》這句話上來講，龍樹又想告訴我們，實相是「心行言語斷」，這就是通常說的「言語道斷，心行處滅」。佛陀證悟的實相，對於我們凡夫來講，我們不能說、不能想，不是我們的言語所能詮表的，不是我們凡夫思辨可以觸及的，所以實相不能直陳，不能明明白白地說，但是又不能完全不說。不說怎麼引導著眾生見眞實？因此二時教法用了一種遮詮的方式 ——「不是什麼」這樣一種隱秘的方法，佛教叫「隱密相」，而說諸法的眞實性。

四、二時教法與三時教法的區別

在這一點上，有別於三時教法。三時教法認為，眞實性確實是不能說，但是雖然不能說，還必須得說，因為要度化眾生；而且還得直說，所以叫「直陳眞實」，叫「顯了相」說法。當然二時教法因為眞實不能直說，不像三時那樣直陳眞實，只能用遮詮的方式，隱密相說法，所以我們把它叫作「指向眞實」，這是二時教法和三時教法的區別。當然二時教法和三時教法有一個共同點，不管是直陳眞實，還是指向眞實，都有一個前提，這是二時教法和三時教法都承認的，這個前提是什麼？就是必須完全地認同，凡夫境界上的存在是根本就不存在。只有認同了這一條之後，才能直陳眞實，或者指向眞實。所以大家就理解究竟中觀安立的必要性和它的作用了。

第一，徹底泯滅凡夫的二邊見，這才是徹底地解構凡夫境界。相比權便中觀，權便中觀是因於二諦說法，因於二諦的世俗諦說法。什

麼是世俗諦？就是佛陀爲了度化我們這些凡夫，隨順眾生，向我們這些凡夫有所妥協、有所遷就而建立的道理，這是前邊一再強調的。只要有世俗諦在，這種解構就肯定不徹底，凡夫見解構得不徹底，就不能講實相。

安立究竟中觀的作用，就是以泯滅凡夫的二邊見，而最終徹底地解構凡夫見解，一丁丁點都不再向凡夫遷就了，一丁丁點都不再向凡夫妥協了，是徹底的解構，這是指向眞實的前提。因此安立究竟中觀的第二個作用，正是以泯滅凡夫的二邊見這種不二模式，也就是遮詮模式，佛陀爲我們凡夫指向眞實。

前面這幾講的教理的學習與討論，大家要給予極大的關注，這是佛陀二時教法甚深般若波羅蜜法門的精髓。當然我們也只能表達到這個程度了。如果想更系統更全面地學習好究竟中觀，那麼我建議大家去閱讀北京大學葉少勇先生的一部著作，就是《中論頌：梵藏漢合校・導讀・譯注》。

057 一切法皆是佛法

　　基於二諦模式而建立的權便中觀的教理體系之上，我們又引申出究竟中觀的教理體系。基於凡夫角度的空性，或者說是基於智者角度的實相之上而建立的中觀，以泯滅凡夫二邊見而建立的中觀，就是究竟中觀。這是佛陀甚深般若波羅蜜法門的要義。

一、三乘境界

　　佛陀最終是要讓我們凡夫遠離二邊，但是佛陀在度化我們這些凡夫的時候，當然還是要隨順眾生，往往是先利用凡夫的二邊見，而最終讓我們遠離二邊見。比如說我們這些凡夫，感受到自己生生死死的輪迴不已，而且我們感受到這個生死給我們這些眾生帶來很多苦難，因此佛陀首先肯定、承認我們凡夫的生死，進而安立了一個與生死相待的名言，叫「涅槃」。佛陀說，生死苦不苦？如果你覺得生死很苦，那好，跟我修行，我們走向沒有苦難的涅槃境界。

　　當然，有的凡夫不以為生死是苦，願意生死、願意輪迴，佛陀給這類眾生講了人天乘的法。所以學習佛陀人天乘的法的眾生，安住於生死。還有一類眾生，感受到了生命的苦難，不願意生死，而一聽說佛陀講有涅槃，就不顧一切地奔向了涅槃，自己去住於那種清淨的、安樂的涅槃境界，這就是修小乘法的境界。所以修行佛陀的小乘法，最終安住於涅槃。

　　到了大乘佛法，佛陀想告訴我們，其實我們凡夫所感受到的生生死死，感受到生死中的喜怒哀樂，感受到生死中的種種苦難，這一切其實根本就是夢。生死是假的，根本就不真實。從究竟中觀的空性角度講，生死是空，根本就沒有什麼生生死死。無生死，涅槃這個與生

死相待的境界的安立的必要性，也就沒有了。因此，因無生死，故無涅槃。生死與涅槃的二邊泯滅，叫生死與涅槃的不二。因此，大乘佛法修行的境界，跟小乘佛法直奔涅槃、安住於涅槃的境界，是根本不一樣的。大乘佛法要泯滅生死與涅槃的二邊見，叫「智不住生死，悲不住涅槃」，生死即涅槃，涅槃即生死。大乘佛法為了表達跟小乘佛法的境界的區別，勉強又安立了個名言，叫「無住涅槃」。所以說到這兒大家能理解了，大乘佛法區別於人天乘、小乘法的最核心要義，就是無生，就是最終徹底地泯滅二邊見。這就是《心經》「色即是空，空即是色」的境界，生死與涅槃不二。

下邊回到經文。討論這段教理之前，已經學習到了《金剛經》第十七段：

> 「須菩提，如來所得阿耨多羅三藐三菩提，於是中無實無虛，是故如來說：一切法皆是佛法。」

前邊講過，印度古德把《金剛經》分成前後兩部分，前十六段，他們認為是給資糧位眾生說的法，從第十七段開始，是加行位、見道位、修道位的法。因此，對照著前面的教理體系，《金剛經》前十六段經文，我們可以用權便中觀來解讀，但是從第十七段經文開始，就不能僅用權便中觀來解讀，必須用究竟中觀來解讀。

二、再談無實無虛

看這段經文，老師說：「須菩提，如來所得阿耨多羅三藐三菩提」——這個「得」是「證得」，如來所證得的無上正等正覺，注意這是佛所證悟的真實，老師說：「於是中無實無虛」。「無實無虛」，在第十四段經文（參267頁）已經出現過。「實」是「真實」，「虛」是「虛假」，所以無實無虛就是非真非假。第十四段經文說，如來所得法、如來所說的法，非真非假。對第十四段經文的

「無實無虛」，可以在權便中觀上解讀：為什麼佛所證得的法、佛所說的法，非真非假呢？在勝義諦非真，在世俗諦、名言諦上非假。世俗諦、名言諦上，佛陀說的法非假，因此在第十四段經文這句話的前面，佛說「如來是真語者，實語者，如語者，不誑語者，不異語者」，這都是從二諦的世俗諦、名言諦而言。所以，第十四段經文的「無實無虛」，可以從權便中觀的二諦上解讀。

但是到了第十七段經文，再見到「無實無虛」，我們就不能僅僅從權便中觀去解讀。因為印度古德認為，第十七段經文開始這兩個段落，是說加行位的法，是要引導著眾生去見道、去見實相。因此必須從究竟中觀去解讀。「如來所得阿耨多羅三藐三菩提，於是中無實無虛」，非真非假，這裡的非真非假，是徹底遠離真假二邊。在空性上無真無假，在佛陀證悟實相上無真無假，徹底泯滅真假二邊。這是對第十七段經文中出現的「無實無虛」的解讀。

三、一切法皆是佛法

下一句：「是故如來說：一切法皆是佛法。」大家注意，這句話出現在第十七段經文。印度古德認為這是接引加行位眾生去見實相的，這段經文不是給初入佛門的凡夫、資糧位凡夫說的法。因此，對這句話要從究竟中觀上去解讀。在凡夫境界上，二邊，佛法是佛法，外道是外道，這是涇渭分明的。對於凡夫入手學習佛陀的教法，我們反複強調要學習佛陀教法的不共，要嚴格區分出佛法與外道的區別。儒家不是佛法，道家不是佛法，基督教不是佛法，科學不是佛法。但是在凡夫心中，因為有外道的見解，所以佛陀才安立了佛法的見解，所以佛法與外道二邊的安立，是佛陀接引凡夫的方便。佛法與外道，這是二邊見。第十七段經文，佛陀給加行位眾生說法，要引導我們去見實相，在這裡佛陀要泯滅二邊，佛法與外道不二，這是「如來說：一切法皆是佛法」的法義。佛陀為了度化眾生，安立了善法與惡法。在普通凡夫心中，善法就是善法，惡法就是惡法，要行一切善法，要

捨一切惡法，要布施、持戒、忍辱、精進，而不能殺人放火搶銀行。但是注意，在這裡佛陀要接引眾生見真實，要泯滅凡夫心中的善惡二邊。所以不管善法、惡法，佛陀說一切法皆是佛法，這是泯滅凡夫的善惡二邊見。

《六祖壇經》有一段記載。六祖惠能大師，在湖北黃梅弘忍大師那裡得了法之後，回到廣東，很多人追他；在大庾嶺深山之中，首先有一位叫惠明的人追上了惠能。他讓惠能給他說法，因此兩個人坐在大庾嶺深山的石頭上，惠能說：你屏息諸緣。兩個人靜坐，良久，就是坐了一段時間，突然間惠能說：不思善，不思惡，就在這當口，哪個是你惠明的本來面目？就在這句話上，惠明見道大悟。所以不要思善，不要思惡，這是加行位入見道位、泯滅善惡二邊的法。所以「如來說：一切法皆是佛法」，沒有善惡二邊的分別。

但是一定要注意，還需要強調一下，這是給加行位眾生說的法，是引領著我們去見實相的法、去見道的法。那麼對於我們千千萬萬的資糧位眾生，佛法是佛法，外道法是外道法，善法是善法，惡法是惡法，在我們的心中，暫時還是要涇渭分明的。學習佛陀的教法，就是學習佛陀教法的不共，學習佛陀教法區別於其他一切外道法的差異性，那是佛陀教法的核心價值。

看下一句經文。佛陀剛安立了「一切法」這樣的名言，佛陀隨說隨掃。看下一句，老師說：

> 「須菩提，所言一切法者，即非一切法，是故名一切法。」

從究竟中觀上講，哪裡有什麼一切法？所以佛言一切法即非一切法，只不過是名一切法。

講到這裡，第十七段經文的第二段講完了。《金剛經》經文第十七段第一部分、第二部分，印度古德認為是講加行位的境界。

四、是名大身

從《金剛經》第十七段下邊的這第三段經文開始，是說見道位境界，看下邊的經文，老師說：

> 「『須菩提，譬如人身長大。』須菩提言：『世尊，如來說人身長大，則為非大身，是名大身。』」

這一段經文聽著耳熟不？其實第十段經文（參200頁）出現過類似的表述：「『須菩提，譬如有人身如須彌山王，於意云何？是身為大不？』須菩提言：『甚大，世尊，何以故？佛說非身，是名大身。』」這是第十段經文的內容。當時我們對這段經文的解讀是從權便中觀的角度解讀的，是從二諦的角度去解讀的：勝義諦上是空性——「非身」，但是在世俗諦名言上「名為大身」。那麼到了第十七段經文，就要從究竟中觀上去理解，也就是從凡夫的角度講，要在空性上去理解，或者說在智者的角度講，從實相上去理解。「如來說人身長大，則為非大身，是名大身。」佛說人身長大，其實根本就沒有什麼大身，只是名為大身。從第十七段經文開始，我們都要逐步地用究竟中觀去解讀《金剛經》，不能再像十七段經文之前那樣，總是從二諦的角度去解讀《金剛經》經文。這裡的「人身長大」，就是身軀高大，佛說身軀高大，其實根本就沒有什麼身軀高大，一切法無生，根本就沒有，只是名為大身。

058 一切法無生

「須菩提，菩薩亦如是，若作是言，我當滅度無量眾生，則不名菩薩。」

如果一個菩薩說我要滅度無量的眾生，老師說，反而我們就不能叫他爲菩薩。爲什麼？因爲當他說「我當滅度無量眾生」的時候，還有滅度眾生的我，還有被我滅度無量的眾生。從實相上講，我和我滅度的無量眾生，原本無生。

「何以故？須菩提，實無有法名爲菩薩。」

「實無有法」，在第十七段經文反複出現，玄奘法師譯作「頗有少法」，沒有一丁丁點的法，我們可以稱爲是菩薩。所以學到這裡，我們可以領受甚深般若波羅蜜的法門就是無生法門。

「是故佛說，一切法無我、無人、無眾生、無壽者。」

到這兒，第十七段經文第三部分結束了。這第三部分，按照印度古德的理解，是說見道位境界。

從下邊開始，印度古德認爲，是在地上菩薩的修道位境界。

「須菩提，若菩薩作是言，我當莊嚴佛土，是不名菩薩。」

一個菩薩說要莊嚴佛土，那麼我們就不把他叫作菩薩，因爲這個時候還有莊嚴佛土的我這個菩薩，還有被我莊嚴的佛土。

「何以故？如來說莊嚴佛土者，即非莊嚴，是名莊嚴。」

佛說莊嚴，根本就沒有什麼能莊嚴、所莊嚴，只是名莊嚴。

「須菩提，若菩薩通達無我法者，如來說名眞是菩薩。」

如果一個菩薩能夠通達無我法，知一切法無我，那才是眞能夠叫菩薩。「通達無我法」，玄奘法師譯作「無我法深信解者」。無我，其實就是無生。如果眞正能領受凡夫境界的一切法是無我、無自性，那麼無自性就是不存在，無我就是無生，所以通達無我法，就是無生。對無我法的深信解，就是無生。所以能夠通達無生的，我們才能夠眞正的名爲菩薩。

第十七段經文到這裡學習圓滿了。

一、五眼

18.「須菩提，於意云何？如來有肉眼不？」「如是，世尊，如來有肉眼。」「須菩提，於意云何？如來有天眼不？」「如是，世尊，如來有天眼。」「須菩提，於意云何？如來有慧眼不？」「如是，世尊，如來有慧眼。」「須菩提，於意云何？如來有法眼不？」「如是，世尊，如來有法眼。」「須菩提，於意云何？如來有佛眼不？」「如是，世尊，如來有佛眼。」「須菩提，於意云何？恒河❶中所有

---

❶恒河：通行本作「如恆河」。

沙，佛說是沙不？」「如是，世尊，如來說是沙。」「須菩
提，於意云何？如一恒河中所有沙，有如是等恒河，是諸恒
河所有沙數佛世界，如是寧為多不？」「甚多，世尊。」
佛告須菩提：「爾所國土中，所有眾生，若干種心，如來悉
知。何以故？如來說諸心，皆為非心，是名為心。所以者
何？須菩提，過去心不可得，現在心不可得，未來心不可
得。」

第十八段經文上來就談五眼：

「須菩提，於意云何？如來有肉眼不？」

須菩提回答說：

「如是，世尊，如來有肉眼。」

老師又問：

「『須菩提，於意云何？如來有天眼不？』『如是，
世尊，如來有天眼。』『須菩提，於意云何？如來有慧眼
不？』『如是，世尊，如來有慧眼。』『須菩提，於意云
何？如來有法眼不？』『如是，世尊，如來有法眼。』『須
菩提，於意云何？如來有佛眼不？』『如是，世尊，如來有
佛眼。』」

這裡提到「五眼」：肉眼、天眼、慧眼、法眼、佛眼。怎麼理解
這五眼？在佛法中，對這五眼的理解有兩種情形。
第一，肉眼，指我們人間的凡夫所具有的眼的功能。天眼，指的
是天道眾生的眼的功能。從天眼到後面的慧眼、法眼、佛眼，就不好

理解爲是一種觀看的眼的功能，它其實指的是一種智慧。慧眼是指阿羅漢，小乘最高境界的修行者所具有的智慧。法眼就是發菩提心，經過資糧位、加行位的修行，見道之後地上菩薩的智慧。佛眼，就是最後修行成就了佛的智慧。這是佛教中對五眼的第一種理解。

第二種理解，是從大乘佛法的修行次第上去理解，肉眼指的是在資糧位修行的眾生所具有的智慧。天眼，是指加行位修行者所具有的智慧。慧眼是指見道之後的初地菩薩到十地菩薩，在入定時所具有的智慧。法眼，是指見道之後的初地到十地菩薩，出定時所具有的智慧。佛眼，當然指的就是得佛果所具有的福德智慧圓滿的那個智慧。這是佛教裡對五眼的第二種理解。

前面這段經文是說，如來成佛了，不僅有佛眼，肉眼、天眼、慧眼、法眼、佛眼都是具備的，佛具五眼。

「須菩提，於意云何？恒河中所有沙，佛說是沙不？」

須菩提回答說：

「如是，世尊，如來說是沙。」

老師說：

「須菩提，於意云何？如一恒河中所有沙，有如是等恒河，是諸恒河所有沙數佛世界，如是寧爲多不。」

恒河沙數恒河的所有沙子數的佛的世界，多不多？須菩提回答：

「甚多，世尊。」
「佛告須菩提，爾所國土中，所有眾生，若干種心，如來悉知。」

佛陀在這兒又做了一個極端誇張的比喻，恒河裡一顆沙子代表一條恒河，恒河裡沙子數那麼多的恒河的所有沙子數的佛世界，每個世界裡又有無量的眾生，而每個眾生又有種種的心，那麼這麼多佛世界裡的所有眾生的所有這些心，「如來悉知」，佛都可以知道。對於我們凡夫來講，這可是一個巨大無比的神通。對於我們凡夫來講，這是一件根本不可能的事情。但是佛說如來做到了，為什麼？

　　　　「何以故？如來說諸心，皆為非心，是名為心。」

　　之所以在凡夫心中這似乎是個無比的神通，是因為在凡夫心中眾生實有，眾生的心也是實有。而在佛陀看來，這一切眾生的心，根本就不是心，就沒有心，皆為非心，是名為心，所以佛陀對這一切「悉知」。

二、三心不可得

　　　　「何以故？如來說諸心，皆為非心，是名為心。所以者何？須菩提，過去心不可得，現在心不可得，未來心不可得。」

　　既然是非心，既然心根本就不是真實，當然不可得。但這裡重要的是，「過去心不可得，現在心不可得，未來心不可得」，用了過去、現在、未來，指時間。時間，其實只是我們凡夫在凡夫境界的生滅法中的感受。時間也是虛妄的，在空性上、在實相上，一切法無生，因此時間是泯滅的。因此，談諸法的實相，是不能夠從有時間的凡夫的生滅境界中去講的。

　　這裡我引另一部大乘經典來印證，叫《維摩詰經》，這是大乘佛教非常著名的一部經典。這部經的第三品，鳩摩羅什譯作《弟子品》，玄

奘法師譯作《聲聞品》，這一品中有這樣的話，維摩詰居士對佛陀的大弟子迦旃延說：「無以生滅心行，說實相法。」不能以凡夫境界的、有時間的生滅心行，來說佛陀證悟的諸法真實性。遺憾的是，我們現在佛教界講實相，大多都是在生滅心行上說實相法。這句話玄奘法師譯作「無以生滅分別心行，說實相法。」諸法的實相，不能用在時間上有生滅的分別心行去說，也就是實相法一定是「過去心不可得，現在心不可得，未來心不可得」，一切的心根本無生，這是說實相法。

看《維摩詰經》下一句：「說諸法畢竟不生不滅，是無常義。」什麼是無常？大乘佛法說的無常是什麼？是「諸法畢竟不生不滅」。這裡的「不生不滅」，只能理解為「根本無生，所以無滅」。玄奘法師譯為：「諸法畢竟非已生，非今生，非當生；非已滅，非今滅，非當滅義，是無常義。」玄奘法師譯得非常清楚，一切的法「畢竟非已生」，過去沒有誕生；「非今生」，此時此刻也沒有生；「非當生」，未來也不可能生。因此，「非已滅」，不是已經滅了；「非今滅」，也不是正在滅；「非當滅」，也不是未來會滅，以這樣的義，稱為是「無常義」。

《維摩詰經》這段經文非常精彩，前邊的討論實際上用《維摩詰經》可以印證。大乘佛法講無常，是根本就無生，因此也無滅，這是無常。因此講佛陀證悟的實相，只有從這樣的徹底無生無常義去理解，而不能以凡夫的生了又滅、滅了又生的這種在時間上有生滅分別的心行上，來講佛陀證悟的真實。

這裡引述《維摩詰經》來幫助理解「過去心不可得」、「現在心不可得」和「未來心不可得」。

第十八段經文學習圓滿了。

19.「須菩提，於意云何？若有人滿三千大千世界七寶，以用布施，是人以是因緣，得福多不？」「如是，世尊，此人以是因緣，得福甚多。」「須菩提，若福德有實，如來不說得福德多，以福德無故，如來說得福德多。」

看第十九段經文，老師說：

「須菩提，於意云何？若有人滿三千大千世界七寶，以用布施，是人以是因緣，得福多不？」

這些話不需要解釋了，大家都非常熟悉。須菩提回答說：

「如是，世尊，此人以是因緣，得福甚多。」

須菩提回答說，這個人得福很多。但是，看老師怎麼評論？老師說：

「須菩提，若福德有實，如來不說得福德多，以福德無故，如來說得福德多。」

我們說他福德多，還不在於他布施的這些物品很多、七寶很多。如果你認爲福德是眞實的有，那反而如來就不說他福德多，正是因爲不以福德爲福德，福德是無故，如來才說他福德多。這是在空性上、在實相上說福德。

第十九段經文學習圓滿了。

大家會發現，如果我們把前邊的權便中觀，特別是後面的究竟中觀，一切法無生——空性，泯滅二邊，把這些法義能夠在心底裡眞正領受，至少有所認識、有所認同，那麼《金剛經》後邊的經文，是非常好讀的。佛陀是從不同角度、不同方面，反反複複來教誨、熏習我們，其實想告訴我們的是，一切法無生，才是佛陀甚深的般若波羅蜜。

059 修一切善法

20.「須菩提，於意云何？佛可以具足色身見不？」「不也，世尊，如來不應以具足色身見。何以故？如來說具足色身，即非具足色身，是名具足色身。」「須菩提，於意云何？如來可以具足諸相見不？」「不也，世尊，如來不應以具足諸相見。何以故？如來說諸相具足，即非具足，是名諸相具足。」

下邊開始學習第二十段經文。老師說：

「須菩提，於意云何？佛可以具足色身見不？」

老師問須菩提，可不可以以這種完美的色身，就可以見到佛了？具足色身，義淨法師譯爲「色身圓滿」。梵文是「pariniṣpatti」，「完美、圓滿、具足」。看須菩提怎麼回答：

「不也，世尊，如來不應以具足色身見。」

哦，不可以，不可以，不可以以這種完美的色身，就算觀到如來了。

「何以故？」

爲什麼呢？

「如來說具足色身，即非具足色身，是名具足色身。」

如來說具足色身，在空性上，根本就沒有什麼具足色身，只是假名安立具足色身。這一段經文已經不需要再做更多的解釋了。

「須菩提，於意云何？如來可以具足諸相見不？」

前面講具足色身，是指整個色身。具足諸相，即色身上所顯現的種種的相，比如說三十二相，這種完美的相，是不是就可以觀見如來了？須菩提回答說：

「不也，世尊，如來不應以具足諸相見。」

不可以，不可以，老師，不可以以觀見這個具足的相，就算觀見如來了。

「何以故？如來說諸相具足，即非具足，是名諸相具足。」

如來說諸相具足，在空性上，在智者的實相上，根本沒有什麼具足諸相，只是假名安立具足諸相。

第二十段經文學習圓滿了。

一、實相上說法

21.「須菩提，汝勿謂如來作是念：『我當有所說法。』莫作是念。何以故？若人言如來有所說法，即為謗佛，不能解我所說故。須菩提，說法者，無法可說，是名說法。」爾時，慧命須菩提白佛言：「世尊，頗有眾生，於未

來世，聞說是法，生信心不？」佛言：「須菩提，彼非眾生，非不眾生。何以故？須菩提，眾生眾生者，如來說非眾生，是名眾生。」

第二十一段經文：

> 「須菩提，汝勿謂如來作是念：『我當有所說法。』莫作是念。」

老師跟須菩提說，你千萬不要認為，如來會覺得我當有所說法，你不要這樣想。

> 「何以故？」

為什麼呢？

> 「若人言如來有所說法，即為謗佛，不能解我所說故。」

你不能夠認為我這個如來有所說法，為什麼呢？如果你說如來有所說法，就是誹謗佛。這話說得非常嚴重。

> 「須菩提，說法者，無法可說，是名說法。」

佛陀證悟的實相是離言，在空性上無法可說，只是名為說法。在智者的實相中，沒有說法者，沒有聽法者，也沒有說法這個事，根本無生。在這重境界上，佛陀把自己過去說的法，全盤否定了。《心經》中有這麼一段經文：「是故空中無色，無受想行識，無眼耳鼻舌身意，無色聲香味觸法，無眼界，乃至無意識界。無無明，亦無無明

盡，乃至無老死，亦無老死盡。無苦集滅道，無智亦無得。」一連串的「無」。「無色受想行識」，把五蘊否定了。「無眼耳鼻舌身意，無色聲香味觸法」，把十二處否定了。「無眼界，乃至無意識界」，把十八界否定了。「無無明，亦無無明盡，乃至無老死，亦無老死盡」，把十二因緣否定了。「無苦集滅道」，把四諦否定了。「無智亦無得」，把能證的般若與所證的涅槃也否定了。可是大家注意，否定的五蘊、十二處、十八界，特別是十二因緣、四諦、智與得，這都是佛陀說的法。這些否定的東西，十二因緣、四諦，都不是外道法，都是佛陀自己親口所說的法。但是在《心經》這裡，佛陀把自己過去所說的這一切，全否定了，全盤否定了。這是在什麼境界上說法？是在智者證的實相上說法。從凡夫角度講，是在空性上說法，說而無說，無法可說。

「爾時，慧命須菩提白佛言：『世尊，頗有眾生，於未來世，聞說是法，生信心不？』」

須菩提對佛說，老師，以後會有眾生，特別是在未來世——玄奘譯本很明確地講「後五百歲」，也就是到了我們今天這個時候，這些眾生聽了您說的這樣的法，「生信心否」？能夠生起信心嗎？通俗地講，人家會相信嗎？這個問題聽著耳熟不？其實在第六段（參172頁），須菩提問過這樣的問題。第六段的經文是：「世尊，頗有眾生，得聞如是言說章句，生實信不？」老師在第六段經文中是怎麼回答須菩提這個問題的？老師很有耐心地跟須菩提說：「莫作是說。如來滅後，後五百歲，有持戒修福者，於此章句，能生信心，以此為實。」須菩提你要相信，到了後五百歲，雖然正法很衰落了，是末法時期了，但畢竟還有持戒修福的人，他們聽了金剛般若波羅蜜的這樣的言說章句，是能生起信心的，這一定是真實的呀！老師做了這樣耐心的回答。到了這裡第二十一段經文，須菩提又提出了這個問題：「頗有眾生，於未來世，聞說是法，生信心不？」老師是不是還是那

麼耐心地告訴他：一定會有眾生信？看佛陀怎麼回答：

> 「佛言：『須菩提，彼非眾生，非不眾生。何以故？須
> 菩提，眾生眾生者，如來說非眾生，是名眾生。』」

按照印度古德的劃分，《金剛經》第十七段經文開始，是講加行
位、見道位、修道位的境界，和第十七段經文之前的資糧位是不一樣
的。在這一段經文，老師對類似問題的回答就可以體現出來。第六段
經文老師耐心回答說，會有眾生信的，這裡回答完全不一樣，說：
「須菩提，彼非眾生，非不眾生。」什麼意思？他們根本不是什麼眾
生，當然也不是不是眾生，為什麼這麼說呢？眾生，如來說非眾生，
是名眾生。在空性上、在實相上根本就沒有眾生，只是假名安立的眾
生，還有什麼信與不信的呢？所以大家對照第六段經文和第二十一段
經文，境界截然不同。第六段經文，明顯是說給資糧位眾生聽的。這
第二十一段經文，是說見道位、修道位的法。根本就沒有眾生，當然
也不是不是眾生，要遠離有無二邊。所以，大家要體會第二十一段經
文和第六段經文、佛陀這兩段回答的差異。第二十一段經文我們學習
圓滿了。

**22. 須菩提白佛言：「世尊，佛得阿耨多羅三藐三菩
提，為無所得耶？」「如是如是❶，須菩提，我於阿耨多羅
三藐三菩提，乃至無有少法可得，是名阿耨多羅三藐三菩
提。」**

看第二十二段經文：

> 「須菩提白佛言：『世尊，佛得阿耨多羅三藐三菩提，

---

❶如是如是：通行本作「佛言：如是如是」。

為無所得耶？』」

這個「得」還是「證得」。佛證得阿耨多羅三藐三菩提，是無所得。注意，《心經》也說「以無所得故」，無所得。那麼老師回答說：

> 「如是如是，須菩提，我於阿耨多羅三藐三菩提，乃至無有少法可得，是名阿耨多羅三藐三菩提。」

佛陀所證得的阿耨多羅三藐三菩提，是沒有一丁丁點的法可以得到的，只是假名安立阿耨多羅三藐三菩提。第二十二段經文學習圓滿了。

二、修一切善法

> 23.「復次，須菩提，是法平等，無有高下，是名阿耨多羅三藐三菩提。以無我、無人、無眾生、無壽者，修一切善法，即得阿耨多羅三藐三菩提。須菩提，所言善法者，如來說即非善法，是名善法。」

看第二十三段經文：

> 「復次，須菩提，是法平等，無有高下，是名阿耨多羅三藐三菩提。」

這個法是平等的，沒有高下。什麼叫沒有高下？高下是二邊見，其實也可以說：是法平等，無有優劣；是法平等，無有好壞；是法平等，無有美醜；是法平等，無有善惡。泯滅二邊，只是名阿耨多羅三藐三菩提。

「以無我、無人、無眾生、無壽者，修一切善法，即得
阿耨多羅三藐三菩提。」

作為因地的菩薩，應該怎樣修行呢？應該「以無我、無人、無眾
生、無壽者，修一切善法」。大家注意，前面剛說「是法平等，無有
高下」，也可以理解為是法平等、無有善惡，已經遠離二邊，為什麼
還要修善法？可以不可以「以無我、無人、無眾生、無壽者，修一切
『惡』法，即得阿耨多羅三藐三菩提」呢？為什麼不是惡法？一定是
善法？在空性上、在實相上，善惡無二，泯滅了善惡二邊。但是作為
因地的菩薩的修行，無我、無人、無眾生、無壽者修法，只有善法，
才能與無我、無人、無眾生、無壽者相應。善法，可以是有我，也可
以是無我。但是惡法，是不能與無我、無人、無眾生、無壽者相應
的。因為惡法只可能是有我的，不可能是無我的。搶銀行一定有我，
殺人放火一定有我，不可能無我，所以惡法是不與無我、無人、無眾
生、無壽者相應。既然以無我、無人、無眾生、無壽者修的法，一定
是善法，善法雖不是真實，但是善法隨順真實。佛陀提了善法的名
言，隨說隨掃。老師說：

「須菩提，所言善法者，如來說即非善法，是名善
法。」

如來安立了善法的名言，但是在空性，在實相上，根本就沒有什
麼善法，只是假名安立善法。

第二十三段經文學習圓滿了。

24.「須菩提，若三千大千世界中，所有諸須彌山王，
如是等七寶聚，有人持用布施。若人以此般若波羅蜜經，乃
至四句偈等，受持讀誦，為他人說，於前福德，百分不及
一，百千萬億分，乃至算數譬喻所不能及。」

第二十四段經文，老師說：

「須菩提，若三千大千世界中，所有諸須彌山王，如是等七寶聚，有人持用布施。」

這個話不需要做太多解釋了。

「若人以此般若波羅蜜經，乃至四句偈等，受持讀誦，爲他人說，於前福德，百分不及一，百千萬億分，乃至算數譬喻所不能及。」

這段經文，我們學到這裡，已經不需要做過多的解釋了。

25.「須菩提，於意云何？汝等勿謂如來作是念：『我當度眾生。』須菩提，莫作是念。何以故？實無有眾生如來度者。若有眾生如來度者，如來即有我人、眾生、壽者。須菩提，如來說有我者，則非有我，而凡夫之人以為有我。須菩提，凡夫者，如來說則非凡夫。」

第二十五段經文，老師說：

「須菩提，於意云何？汝等勿謂如來作是念：『我當度眾生。』須菩提，莫作是念。」

老師說，須菩提，你們不要說，如來會想，哇，我度眾生，不要這麼想。

「何以故？」

為什麼？

「實無有眾生如來度者。」

壓根兒、根本就沒有眾生如來度，一切法無生。

「若有眾生如來度者，如來即有我、人、眾生、壽者。
須菩提，如來說有我者，則非有我，而凡夫之人以爲有
我。」

佛陀說，我也不過就是假名安立個我，但是凡夫之人是以爲有
我。所以大家注意，凡夫所執的我，是虛妄分別，是妄執，是把一個
根本沒有的當成有，是凡夫以爲有。這裡的「凡夫」，梵文實際上是
「愚鈍的普通人」，這些愚鈍的普通人，以爲有我。當然佛陀安立了
凡夫之名，隨說隨掃。看下一句：

「須菩提，凡夫者，如來說則非凡夫。」

不要以爲如來說了凡夫，就以爲眞的有凡夫。在空性、在實相
中，根本就沒有凡夫。
第二十五段經文學習圓滿了。

060 於法不說斷滅相

26.「須菩提，於意云何？可以三十二相觀如來不？」須菩提言：「如是如是，以三十二相觀如來。」佛言：「須菩提，若以三十二相觀如來者，轉輪聖王即是如來。」須菩提白佛言：「世尊，如我解佛所說義，不應以三十二相觀如來。」爾時，世尊而說偈言：「若以色見我，以音聲求我，是人行邪道，不能見如來。」

下面開始學習第二十六段經文。

「須菩提，於意云何？可以三十二相觀如來不？」

「可以三十二相觀如來不」這句梵文，在第二十段出現過。兩句話，梵文是完全一樣的。第二十段，這句話被鳩摩羅什翻譯成：「如來可以具足諸相見否？」在這裡，玄奘大師翻譯為：「可以諸相具足觀如來否？」義淨法師翻譯為：「應以具相觀如來否？」只不過在這裡，鳩摩羅什大師翻譯的時候，把這個「具足諸相」具體化了，翻譯成了「三十二相」。重要的是看須菩提怎麼回答的，現在社會上流通的《金剛經》版本，很多都是這樣回答的：

「須菩提言：『如是如是，以三十二相觀如來。』」

對於老師問可不可以三十二相觀如來，須菩提居然回答說：老師，可以三十二相觀如來。這個回答是不可想像的，經過前面老師這麼長的甚深般若波羅蜜的教誨，須菩提居然能回答出可以三十二

相觀如來，這不合情理。我們看這句話玄奘大師是怎麼譯的，玄奘大師譯爲：「不應以諸相具足觀於如來。」義淨法師譯爲：「不應以具相觀於如來。」注意，都有「不」字。現存的梵文原本中，這句話與第二十段那句經文的梵文是完全一樣的：「nalakṣaṇa-sampadātathāgatodraṣṭavyaḥ.」很明顯，有個「na」，翻譯過來就是「不可以具足諸相觀如來」。所以我們現在流通的《金剛經》版本，在這裡說「以三十二相觀如來」，想必最大的可能性是，傳抄的過程中有失誤。所以這句話依照梵文原本，依照玄奘大師和義淨大師的譯本，應該是：「須菩提言：『如是如是，不可以三十二相觀如來。』」

一、轉輪聖王

> 「佛言：『須菩提，若以三十二相觀如來者，轉輪聖王即是如來。』」

什麼是轉輪聖王？這是印度古人對國王的尊稱。在印度的古代，有一個非常古老的傳說：一個人能當國王，手裡一定得有一件非常銳利的武器，才能降服敵人。這個武器是什麼？就是輪，梵文是「cakra」，這個輪轉出去威力無比，能夠懾服眾生，所以印度人認爲國王手裡都必定要有一個輪。第一等大的國王手裡的輪是金的，叫金輪；二等國王手裡的輪是銀的，叫銀輪；三等國王手裡的輪是銅的，叫銅輪。最小的國王手裡的輪是鐵的，叫鐵輪。不管是金輪、銀輪、銅輪、鐵輪，只要是國王，手裡就必須得有這樣一件能夠懾服敵人的銳利武器 —— 輪。所以印度古人管國王也叫作「轉輪王」，或者叫作「轉輪聖王」。

一個人能當國王，想必也是福德很大。所以印度人認爲，這些轉輪王，也具有三十二相。只不過轉輪王的三十二相，和佛陀的三十二

相相比，不那麼莊嚴，不那麼明顯，不那麼圓滿。轉輪王也有三十二相，但是是有缺陷的三十二相。然而不管有無缺陷，畢竟也是三十二相。所以在這裡佛陀說，若是以三十二相觀如來的話，那麼這些轉輪王不也就是如來了嗎？因為他們也具有三十二相。

二、四句偈

「須菩提白佛言：『世尊，如我解佛所說義，不應以三十二相觀如來。』爾時，世尊而說偈言：」

釋迦牟尼說了四句偈，看鳩摩羅什的翻譯：

「若以色見我，以音聲求我，是人行邪道，不能見如來。」

這裡的「色」，是我們凡夫的眼根所見的色法，這裡的「音聲」，是我們凡夫耳根所能聽聞的音聲。因此，色、音聲，這是凡夫境界。以凡夫的境界想見到我，那是邪道，根本不可能見如來。因為佛陀認為，我們凡夫的這一切境界，本來無生。凡夫不知無生而虛妄分別，以夢幻的凡夫境界為實有。如果還想在凡夫境界這種如夢如幻的虛假上觀如來，只能是邪道。

鳩摩羅什的翻譯，就是這樣一個四句偈。但是我們對照梵文原本，對照玄奘大師和義淨大師的譯本，其實在這裡，佛陀說了兩個四句偈。第二個四句偈，鳩摩羅什大師譯本沒有。我們看玄奘法師對第二個四句偈的翻譯：「應觀佛法性，即導師法身。法性非所識，故彼不能了。」所以對比看，第一個四句偈告訴大家，以凡夫境界觀如來，那是邪道。第二個四句偈告訴大家，怎麼才能觀如來呢？要觀佛的法性，這個法性即導師法身。導師指的是佛，就是觀佛的法身。什

麼是佛的法身呢？就是遠離能取、所取二邊，遠離一切戲論的境界。「法性非所識」，法性不是我們凡夫的心識所可以認知的，「故彼不能了」，因此沒有凡夫能夠認知。

所以大家看梵本、玄奘譯本跟義淨譯本，在這裡是兩個四句偈。兩個四句偈，就很好理解了，正好對應的是一再強調的佛陀教法——特別是大乘佛法的橫向教理體系。我反複強調，橫向的教理體系，可以分為前後兩部分。第一部分，解構我們凡夫自以為的真實世界，這裡的前一個四句偈就是告訴我們，凡夫境界上是根本不可能見如來的，就是解構——破增益。凡夫境界是虛妄分別，凡夫境界根本就不真實。佛陀有沒有證悟的真實？第二個四句偈告訴我們，其實佛陀證悟的真實，不能說沒有，在這裡安立一個名言，就是「法性」。但法性畢竟不是我們凡夫所能了知、所能認知的。所以第二個四句偈，就對應著佛陀教理橫向體系的第二部分，也就是給第一部分教理學習之後，能夠認同了佛陀關於凡夫境界都是不真實的人，佛陀說其實佛陀證悟的真實還是有的——補損減。

第二十六段學習圓滿了。

三、於法不說斷滅相

27.「須菩提，汝若作是念：『如來不以具足相故，得阿耨多羅三藐三菩提。』須菩提，莫作是念。如來不以具足相故，得阿耨多羅三藐三菩提。須菩提，汝若作是念：『發阿耨多羅三藐三菩提者，說諸法斷滅相。』莫作是念。何以故？發阿耨多羅三藐三菩提心者，於法不說斷滅相。」

下邊看第二十七段，老師說：

「須菩提，汝若作是念：『如來不以具足相故，得阿耨

多羅三藐三菩提。』」

　　現在我們社會上流通的本子，在這裡都是「如來『不』以具足相故，得阿耨多羅三藐三菩提。」在這裡有個「不」字，而這裡有個「不」字以後，下邊的經文就念不通了，因為下一句佛陀說：「須菩提，莫作是念。」也就是對這前一句話的否定，在理論上說不通。對照梵本，對照玄奘法師的譯本，其實現在流通的版本，「如來不以具足相故」的「不」字是多餘的，恐怕是傳抄過程中的失誤。這句話，玄奘法師譯為：「如來因正等覺，以諸相具足，現證無上正等正覺耶？」沒「不」字，對照梵文原本看，也沒有「不」字。第二十七段的第一句話，應該是老師說：「須菩提，汝若作是念：『如來以具足相故，得阿耨多羅三藐三菩提。』」老師接著說：

　　　　「須菩提，莫作是念。如來不以具足相故，得阿耨多羅
　　三藐三菩提。」

　　把前面的「不」字刪掉了，整個法義就通順了。看下一句經文，這又出現了一個比較難理解的地方。看鳩摩羅什的翻譯：

　　　　「須菩提，汝若作是念：『發阿耨多羅三藐三菩提者，
　　說諸法斷滅相。』莫作是念。何以故？發阿耨多羅三藐三菩
　　提心者，於法不說斷滅相。」

　　這裡有一個詞叫「斷滅相」，對照梵文，斷滅相是兩個詞：是「vināśa」和「uccheda」，就是毀滅和斷除。所以大家看玄奘大師是怎麼翻譯的，「如是發趣菩薩乘者，頗施設少法若壞若斷耶？」什麼意思？一個發趣菩薩乘的人，一個發了阿耨多羅三藐三菩提心的人，他對於法，有任何的法可壞、可斷除嗎？老師馬上就自己回答了：「莫作是念，何以故？發阿耨多羅三藐三菩提心者，於法不說斷滅

相。」玄奘法師的翻譯是：「諸有發趣菩薩乘者，終不施設少法若壞若斷。」佛陀想告訴我們，那些發願奉行菩薩乘者的人，是不宣說任何法的毀壞和斷除的——「若壞若斷」。什麼法義？沒有前面關於大乘佛法的根本法義是一切法無生這樣的教理基礎，這句話是不好理解的。前面討論過，大乘佛法一個最殊勝的法義，就是一切法畢竟無生，一切法壓根兒就沒產生。所以在這裡，佛陀說，發了奉行菩薩乘者的人，發了阿耨多羅三藐三菩提心的人——注意，這是求取大乘佛法的人、修菩薩道的人，他絕不宣說，凡夫境界一切的法還會有壞，還會有斷，不可能。因為什麼？因為根本就沒有法產生，壓根兒無生，生都沒生，哪裡找壞？哪裡找毀滅？所以玄奘法師譯得非常好：「諸有發趣菩薩乘者，終不施設少法若壞若斷。」一個發趣菩薩乘的人，他從來絕不去安立一丁丁點的法，可以壞，可以斷，也就是一丁點法的壞跟斷都沒有，因為從來壓根兒就沒產生過。

所以第二十七段的法義，其實就是從另一個角度，佛陀又在講，凡夫境界一切的法，原本是無生的；無生，因此就不會有壞，因此佛陀說：「於法不說斷滅相。」

061 如夢觀

28.「須菩提，若菩薩以滿恒河沙等世界七寶布施[1]，若復有人知一切法無我，得成於忍，此菩薩勝前菩薩所得功德。須菩提[2]，以諸菩薩不受福德故。」須菩提白佛言：「世尊，云何菩薩不受福德？」「須菩提，菩薩所作福德，不應貪著，是故說不受福德。」

下邊開始學習第二十八段。老師說：

「須菩提，若菩薩以滿恒河沙等世界七寶布施，」

有一個菩薩，能夠把佈滿恒河沙那麼多世界的七寶布施了。

「若復有人知一切法無我，得成於忍，此菩薩勝前菩薩所得功德。」

如果還有一個菩薩，能夠知道一切法是無我的。這句話，玄奘法師翻譯爲：「若有菩薩於諸無我、無生法中」，玄奘法師譯的是「無我」和「無生」，鳩摩羅什只是譯作「無我」。對照現存的梵文原本，梵文原本是「無我」和「無生」。還有一位菩薩能夠知道我們凡夫境界一切的存在，原本是無我的，而且根本是無生的，「得成於忍」。「忍」，梵文是「kṣānti」，就是「忍耐，忍受」，六波羅蜜

---

❶七寶布施：通行本作「七寶持用布施」。

❷須菩提：通行本作「何以故？須菩提」。

裡有忍波羅蜜。為什麼是忍？佛陀的無我、無生的教法，是對我們凡夫見解的徹底顛覆，因此我們凡夫領受佛陀的無我無生的教誨，對凡夫而言，是一種忍。無我法忍、無生法忍，得成於忍，即能夠對佛陀的無我無生的道理，從心底裡徹底地認同。一個是布施了恒河沙等世界七寶的菩薩，一個是認同了佛陀關於一切法無我、無生的道理，誰的功德大？佛陀說，顯然是能夠認同一切法無我、無生的菩薩的功德要大。看下一句經文，老師說：

「須菩提，以諸菩薩不受福德故。」

當然，說他功德大，也是因為菩薩並不執取、獲取他的福德，所以才說他福德多。看下一句經文：

「須菩提白佛言：『世尊，云何菩薩不受福德？』」

聽到這兒，須菩提有問題了：老師，什麼是菩薩不受福德呀？老師回答說：

「須菩提，菩薩所作福德，不應貪著，是故說不受福德。」

我說菩薩不受福德，是因為菩薩對福德不貪著。菩薩為什麼不貪著福德呢？因為既然是菩薩，他曉得這一切的福德，其實原本依然是空。

第二十八段經文學習圓滿了。

29.「須菩提，若有人言，如來若來若去，若坐若臥，是人不解我所說義。何以故？如來者，無所從來，亦無所去，故名如來。」

看第二十九段經文，老師說：

> 「須菩提，若有人言，如來若來若去，若坐若臥，是人
> 不解我所說義。」

老師說，如果有人說如來，他來了、他去了、他坐了、他臥了，那是不理解我所說的法義。第十八段經文中，佛說「過去心不可得，現在心不可得，未來心不可得」，過去、現在、未來的三心不可得，佛陀是對時間的否定，在解構時間，時間是虛妄分別。在這一段經文，如果你認為「如來若來若去，若坐若臥」，那是不理解佛陀所說的法義，這是對空間的否定，是對空間的解構，空間也是虛妄的。看下一句經文：

> 「何以故？如來者，無所從來，亦無所去，故名如
> 來。」

那什麼叫如來？他根本就沒來，因此也就無所謂去，這名為如來。壓根兒就沒有來，所以就無所謂去，這是來去不二。大家能理解吧？這是從究竟中觀上泯滅了來去二邊。佛陀就是以這樣的泯滅二邊，來引導眾生遠離二邊，指向佛陀證悟的真實。所以大家理解，佛陀解構我們的凡夫境界，他不僅僅是解構我們凡夫境界上的那種存在性，而且我們凡夫以為存在的那個構架——空間和時間，佛陀依然也要解構。

第二十九段經文學習圓滿了。

**30.「須菩提，若善男子、善女人，以三千大千世界碎
為微塵，於意云何？是微塵眾，寧為多不？」「甚多[1]，世**

---

❶甚多：通行本作「須菩提言：甚多」。

尊，何以故？若是微塵眾實有者，佛則不說是微塵眾。所以者何？佛說微塵眾，則非微塵眾，是名微塵眾。世尊，如來所說三千大千世界，則非世界，是名世界。何以故？若世界實有者，則是一合相。如來說一合相，則非一合相，是名一合相。」「須菩提，一合相者，則是不可說。但凡夫之人，貪著其事。」

下邊看第三十段經文，老師說：

「須菩提，若善男子、善女人，以三千大千世界碎爲微塵，於意云何？是微塵眾，寧爲多不？」

如果有人能把三千大千世界都碾爲粉末，你說這些粉末多不多？須菩提回答說：

「甚多，世尊，」

老師，太多了。

「何以故？」

爲什麼呢？

「若是微塵眾實有者，佛則不說是微塵眾。」

如果認爲這麼多的微塵是眞實的存在的話——「實有」就是眞實的存在，那麼佛陀就不說這些微塵多。

「所以者何？佛說微塵眾，則非微塵眾，是名微塵眾。

世尊，如來所說三千大千世界，則非世界，是名世界。」

這兩個三段論，就不再解釋了，大家完全可以自己去理解，去領受。

一、一合相

「何以故？若世界實有者，則是一合相。」

什麼是一合相？玄奘譯作「一合執」，對應的梵文是「piṇḍa-grāha」，兩個片語成，「piṇḍa」和「grāha」。首先，什麼是「piṇḍa」？最基本的含義是飯團，就是米飯捏起來的飯團，就是壽司；引申的意思是成堆的東西，就是聚合物。那麼再引申一步，就是佛教所說的因緣和合而成的事物，因緣和合可以理解為「piṇḍa」。「一合相」、「一合執」的「合」，就是「piṇḍa」的翻譯。「grāha」是「執著」的意思。「piṇḍa-grāha」就是對飯團、對壽司、對因緣和合的執著。那什麼是這種執著？是對原本只是種種因緣和合而成的事物，比如說飯團，不過就是、原本就是一粒、一粒、一粒的米粒的組成、聚合，但是非要把一粒、一粒的米粒這樣的聚合事物，當作一個總體的完整事物的產生去理解，還給它取個名叫「飯團」、「壽司」。原本只是因緣和合，只是臨時的鬆散和合，卻把這樣一個鬆散的和合，當作一個完整整體的產生去認知，這就是對「piṇḍa」的執著、對飯團的執著、對和合的執著。所以鳩摩羅什譯作「一合相」，前面有個「一」字，玄奘譯作「一合執」，也有個「一」字。為什麼要加「一」字呢？就是把原本的因緣和合，當作一個「完整的」、「總體的」事物的出現，因此叫「一合相」、「一合執」。從這兩個翻譯來看，「一合執」，玄奘的這個翻譯，譯得其實更好。

前面曾經舉過車的例子。在汽車製造廠的組裝車間裡，不過就是

把四處運來的汽車零部件組合起來，這就是因緣和合。把種種的元素組合即是「合」，就是「piṇḍa」。但是我們非不以爲它僅僅是種種零部件的組合，非認爲產生出了一個總體的完整的新事物，而且還起名叫「車」。「車」的名字一起，就堅固了我們凡夫對原本是因緣和合──只是零部件的組合，但我們不認爲只是零部件的組合，非把它又當作了一個完整的整體的新事物的產生──的執著。「車」的名字一起，強化了這個事物的產生，那麼凡夫的實有見就產生了，這就叫「一合執」，也叫「一合相」。「若世界實有者，則是一合相」。須菩提說，如果認爲世界是實有的，僅僅是因緣和合，而將這個因緣和合執著爲一個整體事物的產生，這就叫「一合執」、「一合相」。當然了，看下一句經文：

「如來說一合相，則非一合相，是名一合相。」

隨說隨掃。前面這幾句話都是須菩提所言，那麼老師做總結：

「須菩提，一合相者，則是不可說。」

一合相是不可說的，爲什麼？說就是安立名言，而一合相、一合執，其實原本只是因緣和合，並沒有我們凡夫心中的、被執著爲一個完整事物的產生，其實它根本沒產生──無生。所以根本就沒有這個名言的所詮之義。你起一個名字，「車」，這個「車」底下，你認爲的那個完整事物的產生，其實根本就沒產生。所以一合執只是凡夫的虛妄分別，因此不可說。

「但凡夫之人，貪著其事。」

可凡夫非認爲那車產生了。「因緣和合中，愚夫妄謂生。」（《楞伽經》）

第三十段經文學習圓滿了。

31.「須菩提，若人言：『佛說我見、人見、眾生見、壽者見。』須菩提，於意云何？是人解我所說義不？」「世尊❶，是人不解如來所說義。何以故？世尊說我見、人見、眾生見、壽者見，即非我見、人見、眾生見、壽者見，是名我見、人見、眾生見、壽者見。」「須菩提，發阿耨多羅三藐三菩提心者，於一切法，應如是知、如是見、如是信解，不生法相。須菩提，所言法相者，如來說即非法相，是名法相。」

第三十一段經文，老師說：

「須菩提，若人言：『佛說我見、人見、眾生見、壽者見。』須菩提，於意云何？是人解我所說義不？」

如果有人說，佛說過我見、人見、眾生見、壽者見，這樣的人理解不理解我說的法義呢？須菩提回答說：

「世尊，是人不解如來所說義。何以故？」

為什麼呢？

「世尊說我見、人見、眾生見、壽者見，即非我見、人見、眾生見、壽者見，是名我見、人見、眾生見、壽者見。」

---

❶世尊：通行本作「不也，世尊」。

這段話不需要做過多的解釋了。看下一句經文：

> 「須菩提，發阿耨多羅三藐三菩提心者，於一切法，應
> 如是知、如是見、如是信解，不生法相。」

老師說，須菩提，一個發了菩提心的人，對一切法，應該按照我前面所說的法義去認知、看待、信奉和理解。因此「不生法相」，不產生、不出現一切的法的相。沒有法相，其實就是一切法無生。

> 「須菩提，所言法相者，如來說即非法相，是名法
> 相。」

佛陀還是隨說隨掃。
第三十一段經文學習圓滿了。

二、為人演說

> 32.「須菩提，若有人以滿無量阿僧祇世界七寶持用布
> 施。若有善男子、善女人發菩提心者，持於此經，乃至四句
> 偈等，受持讀誦，為人演說，其福勝彼。云何為人演說？不
> 取於相，如如不動。何以故？一切有為法，如夢幻泡影，如
> 露亦如電，應作如是觀。」佛說是經已，長老須菩提，及諸
> 比丘比丘尼，優婆塞優婆夷，一切世間天、人、阿修羅，聞
> 佛所說，皆大歡喜，信受奉行。

下邊開始讀第三十二段經文，也是整部《金剛經》最後一段經文，老師說：

> 「須菩提，若有人以滿無量阿僧祇世界七寶持用布

施。」

前面講過阿僧祇，「asaṃkhya」，這個詞就是「無量」的意思，「無量阿僧祇」，是把「asaṃkhya」這個詞既意譯又音譯，鳩摩羅什非常喜歡這樣的翻譯，這是一種語氣上的強調。如果有一個人，把能夠裝滿、鋪滿無量世界的七寶都用來布施了。看下一句經文：

「若有善男子、善女人發菩提心者，持於此經，乃至四句偈等，受持讀誦，為人演說，其福勝彼。」

這段經文不需要再具體解釋了，這裡的重點是要發菩提心。這句經文裡面有「為人演說」，佛陀說：

「云何為人演說？」

什麼才是給別人演說佛法？鳩摩羅什的翻譯是：

「不取於相，如如不動。」

就是不執取於一切的法相，「如如不動」。「如如」，在佛陀教法裡，是對佛陀證悟的真實——真如、法性、實相——這些名言的另外一個異名。佛陀證悟的真實，可以叫真如、法性、實相，也可以叫如如，如如是真如的異名。「如如不動」，「不動」，時間、空間和存在於時間與空間的存在物，都是不存在的，已經徹底被解構了，所以「不動」，「如如不動」。依據鳩摩羅什的翻譯，什麼是給別人演說佛法、講授《金剛經》？「不取於相，如如不動」。但是對照現在的梵本，梵本裡沒有這樣的法義。玄奘大師的翻譯是：「云說為他宣說開示？」怎麼才叫給別人講授《金剛經》？「如不為他宣說開示，故名為他宣說開示。」玄奘的翻譯與現存《金剛經》梵本是一致的。

現存《金剛經》梵本的意思是：什麼是給別人解說佛法、解說《金剛經》？就是如同不解說，那才是名為解說，不說才是說。義淨法師譯作：「無法可說，是名正說。」

三、六如偈

《金剛經》即將結束的時候，佛陀說了一個四句偈：

> 「何以故？一切有為法，如夢幻泡影，如露亦如電，應作如是觀。」

佛教二時教法中，將我們凡夫境界一切因緣和合的、凡夫自以為存在的事物，叫作「有為法」。玄奘的翻譯是「諸和合所為」，所以有為法是凡夫境界的因緣和合的事物。佛陀在這個四句偈裡說，對於一切的凡夫境界的因緣和合的種種事物，「如夢幻泡影，如露亦如電，應作如是觀」，要把它們看作像夢境、像幻象、像泡沫、像影子、像露水、像閃電那樣。佛陀《金剛經》講了甚深般若波羅蜜的法門，我們從權便中觀、究竟中觀兩個層次進行解讀，這個法門是甚深的，佛陀說了這個甚深的般若波羅蜜法門之後，在即將結束的時候，隨順我們眾生，隨順我們凡夫，他總還得給我們點抓手。因為我們很多人聽了這個甚深般若波羅蜜的法門——《金剛般若波羅蜜經》，會產生問題：我們從何入手？怎麼修行？我們作為一個凡夫，入手修行的第一件事應該幹什麼？佛陀《金剛經》的結尾，告訴我們凡夫的入手修法是，要觀我們凡夫境界一切的事物，「如夢幻泡影，如露亦如電」。

大家注意，夢、幻、泡、影、露、電，六個比喻，其實可以分為兩組。第一組是泡、露、電，第二組是夢、幻、影。為什麼要分成兩組呢？大家去體會一下，這兩組狀態是不一樣的，泡沫、露水、閃電，這三個作喻的事物，不能說沒產生，似乎是產生了，但是不能

常住，是「有而不住」，不能夠長住不壞。但是第二組，夢、幻、影——夢境、幻象、影子，可不是有而不住的問題，是根本就沒有，夢境原本就是假的。所以，泡露電和夢幻影，是兩重境界。對於泡露電，比如說露水，就可以理解爲是一種生住異滅的無常，閃電可以理解爲是一種當生即滅的無常。因此，泡露電這第一組比喻，可以理解爲是「生滅無常」。第二組夢幻影，是根本就沒有，因此是「無生無常」。

那麼就可以理解了，《金剛經》最後這四句偈是告訴我們，我們入手修行的修法，要做兩個觀。第一，泡露電觀，也就是生滅無常觀。首先要觀我們凡夫境界一切的存在，其實不過是如泡沫、如露水、如閃電那樣，根本不能常住的生滅狀態，在理論上對應於權便中觀四重二諦的前兩重二諦（第一組二諦）的境界。當然對於大乘佛法，對於甚深般若波羅蜜，這是前行法。進而要做夢幻影觀，也就是無生無常觀，要觀凡夫境界一切的存在，其實根本就不存在 —— 無生，在理論上對應於權便中觀四重二諦的後兩重二諦（第二組二諦）的境界。所以說佛陀老人家慈悲，講了甚深的般若波羅蜜法門，又調過頭來告訴我們，入手的修法：做泡露電的生滅無常觀和夢幻影的無生無常觀。

《金剛經》的正宗分，也就是整部《金剛經》的正文，到這裡就結束了。

下邊是結語：

> 「佛說是經已，長老須菩提，及諸比丘比丘尼，優婆塞優婆夷，一切世間天、人、阿修羅，聞佛所說，皆大歡喜，信受奉行。」

佛陀這一堂課講完了，「佛說是經已」，今天到會的這位當機提問的須菩提以及比丘，即男出家眾，比丘尼，即女出家眾，優婆塞、優婆夷，即男女的在家二眾，還有一切世間的天、人、阿修羅——這

一天到會的，還有天人，還有阿修羅——聽了佛陀上面所說的，都從內心生起了巨大的歡喜、法喜，大家誓願信受奉行。

佛陀是智者，我們是顛倒夢想的凡夫，所以我們要尋求解脫，首先是對佛陀教法的信，所以《華嚴經》講：「信為道源功德母。」我們要信佛陀的甚深般若波羅蜜的教法，要受持它，要依照佛陀的教誨去修行。

《金剛經》所有的經文從頭到尾，學習圓滿了。

國家圖書館出版品預行編目資料

金剛經導讀：解構凡夫自以爲的真實世界 / 于
曉非著. -- 初版. -- 新北市：華夏出版, 2020.05
　　面；　公分. -- (Sunny 文庫；29)
ISBN 978-986-98560-3-4(平裝)

1.般若部

　　　　　　221.44　　　　　108023161

Sunny 文庫 029
　金剛經導讀：解構凡夫自以爲的真實世界

著　　作　　于曉非
印　　刷　　天宇企業社
出　　版　　華夏出版有限公司
　　　　　　220 新北市板橋區縣民大道 3 段 93 巷 30 弄 25 號 1 樓
　　　　　　電話：02-32343788　　傳真：02-22234544
E-mail：　　pftwsdom@ms7.hinet.net
總 經 銷　　貿騰發賣股份有限公司
　　　　　　新北市 235 中和區中正路 880 號 14 樓
　　　　　　電話：02-82275988　　傳真：02-82275989
　　　　　　網址：www.namode.com
版　　次　　2020 年 5 月初版—刷
特　　價　　新台幣　500 元 (缺頁或破損的書，請寄回更換)

ISBN-13：978-986-98560-3-4